CONTRIBUTIONS AU FOLK-LORE DES ARABES

L'ALGÉRIE TRADITIONNELLE

LÉGENDES, CONTES, CHANSONS, MUSIQUE

MŒURS, COUTUMES, FÊTES, CROYANCES, SUPERSTITIONS, ETC.

PAR

A. CERTEUX
MEMBRE DE LA SOCIÉTÉ HISTORIQUE ALGÉRIENNE

ET

E. Henry CARNOY
PROFESSEUR AU LYCÉE LOUIS-LE-GRAND

TOME Ier

PARIS
MAISONNEUVE ET LECLERC   CHALLAMEL, AÎNÉ
25, Quai Voltaire.   5, Rue Jacob.

ALGER
CHENIAUX-FRANVILLE, rue Bab-el-Oued.

MDCCCLXXXIV

TOUS DROITS RÉSERVÉS

CONTRIBUTIONS AU FOLK-LORE DES ARABES

L'ALGÉRIE TRADITIONNELLE

TOME Ier

ALGER. — IMPRIMERIE DE L'ASSOCIATION OUVRIÈRE P. FONTANA ET Cie.

CONTRIBUTIONS AU FOLK-LORE DES ARABES

L'ALGÉRIE TRADITIONNELLE

LÉGENDES, CONTES, CHANSONS, MUSIQUE

MŒURS, COUTUMES, FÊTES, CROYANCES, SUPERSTITIONS, ETC.

PAR

A. CERTEUX

MEMBRE DE LA SOCIÉTÉ HISTORIQUE ALGÉRIENNE

ET

E. Henry CARNOY

PROFESSEUR AU LYCÉE LOUIS-LE-GRAND

Khamsa fi aïnek.

TOME Ier

PARIS

MAISONNEUVE ET LECLERC | CHALLAMEL, Aîné
25, Quai Voltaire. | 5, Rue Jacob.

ALGER

CHENIAUX-FRANVILLE, rue Bab-el-Oued.

MDCCCLXXXIV

TOUS DROITS RÉSERVÉS

AVANT-PROPOS

L'avancement des sciences, corollaire naturel du développement de la civilisation, ne s'est certainement jamais mieux fait sentir que dans notre siècle, et les résultats obtenus ont été tels que des études à peine ébauchées il y a cent ans, ou auxquelles on n'avait jamais pensé, sont nées ou se sont développées d'une façon merveilleuse, grâce à l'intelligente et inébranlable activité contemporaine. Nous n'en voulons pour exemples que ceux qui nous sont offerts par des études nées d'hier, la Linguistique, la Philologie, l'Archéologie, l'Epigraphie, le Préhistorique, l'Anthropologie, la Mythologie comparée qui éclairent d'un jour tout nouveau l'histoire si complexe des origines et des développements de l'humanité.

L'histoire, réduite aux seuls monuments écrits — malheureusement si rares — que les anciens historiens lui avaient laissés sur les peuples passés de l'Orient, les Egyptiens, les Assyriens, les Chaldéens, les Phéniciens, semblait réduite à l'impuissance, et le voile épais qui couvrait les questions si ardues des origines, des langues, des religions de ces peuples, paraissait ne pouvoir jamais être levé, lorsque, par la découverte des systèmes d'écriture de ces peuples, l'érudition moderne a pu lire leur histoire sur la face des obélisques, les murs des temples, les briques couvertes de caractères cunéiformes ou les papyrus de la vallée du Nil. La critique historique s'est emparée des ces documents, les a classés, comparés aux récits postérieurs des écrivains grecs ou romains, en a déterminé la date, la véracité, la valeur.

Par l'étude attentive des monuments anciens, des temples, des statues des dieux et des grands hommes, des médailles, etc., l'Archéologie et la Numismatique ont suivi la marche des progrès accomplis et ont rendu à chaque époque la place qui lui convient dans l'ordre des siècles.

L'Epigraphie a permis de contrôler sérieusement les travaux des historiens passés, de refaire les listes des empereurs, des rois, des conquérants, des consuls ; de retrouver le degré d'importance relative des diverses fonctions religieuses, militaires ou civiles ; de connaître au juste les divinités, souvent même les croyances des peuples disparus.

Les philologues et les linguistes, examinant les langues parlées d'autrefois, les confrontant à celles de notre temps, fouillant leur structure grammaticale, leur formation, leur dérivation, mettant au jour les règles fixes qui les dirigent, ont fini par trouver dans ces divers idiomes des caractères communs si tangibles et si ordonnés, qu'on a pu faire de ces langues des familles à part, retrouver leurs ancêtres communs et par là remonter aux peuples qui les parlèrent.

Les indications précises qu'on en tira vinrent corroborer celles que fournissaient déjà les études ethnographiques, préhistoriques ou anthropologiques, les travaux des savants Broca, de Quatrefages, Boucher de Perthes, G. de Mortillet et de nombre d'autres personnes dévouées, s'accordant absolument avec les données des philologues sur les races humaines et sur leur expansion dans le monde.

Puis, étudiant les religions de ces races diverses, on a pu suivre la marche de l'esprit humain dans les conceptions dont le point de départ est encore bien complexe, mais qui tendent généralement vers un monothéisme plus ou moins altéré, pour arriver sans doute à la compréhension scientifique, le but final à notre avis. On a retrouvé dans les croyances des peuples des caractères communs, des dieux et des génies bons ou mauvais que l'homme a faits à sa ressemblance, animés des mêmes passions, poussés par les mêmes sentiments ; puis des esprits inférieurs présidant à la vie, à la mort, à la marche des phénomènes célestes ou terrestres ; des rites et des cérémonies identiques ; des croyances vieilles comme le monde et le gouvernant encore ; des fêtes du solstice d'été ou des équinoxes léguées par nos ancêtres Aryens ou par les Sémites ; enfin un assemblage merveilleux de choses d'autrefois acceptées — inconsciemment peut-être — à des milliers d'années d'intervalle par les civilisations qui aujourd'hui fleurissent aux bords de la Seine, de la Tamise, de l'Ebre ou de la Neva.

De même, lorsqu'au commencement de ce siècle, les frères J. et G. Grimm, se mirent à recueillir par toute l'Allemagne les contes et les légendes de leur pays natal, ce fut une sorte de stupéfaction générale, un cri d'étonnement universel. On s'aperçut, pour la première fois peut-être, que les récits populaires d'un pays avaient leur équivalent dans ceux des autres nations ; on retrouva dans les contes merveilleux des nourrices et des paysans d'Outre-Rhin, les mêmes contes redits à la veillée dans nos villages de France; telle légende hanovrienne ou poméranienne avait son analogue dans les récits des fermiers bretons, des tenanciers irlandais, des pâtres petits-russiens ou des bûcherons norwégiens. Bien plus, on y distingua non seulement le fonds, mais souvent la forme des anciens mythes classiques des mythologies grecque, romaine, scandinave ou germanique, des légendes héracléennes, homériques, ou eddaïques.

Ainsi, sans en avoir jamais eu connaissance par la littérature savante, les peuples les plus divers d'Europe et d'Asie possédaient des thèmes communs, des traditions identiques. Pour que ces récits de paysans, de matelots ou de soldats presque toujours illettrés, se trouvent ainsi de partout identiques, on ne pouvait admettre qu'ils fussent nés de toutes pièces et spontanément dans l'esprit des conteurs. Aussi dut-on songer à une origine commune, bâtir des théories expliquant le mieux possible la façon dont s'étaient formés et transmis les contes et les légendes, fonds des traditions populaires. Et ces recherches conduisirent à une science nouvelle, désignée par les spécialistes sous le nom de *Folk-Lore*.

A l'époque de l'apparition des *Kinder und Hausmaërchen* (Contes des Enfants et de la Maison) des frères Grimm, la découverte des manuscrits hindous, des poèmes et des ouvrages religieux de l'Inde, l'étude du sanscrit et la publication des longues épopées védiques, fournirent de nouveaux matériaux d'études. Les contes populaires européens se retrouvaient point pour point dans la littérature sanscrite, et cela à une époque — prétendue, comme on s'en assura plus tard — excessivement reculée. Et comme à peu près à la même époque, les savants retrouvaient dans le celtique, le latin, le grec, le slave, le germanique, des langues d'éléments identiques et en faisaient autant de sœurs du sanscrit, toutes issues d'un idiome plus ancien, on en vint aussitôt à rattacher les traditions conservées dans ces races diverses, à ces Aryas ou Aryens dont l'antique civilisation aurait fleuri il y a bien des siècles dans la région des « Hauts-Plateaux de l'Asie », entre l'Oxus et l'Iaxarte.

D'après cette hypothèse, les Aryas, race autochtone ou mélange de plusieurs sangs, se seraient développés lentement, élaborant des lois, des usages empreints de la plus grande sagesse, une langue merveilleusement douée, une religion où « la raison humaine est associée par une brillante poésie aux aspects et aux forces de la nature », un régime domestique fondé — au contraire des autres races — sur la monogamie ou l'unité dans le mariage. Peuples guerriers et poètes tout à la fois, leur imagination développée se donna libre carrière, composant les hymnes du *Véda* et les longs récits des interminables épopées sanscrites, dans lesquels aujourd'hui nous sommes tout étonnés de rencontrer les aventures merveilleuses de nos contes et de nos légendes.

Puis poussés par l'expansion des autres peuples, chassés par leur propre croissance, ces Aryas durent quitter la terre natale et aller porter ailleurs leur génie et leur caractère civilisateurs. Et c'est vers l'Europe que le flot se porta. Les Gaulois vinrent s'établir aux rives de l'Océan et jusque dans les Iles Britanniques ; les Hellènes et les Romains le long de la Méditerranée ; les Goths, les Germains remontèrent vers les contrées septentrionales et s'établirent vers la Baltique et en Scandinavie ; en arrière s'échelonnèrent les Scythes, les Lithuaniens et les Slaves, dans les steppes sans fin de la Russie.

Mais ce n'étaient pas les seuls. Deux autres groupes restaient. Le premier, s'avançant dans la vallée du Gange, se répandit dans la grande péninsule de l'Inde où il se forma en nombreux royaumes « s'isolant de l'univers pour rêver, sous les figuiers épais, des philosophies étranges, sceptiques et mystérieuses, coupées d'accès délirants, de distractions littéraires, grammaticales. » Le second groupe, les Iraniens, occupa la rive droite de l'Indus jusqu'à l'Asie Mineure, renversant les barrières que lui opposaient les anciens peuples dont les civilisations plus antiques les avaient précédés, et finissant par se heurter aux Hellènes, leurs frères, dont ils avaient perdu jusqu'au souvenir.

« Les récits populaires des Hindous, des Persans, des Slaves, des Germains, des peuples néo-latins se ressemblent, quoi d'étonnant ? disaient les partisans des origines aryennes de nos contes et de nos légendes. Formés à l'époque où les diverses races indo-européennes étaient encore à leur berceau asiatique, ils les ont accompagnées dans leurs migrations. Le père que ces histoires merveilleuses avaient charmé aux rives de l'Oxus, les a redites à ses fils en Europe, et ceux-ci les ont répétées à leurs enfants. La tradition nous les a transmises. De là leur ressemblance qui vous étonne. » Il n'y avait rien à répondre à ce raisonnement que confirmaient du reste les recherches auxquelles on se livrait par tous les pays Aryens. Du reste, ce n'étaient pas seulement les récits merveilleux qu'on retrouvait de partout analogues : les usages, les coutumes, les croyances, les superstitions, les proverbes, les incantations étaient aussi dans ce cas, et venaient apporter des preuves de plus en plus convaincantes. L'hypothèse passa pour confirmée.

Mais dans tout ceci, on n'oubliait qu'une chose : un fait capital cependant. Les peuples d'origine aryenne n'étaient pas seuls à la surface du globe. Que devenaient, dans cette théorie, les peuples de races différentes, les Sémites, Arabes, Juifs, Assyriens, Phéniciens, les Moghols, Tartares, Chinois, Japonais, les noirs de l'Afrique ou de l'Océanie, les Indiens des montagnes Rocheuses, de la Cordillère des Andes ou des bords de l'Amazone ? Le soir, à la veillée, les récits merveilleux ne charmaient-ils pas l'Arabe dans son gourbi, le Tartare sous la tente, le nègre sous la hutte ou l'Indien Peau-rouge dans son wiggam. Et ces récits n'avaient-ils rien de commun avec ceux des Aryens ? Non, répondait-on *a priori*. — Aujourd'hui, c'est d'une autre façon qu'il faut envisager la question.

En 1872, parurent à Saint-Pétersbourg quatre énormes volumes de contes tartares de la Sibérie méridionale qui permirent de retrouver au nord de l'Asie la plupart des mythes prétendus aryens ; puis ce furent des contes Avares d'une des tribus mogholes du Caucase qui, imprimés d'abord dans la langue du pays, furent rendus accessibles aux savants par une traduction allemande de M. Schiefner. Les collections de contes et de légendes du Japon, de la Chine, du Zoulouland, du Brésil, de la Polynésie, fournirent également nombre de rapprochements du plus grand intérêt avec nos contes européens. Un de nos plus savants égyptologues, M. Maspéro, exhuma, dans les anciens papyrus, des contes populaires égyptiens reproduisant nos mythes prétendus aryens, récits qui, par leur haute antiquité, ne peuvent laisser aucun doute sur la question des origines aryennes.

De l'étude attentive et raisonnée des contes de tous les peuples recueillis jusqu'à présent, il semble résulter une similitude presque absolue dans les récits mythiques, qu'ils viennent de l'Inde ou de la Chine, de l'Afrique, de l'Amérique ou de la Polynésie. D'où peut venir cette analogie ? Viennent-ils d'une race primitive antérieure aux Aryas, aux Sémites ou aux Chamites ? Les peuplades des temps préhistoriques, l'homme des cavernes les auraient eus déjà, et ce nous semble impossible à admettre. Se sont-ils formés de partout identiques, l'esprit humain étant limité et ne pouvant sortir d'un certain cercle de créations ? Cette hypothèse est admise par plusieurs savants ; mais il semble bien difficile d'accepter que dans le cerveau d'un Hellène, d'un Lapon, d'un Iroquois ou d'un Hottentot puissent éclore simultanément et toujours avec la même marche et les mêmes évènements, un conte tel que *Barbe-bleue*, *Le Petit Poucet* ou *Jean de l'Ours,* une légende d'Œdipe, d'Hercule ou des ailes d'Icare.

Et la conformité des rites, des cérémonies superstitieuses et religieuses, des usages et des coutumes de tous ces peuples ne fait que nous confirmer dans cette idée. Les Egyptiens, dont la civilisation remonte à plus de soixante siècles, et qui furent les premiers instituteurs des peuples voisins et plus tard des Hellènes, n'auraient-ils pas transmis leurs légendes et leurs croyances aux nations de l'Asie, de l'Europe et de l'Afrique par l'intermédiaire des Phéniciens établis sur les rivages de l'Asie Mineure, et dont les vaisseaux sillonnèrent longtemps le grand lac méditerranéen et même les mers plus lointaines ? Cette théorie est corroborée par de nombreuses preuves ; mais elle ne rend pas compte de tout et elle devient inadmissible quand on songe aux régions éloignées du centre et du sud de l'Afrique, de la Chine, de l'Amérique et de l'Océanie. Enfin, il est une quatrième hypothèse autour de laquelle se sont groupés des savants illustres : c'est celle qui voudrait que de l'Inde historique nous soient venus les contes et les légendes, et cela à l'époque du Moyen-Age, par les Croisades et les expéditions lointaines qui mirent en contact l'Orient et l'Occident. Il est un fait certain, c'est que les Croisés rapportèrent en Europe quantité de récits orientaux qu'ils durent répéter, populariser même à leur retour de Terre Sainte.

La littérature légère florissait en Perse et dans l'Inde et s'était répandue jusqu'aux confins de l'Asie. Les aventuriers français, normands, italiens connurent les *Apologues indiens de Sendabad* et le *Pantchatantra*. Grâce à eux, aux troubadours, aux trouvères, aux jongleurs et aux pèlerins, des versions de ces livres de contes et d'apologues circulèrent de toutes parts. Ainsi un trouvère du XIIIe siècle tira des Apologues de Sendabad une version connue sous le nom de *Dolopathos*. D'après la traduction latine — l'une des nombreuses qu'on en avait donné en hébreu, syriaque, grec, latin, etc. — un prosateur en fit à son tour le *Livre des sept Sages*, puis un autre, l'*Histoire pitoyable du prince Eraste*. Il y eut aussi les *Fables de Bidpaï*, l'histoire de *Kalila et Dimna*, la *Gesta romanorum*, etc., etc., dont s'inspirèrent plus tard les écrivains du XVIe siècle en France et en Italie.

Mais cette influence exercée sur notre littérature par les productions orientales, se fit-elle sentir sur le peuple? Les contes du Pantchatantra et des Apologues de Sendabad sont-ils devenus populaires au Moyen-Age?

Dès l'abord il est une observation que tout le monde a pu faire : le peuple ne peut s'assimiler les productions des lettrés. Quel paysan normand ou bourguignon connaît les contes si charmants de Nodier? Quel villageois allemand a même entendu parler des récits fantastiques de son compatriote Hoffmann? Ou quel tenancier irlandais vous dira les aventures de Gulliver? Aucun, à moins que ce ne soit une manière de lettré, comme de loin en loin on en rencontre parmi les ouvriers des champs ou de la forêt. La démarcation serait encore plus sensible si nous parlions des écrivains réputés supérieurs : Racine, V. Hugo, Shakspeare, Gœthe ou Dante Alighieri.

S'il en est ainsi de nos jours où les moyens d'informations sont si nombreux, où l'instruction se généralise, où le goût public se porte vers les œuvres de l'esprit, à plus forte raison pour le Moyen-Age où la littérature n'était que le domaine de quelques favorisés du sort : moines, troubadours, seigneurs ou grandes dames, tandis que le peuple attaché à son champ et à sa hutte, vivait dans l'ignorance la plus complète, au milieu d'une misère dont les détails nous révoltent. S'imagine-t-on que c'était pour le pauvre serf que se chantaient les gestes guerrières, les fabliaux plaisants, les lais enamourés ? Non, certes. Le seigneur seul pouvait les entendre et partant les retenir, parce que dignement il pouvait récompenser le trouvère, le troubadour ou le ménestrel ; lui seul aussi pouvait se faire lire dans les longues soirées d'hiver les récits indiens du *Pantchatantra* ou des *Apologues de Sendabad* rajeunis dans le *Livre des sept Sages* ou la *Gesta romanorum*. Les contes de l'Inde historique purent passer dans la littérature savante sans pour cela entrer dans le fonds populaire.

D'un autre côté, pour que l'hypothèse dont nous nous occupons fût admissible, il faudrait qu'avant les Croisades on ne trouvât point, ailleurs qu'en Orient, traces de notre littérature populaire ; et qu'ensuite on ne rencontrât maintenant nos contes et nos légendes que dans l'Inde et les pays ayant été en communication intime avec elle.

Les contes égyptiens, l'Odyssée, la littérature et la mythologie juive, grecque et romaine, fourmillent d'épisodes et de mythes analogues à ceux que nous rencontrons au Moyen-Age et à l'époque actuelle. Pour n'en citer que quelques exemples, on retrouve traits pour traits dans nos contes et nos légendes des mythes antiques réellement classiques : Les *Aventures d'Ulysse dans la caverne du géant Polyphème et chez la magicienne Circé* ; les *Oreilles d'âne du roi Midas* ; les *Ailes d'Icare et celles du forgeron Wieland* des Scandinaves ; le *Combat d'Apollon et du serpent Python* ; le *Tribut du Minotaure* ; la *Délivrance d'Andromède par Persée* ; les *Travaux d'Hercule* ; les *Sirènes* ; les *Parques et les Nornes des Eddas* ; la *Fable d'Amphytrion et de Jupiter* ; le *Casque qui rend invisible le héros Persée* ; *Achille plongé par sa mère dans le Styx et rendu invulnérable sauf au talon* ; les *Aventures de Jason en Colchide* ; le *Sommeil d'Epiménide et celui des sept Dormants d'Ephèse* ; le *Pouvoir merveilleux attribué à la lyre d'Orphée, d'Amphion ou d'Apollon*, etc., etc., simples ressemblances, disent les partisans du système précité. Oui, ressemblances aussi, disons-nous, mais si frappantes, si nombreuses surtout qu'elles déterminent absolument la parenté de ces légendes et nous obligent à leur chercher un ancêtre commun.

Pour le second point, on ne saurait hésiter davantage. Sans doute, il se peut qu'un conte hindou ait charmé un voyageur chinois, japonais ou cambodgien qui l'ait remporté chez lui et l'ait raconté, popularisé même dans son village ou son canton ; sans doute les marins ont pu porter au loin une légende européenne ou asiatique ; mais nous n'avons là qu'un fait particulier, local, ne rendant compte que de quelques faits isolés et par cela même sans aucune valeur. Car on ne saurait admettre que les contes zoulous, avares, kalmoucks, kabyles, éthiopiens, javanais, australiens, néo-calédoniens ou botocoudos soient partis de l'Inde il y a huit siècles — mettons même douze cents ans — et aient pu traverser les mers les plus lointaines pour le plus grand plaisir des indigènes de ces contrées inconnues alors.

La véritable origine serait-elle alors dans tous les systèmes à la fois ? et nos contes, nos légendes, nos superstitions, nos usages, nos proverbes, nos chansons populaires viendraient-ils de ces sources différentes ? Pour quelques cas, oui, mais encore pour le plus grand nombre non. Alors où est la vérité ? Pour le moment nous ne pouvons encore répondre à la question. La solution n'en sera donnée que le jour où le Folk-Lore des différents peuples aura été mis au jour par les recherches consciencieuses des hommes d'étude. L'édifice sera long à construire. Occupons-nous d'en recueillir les matériaux choisis, creusons-en les fondements et ne nous hâtons pas d'élever des pierres sur d'autres pierres ; nous courrions risque de bâtir sur le sable et de voir, comme autrefois Manol, le maître-maçon de la cathédrale d'Argis, le travail de chaque jour renversé le lendemain.

C'est ce que comprennent, du reste, les savants folk-loristes d'Europe et d'Asie. Le mouvement qui porte à recueillir les débris des anciens mythes et des antiques croyances, va se généralisant de plus en plus. Des sociétés nombreuses s'organisent de partout ; l'une des plus importantes est la *Folk-Lore Society* de Londres, qui compte dans son sein les savants les plus illustres des Iles-Britanniques et des colonies anglaises, et qui publie d'intéressants mémoires dans ses *Folk-Lore Records*. En Espagne, M. Antonio Machado y Alvarez a organisé des sociétés provinciales qui nous fournissent de précieux documents sur le Folk-Lore espagnol. En France, des essais ont été tentés dans ce sens par MM. Eugène Rolland et Henri Gaidoz, par la publication de la *Mélusine*, revue de littérature populaire.

Mais les travaux particuliers des folk-loristes sont bien plus nombreux. En Angleterre, nous citerons Max Müller, Ralston, Gomme, Kennedy, Campbell, Gould, Hunt ; en Allemagne, Reinhold Kœhler, le savant bibliothécaire de Weimar, Manhardt, Benfey, Kuhn ; en Norwège, Christian Asbjörnsen et Moë ; en Suède, Cavallius et Stephen ; en Danemark, Nyrop, un tout jeune celui-là et qui promet beaucoup ; en Russie, Chodsko, Afanasieff, Khuibuikoff, Dragomanoff, Vasselowsky ; en Grèce, Politos, Hahn, L. Legrand ; en Belgique, de Reinsberg-Duringsfeld, Hock, A. Roy et principalement Félix Liebrecht ; en Autriche, Schuchardt ; en Italie, G. Pitré, Sabatini, Nigri, S. Prato, Comparetti, Imbriani ; en Espagne, A. Machado, Maspons y Labros, Mila y Fontanals, R. Marin ; en Portugal, Coëlho, Consiglieri-Pedroso, Th. Braga ; enfin pour la France, Gaston Paris, Eugène

Rolland, Henri Gaidoz, J.-M. Luzel, F. Bladé, Paul Sébillot, Julien Vinson, Cerquand, Th. de Puymaigre, Bugeaud, F. Ortoli, etc. Les missionnaires, les explorateurs, les orientalistes, les américanistes ont publié également sur le Folk-Lore des autres parties du monde des travaux fort remarquables qu'il serait trop long de citer ici.

De cet effort, de cette poussée puissante en avant, de cet ensemble de recherches, sortira certainement, dans un avenir prochain, un édifice scientifique imposant dont nous appelons de tous nos vœux le prompt achèvement. En attendant, nous renouvelons notre demande de tout à l'heure, et nous engageons vivement nos lecteurs établis en Afrique à recueillir le plus possible des choses populaires ; ils ménageront à eux-mêmes de douces satisfactions, et à la science de précieux éléments d'étude.

La Littérature populaire des Arabes, c'est-à-dire leurs contes, leurs légendes, leurs proverbes, leurs chansons populaires, n'a été jusqu'à présent que peu ou point explorée. Il est vrai qu'on citera les contes des *Mille et une Nuits* et de quelques autres ouvrages plus littéraires que populaires, les contes publiés par M. Guillaume Spitta-Bey [1] — que la science vient de perdre récemment, — le professeur R. Basset [2], les recueils de proverbes de C. Landberg [3] et de John Lewis Burchardt [4], ou de chansons de Hanoteau et de quelques autres. Mais ces recherches, excellentes en tous points, ne suffisent pas et ne donnent que des documents qu'il serait du plus grand intérêt de compléter. Les pays arabes sont si étendus : Arabie, Egypte, Tripolitaine, Tunisie, Algérie, Maroc ! Il y aurait là de quoi provoquer de bien intéressantes recherches. Et puis, la littérature orale n'est qu'une partie du Folk-Lore ; les mœurs, coutumes, usages, croyances, superstitions sont de son domaine ; ce que nous savons de ces mille et une choses du peuple arabe, tout en étant plus complet que pour les récits traditionnels, demanderait encore bien des travaux.

Nous publions aujourd'hui l'*Algérie traditionnelle* comme contributions au Folk-Lore des Arabes, particulièrement ceux de notre colonie africaine, en vue d'apporter les quelques renseignements que nous avons pu recueillir pour augmenter d'autant la somme de connaissances que l'on possède sur les traditions de ce peuple. Avant d'aller plus loin, nous devons dire d'où nous sont venus les matériaux de cet ouvrage.

[1] Guill. Spitta-Bey, *Contes arabes modernes*; texte arabe et traduct. française, in-8°, Paris.
[2] R. Basset, *Contes arabes*, chez E. Leroux; Paris, 1883.
[3] C. Landberg, *Proverbes et Dictons du peuple arabe*, in-8°.
[4] J.-L. Burchardt, *Arabic Proverbs*, in-8°, London.

Frappés des nombreuses légendes qui courent chez les Arabes des villes aussi bien que ceux de la campagne ou des tribus nomades, nous en avions collectionné un certain nombre, et pris note de celles qui de temps à autre paraissaient dans d'estimables publications trop peu connues, où elles se trouvaient oubliées, ignorées, sans aucun profit pour les hommes d'études.

Mais c'est surtout dans la *Revue africaine*, organe des travaux de la Société historique d'Alger, que nous avons trouvé l'auxiliaire le plus précieux, dans diverses études de MM. Ch. Féraud, Berbrugger, Mac-Carthy, Arnaud, Brosselard, Faidherbe, Salvador Daniel, Fl. Pharaon, Cherbonneau, Bresnier, etc., etc.

D'autre part, nous avons reçu de quelques amis résidant en Algérie des documents très intéressants qu'ils nous ont fournis avec un empressement dont nous ne saurions trop les remercier.

Une fois en possession de ces matériaux, nous en avons fait une classification méthodique et nous en avons rejeté ce qui ne nous paraissait pas essentiellement populaire ou recueilli à la tradition orale. En effet, les Arabes ont le sentiment poétique très développé ; la poésie est portée à embellir les faits et aussi à les créer quand ils manquent ; nous ne pouvions donc avoir foi dans les documents qui nous viennent de cette source, et c'est pour cela que nous les avons éliminés.

Nous avons divisé ce volume en plusieurs parties renfermant les différentes branches du Folk-Lore. D'abord sous le nom de Légendes proprement dites, nous avons donné les récits merveilleux qu'il nous a été impossible de classer ailleurs. Sur les monuments anciens, les grottes et les cavernes, les légendes ne manquaient pas, nous leur avons consacré un chapitre spécial. Sur les esprits, les fées, les lutins, les fantômes, les âmes en peine, manifestations des idées primitives des peuples, nous avons passé rapidement, les Génies, les Goules, les Djnoun de l'Orient étant généralement connus, ne fût-ce que par les *Mille et une Nuits*, et les *Orientales* de notre grand poëte national.

Où nous nous sommes étendus davantage, c'est sur les Saints de l'Islam, ces fakirs, oualis, marabouts, derviches qui jouent un si grand rôle dans les superstitions arabes, dans les croyances de ce peuple ignorant et naïf. Pendant nos longues luttes en Afrique c'est toujours avec les marabouts qu'il a fallu le plus compter ; presque tous les soulèvements, toutes les insurrections sont venues et viennent encore de quelque imposteur, ouali, marabout, mahdi, faux-prophète, qui au nom de Mohammed lève l'étendard de la révolte.

Tout le monde connaît, du moins de nom, les *Khouan* ou confréries religieuses de l'Algérie, et particulièrement les *Aïssaoua* ou frères de l'ordre de Sidi Mohammed ben-Aïssa, qui depuis plusieurs siècles ont une réputation extraordinaire de jongleurs, bateleurs, charmeurs de serpents. Les idées émises à leur sujet dans des ouvrages réputés sérieux nous ayant paru reposer sur des données peu précises, nous avons essayé de rétablir la vérité d'après des documents de la plus haute valeur qu'on nous a envoyés d'Algérie. Sur les usages, mœurs, superstitions, croyances, nous n'avons fait que passer, donnant une idée succincte de leur ensemble et ne nous arrêtant qu'au plus intéressant.

Enfin nous avons trouvé la musique populaire des Arabes si curieuse à étudier que nous n'avons pu résister au plaisir de le faire rapidement, grâce à l'excellente collaboration d'un de nos jeunes musiciens d'avenir, M. Tiersot, attaché à la Bibliothèque du Conservatoire, tout en regrettant fort que quelque habile historien de cet art n'ait essayé jusqu'à présent d'en faire une étude complète en donnant avec les airs notés, la traduction *exacte* (et non en vers français !) des mille et une chansons populaires, d'amour, de noces, de guerre, de deuil, qui volent depuis des siècles sur la bouche des enfants du Désert.

Nous offrons ce livre tel quel avec ses imperfections et ses lacunes, heureux si nous pouvions provoquer en Algérie et dans les pays arabes des études complètes du Folk-Lore (1) de l'Afrique.

Paris, le 13 mars 1884.

---

(1) *Folk-Lore*, des deux mots anglo-saxon, *Folk*, peuple, et *Lore*, tradition, savoir. Ce terme est d'un usage courant en Angleterre, en Allemagne, en Espagne, en Italie et en France. Il n'existe pas de mot français qui puisse en donner le sens.

LIVRE I

—

LÉGENDES PROPREMENT DITES

La Légende, la *Songeuse*.
Ed. Schuré (*Ch. de la Mont.*)

A. LÉGENDES PROPREMENT DITES

Le caractère de la Légende nous semble assez difficile à déterminer. Sans doute étant donnés deux récits populaires, l'un ayant trait aux merveilleuses aventures d'un personnage plus ou moins historique, l'autre transportant son récit dans le temps où « il y avait un roi », nous ne nous y tromperions pas, nommant le premier une *légende* et le second un *conte*. Mais souvent, le caractère de l'histoire est tellement vague et indécis, qu'il devient aux plus perspicaces difficile de juger et de résoudre le problème. Mais ceci n'est qu'un cas particulier, pour lequel peut être laissée toute liberté d'appréciation. A notre avis la légende est particulière à un endroit, spéciale à un personnage, et ressort quelque peu du domaine de l'histoire proprement dite. Caractère plus précis : le conteur *y croit* généralement. Son domaine est vaste, et embrasse tout le surnaturel : Dieu, le Démon, les Esprits inférieurs ou supérieurs, les Spectres, les Revenants, les personnages historiques, les Saints, etc. Le Conte, au contraire, est général ; il peut être redit partout, parce qu'il ne se passe point en un endroit déterminé ; le temps de l'action, lui-même, est vague : c'est le passé, mais un passé non limité : « Il était une fois.... » telle est sa première formule, et il n'en connaît point d'autre. Détail caractéristique : le conteur *n'y croit point* ; seuls les enfants sont persuadés de la réalité des faits extraordinaires qui s'y déroulent. Les personnages principaux sont divers comme l'action : les rois y coudoient leurs valets, les hardis chevaliers réussissent rarement là où sont heureux de simples paysans, des fils de fermier ou des bûcherons ; les princesses épousent des roturiers ; les gens les plus infimes arrivent aux plus hautes positions ; la ruse et l'astuce servent tout autant que l'épée et les armes de guerre ; des personnages fantastiques, géants à l'esprit lourd, nains gardiens de trésors, ogres voraces, lutins et farfadets, fées toutes puissantes, génies, magiciens, enchanteurs, sorciers, se mêlent, se heurtent dans une trame naïve qui bien souvent amène le sourire sur les lèvres. Et souvent, comme sur nos scènes, le personnage sympathique triomphe et la vertu est récompensée. Le héros épouse la princesse de son choix ; ils vivent heureux et ils ont beaucoup d'enfants !

Nous donnons ci-après quelques-unes des légendes arabes qu'il nous a été permis de recueillir. Celles de ce chapitre sont des *Légendes proprement dites*, ou plutôt celles que nous n'avons pu classer dans les autres parties du volume à cause de leurs caractères divers.

B. CONTES

Bien que nous ne donnions ici que très peu de contes proprement dits, nous ne voulons pas laisser passer ce chapitre sans dire quelques mots des collections de contes arabes publiés jusqu'à présent. Ces collections ne sont pas nombreuses : Les *Mille et une Nuits*, les *Contes arabes* de Guill. Spitta-Bey, les *Contes kabyles* de M. J. Rivière.

Des premiers nous ne pouvons que les citer ; chacun sait qu'ils sont loin d'être des contes de source populaire, et que les récits des *Mille et une Nuits* ne sont que des adaptations, des imitations ou des traductions de contes ou nouvelles littéraires qui ont peu à faire ici. Les contes arabes de M. Guill. Spitta-Bey sont des plus intéressants, mais ne viennent pas de l'Algérie, recueillis qu'ils ont été dans la vallée du Nil. Nous nous étendrons davantage sur les *contes kabyles*.

L'Arabe et le Kabyle, comme tous les peuples enfants, aiment excessivement les récits merveilleux et les contes facétieux. Le soir venu, que faire dans le gourbi du montagnard ou sous les tentes des tribus ? Rien, si ce n'est raconter des histoires, ou redire la dernière chanson du barde de la contrée. On n'y manque pas, et des heures entières, les histoires extraordinaires et les mélodieuses chansons vont leur train.

Les contes, comme partout, sont nombreux et reproduisent tous les thèmes légendaires des contes européens ou indiens: Les *Voleurs rusés*; les *Deux Frères* — le conte si connu d'Hérodote et que M. Maspéro a retrouvé dans l'Egypte d'il y a six mille ans; — les *Mensonges*; la *Fille de la Marâtre*; la *Flûte merveilleuse* qui oblige à danser; la *Femme qui, allant chercher un trésor, fait croire à son fils idiot qu'il pleut des crêpes et des beignets*, et nombre d'autres qu'il serait trop long de citer, mais où dominent les contes d'ogres, d'ogresses, de génies, les questions énigmatiques pour lesquelles les Arabes semblent avoir un faible, et aussi les randonnées ou récits qui n'en finissent pas, dans lesquels on s'adresse au soleil, au nuage, au vent, à la montagne, au rat, au chat, etc., pour obtenir la chose la plus insignifiante du monde. Les contes kabyles de M. J. Rivière seraient de véritables modèles à donner de la fidélité avec laquelle la leçon populaire doit être respectée et reproduite, si souvent ils ne devenaient quasi inintelligibles. La classification, par contre, est arbitraire et défectueuse au possible; il est presque impossible de trouver ce qu'on peut désirer dans l'ouvrage. Espérons que bientôt quelque amateur zélé nous dotera d'un autre ouvrage sur les Arabes de la plaine, du désert et des villes.

I

Légendes Arabes sur l'époque anti-islamique.

« Avant Mohamed, les Arabes professaient diverses religions [1].

« Les uns, comme les Rabeaa, les Guessan et une partie des Kodâa, étaient chrétiens;

« Les autres, comme les Houmays, les Beni Kenanet, Beni Haret, Beni Kaab et les Koudat, étaient juifs;

« D'autres, comme les Tamimer, étaient madjoucia, adorateurs du feu et des astres;

« D'autres, avec les Koraïches qui gardaient les clefs de la Kaaba, étaient djahelia, idolâtres.

« Les Beni Hanifa adoraient une immense idole en pâte; mais on raconte qu'ils mangèrent leur dieu dans un temps de famine.

[1] Le général E. Daumas et A. de Chancel: *Le grand Désert*, in-8°, M. Lévy, Paris, 1856.

« Le culte des pierres était enfin particulier aux Beni Ismaïl.

« Parmi les Djahelia, il n'était pas un chef de famille qui n'eût dans sa tente ou dans sa maison ses divinités protectrices qu'il saluait, les dernières en sortant et les premières en entrant.

« Dans la Kouba de la Mekke et aux environs, s'élevaient en outre trois cent soixante idoles, dont chacune présidait à l'un des trois cent soixante jours de l'année arabe.

« Le culte des idoles est né dans le monde du regret des vivants pour les morts. On raconte que Jakout, Iaouk et Nesrane, fils d'Adam [1], s'étaient retirés dans la solitude, loin de leurs frères et de leurs sœurs, pour se consacrer entièrement à Dieu.

« Jakout étant mort, Iaouk et Nesrane, par l'insinuation du démon, pétrirent son effigie en cuivre mêlé de plomb et la placèrent dans leur temple, pour avoir sous les yeux un constant souvenir de celui qu'ils pleuraient. Quand le Seigneur les eut à leur tour appelés, leurs enfants firent pour eux ce qu'ils avaient fait pour leur frère, et peu à peu les générations suivantes confondirent dans une adoration commune leurs ancêtres et le vrai Dieu et perdirent enfin les traces et la tradition de la religion primitive.

« Sidna Nohheu (Noé) s'éleva contre eux ; mais sa voix ne fut point écoutée, et le déluge vint qui détruisit les idolâtres et enfouit les idoles sous le sable. Quelque temps après, cependant, le démon les déterra et les offrit aux peuples nouveaux, qui presque tous les adorèrent.

« Ce fut alors que la Kaâba s'en peupla, et que chaque Arabe eut son dieu domestique.

« Plus tard, deux hommes de la Mekke, Omar et ben Yahia Bou-Keudâa, étant allés en Syrie, virent les Amalek[2] se prosterner devant des statues et leur demander

---

(1) L'Ecriture ne nomme que trois fils d'Adam, Caïn, Abel et Seth ; mais elle ajoute : « Depuis la naissance de Seth, Adam vécut encore huit cents ans, et il eut des fils et des filles. » (*Genèse*, V. 4.)

(2) Il y a ici une erreur géographique. — Les Amalécites habitaient le sud de la Palestine, qui, il est vrai, confinait par le nord à la Syrie.

de la pluie. — Donnez-nous donc un de vos dieux, dirent les voyageurs, car, de tous les pays, le nôtre est celui où il pleut le moins souvent.

« On se rendit à leurs prières, et on leur fit présent d'Habal, idole en pierre rouge, représentant un homme que les Koraïches placèrent au centre de leur Kaâba, et que l'on invoquait en temps de sécheresse.

« Ce fut également de Syrie que furent apportées à la Mekke les statues appelées Assafan et Naylat, dont l'une figurait un homme et l'autre une femme. »

Les premiers qui adorèrent les pierres furent les Beni Ismaïl. — Inquiétés aux environs de la Mekke et forcés de se disperser, chaque émigrant emporta quelques pierres du pays natal, et, dans le nouveau lieu de sa station, fit autour d'elles les cérémonies religieuses qu'ils pratiquaient jadis autour de la Kaâba. — Ce culte, comme celui des mages, dégénéra promptement en idolâtrie, et les descendants d'Ibrahim s'égarèrent dans les ténèbres.

« Notre seigneur Mohammed n'eut pas seulement à détruire les erreurs des Djahelia, il eut encore à déraciner leurs mœurs, leur usages, leurs superstitions.

« Ainsi, lorsqu'un homme mourait, son fils aîné jetait un vêtement sur la femme de cet homme et lui succédait, s'il le voulait, dans ses droits de mari. La femme lui déplaisait-elle, il la cédait à l'un de ses frères, moyennant une dot nouvelle. Cet usage qui faisait les enfants héritiers de la femme de leur père se nommait Nikak el Mek. »

II

Croyances des anciens sur le Nord de l'Afrique.

A en croire les auteurs antérieurs à Pline et Pline lui-même, la région qui s'étendait au Sud des Gétules renfermait les peuplades les plus extraordinaires et les plus merveilleuses qu'il fût possible d'imaginer. Bien qu'il y ait lieu de s'étonner qu'un homme de l'intelligence du célèbre encyclopédiste romain, ait pu donner dans le fratras d'erreurs, de préjugés et de superstitions que bien souvent il rapporte avec le plus grand sérieux, nous devons pourtant lui savoir bien gré de nous avoir conservé dans ses écrits ces traces lointaines des croyances des peuples passés, jalons posés sur la route et d'une grande utilité pour les études comparées. Car sans Pline, Strabon et quelques autres, que saurions-nous de l'antiquité en beaucoup de points ? Certes, peu de choses. Grâce à eux, nous savons que les moins étranges des peuples de l'Afrique, gazouillaient comme les oiseaux, que d'autres étaient sans pieds, sans sexe ou sans tête. Quelques-uns étaient androgynes. Les Blemmyes étaient acéphales ; leur bouche, leur nez, étaient sur leur poitrine. Ainsi que les Satyres, les Ægipans avaient des pieds de bouc. D'autres peuplades n'avaient pour bouche qu'un petit orifice circulaire muni d'une trompe à l'aide de laquelle ils aspiraient l'eau et les graines de millet dont ils faisaient leur nourriture. Les Himantopodes se traînaient et rampaient à l'aide de courroies qui terminaient leurs cuisses. Et à côté de ces singulières populations vivaient la licorne, le scorpion ailé, le sphynx, le crocote à voix humaine, le serpent à deux têtes, le basilic et le catoplebas. Les plantes étaient des simples merveilleux ou des poisons terribles et les pierres précieuses jouissaient de propriétés magiques !!!

III

Légende du Libérateur de l'Afrique.

Les Arabes ont beaucoup de foi dans les prophéties que tous les marabouts célèbres n'ont jamais manqué de faire. Ainsi l'arrivée des Français en Algérie et l'établissement de leur domination étaient annoncés depuis bien longtemps déjà, quand nos troupes ont débarqué à Alger en 1830. Mais les Français ne doivent pas toujours rester les maîtres du pays. Un libérateur viendra les chasser. Ce sera le *Moul-el-Saa* (le maître de l'heure, le dominateur du moment), sur lequel on n'est pas trop fixé, même parmi les *tolba* et les *eulêma*.

Ce qui est sûr pour les Arabes, c'est que le Moul-el-Saa, après avoir chassé les Français, leur succèdera dans le Gouvernement du pays. Il règnera cinq, sept ou neuf ans. Puis de nouvelles calamités viendront fondre sur l'Afrique. On verra paraître les *Jadjoudjaoumadjoudja* (!) peuple innombrable de sauvages que Sidna-Kornin a enfermés entre deux montagnes de pierres et qu'il a scellés sous un grand couvercle de fer. Ce couvercle, que le temps rouille de plus en plus, finira par céder sous l'effort des captifs qui se répandront par toute l'Afrique, dévastant tout sur leur passage. D'un trait, leurs légions tariront les lacs et les fleuves ; ils dévoreront l'herbe des champs et les fruits des vergers ; ils transformeront l'Afrique en un vaste désert ; puis Jésus descendra sur la terre et massacrera à son tour les Jadjoudjaoumadjoudja. Il règnera dans toute sa gloire, et bientôt ira mourir à la Mecque ; la race humaine cessera de se reproduire et la fin du monde arrivera.

(Cf. L'*Univers pittoresque*; Algérie.)

IV

Les anges Harout et Marout.

Lorsque Dieu eut la pensée de peupler la terre par des hommes, les Anges y firent quelques objections auxquelles un sentiment de jalousie n'était pas étranger ; car ils redoutaient de voir les affections du Très-Haut s'étendre à d'autres êtres qu'aux habitants du Ciel. Le Tout-Puissant ne s'arrêta pas à leurs paroles et la terre s'anima bientôt par l'avénement de notre espèce. Voulant même donner une leçon aux opposants, le Seigneur les réunit un jour et leur montrant des herbes, des arbres, des insectes et des animaux, il leur en demanda le nom. Mais aucun des

Anges ne put répondre à cette question de l'Eternel, par cette raison qu'ils ignoraient ces noms. Dieu appela alors Adam qui désigna chaque chose et chaque être par son nom, grâce au don des langues qu'il avait reçu de son Créateur. Les Anges n'en furent que plus froissés que par le passé, il faut le dire.

Or, au temps d'Esdris — l'Enoch de la Bible — il arriva que le bruit des actions honteuses des hommes monta jusqu'aux oreilles des Anges qui, indignés, dirent au Seigneur : « Ce sont donc là les êtres que tu as tirés du néant et que tu as placés sur la terre ! Vois comme ils obéissent à la loi que tu leur as donnée ! »

Aussi bon que Tout-Puissant, l'Eternel leur répondit : « N'allez point parler en mal des hommes. Si je vous avais envoyés sur la planète des hommes avec l'organisation qui leur est propre, vous n'auriez pu éviter leurs erreurs et leurs fautes.

— Grand Dieu ! s'écrièrent les anges ; il n'est pas dans notre nature de jamais pouvoir vous désobéir.

— Eh bien ! dit le Seigneur ; choisissez deux des plus saints d'entre vous et je les ferai descendre sur la terre pour les mettre à l'épreuve. »

Les anges acceptèrent, et leur choix tomba sur Aza et Azama, les plus parfaits des légions célestes et les plus enflammés de l'amour du divin Maître.

Le Très-Haut leur donna donc les aptitudes et les facultés humaines, changea leurs noms en ceux de *Harout* et *Marout* et les fit descendre sur la terre, leur ordonnant d'exercer sur les hommes une autorité équitable, leur défendant le polythéisme, le vin, l'incontinence et le meurtre, hors le cas de légitime défense.

Pendant le jour, ces deux anges s'appliquaient à juger les différends des mortels ; et, lorsque le soir était venu, ils prononçaient le nom secret de Dieu pour remonter au ciel : car leurs ailes avaient perdu leur ancienne puissance et il leur fallait l'efficacité de ce mot redoutable pour s'élever dans les airs.

Mais un mois s'était à peine écoulé depuis que Harout

et Marout avaient quitté le ciel, que leur vertu était déjà ébranlée ; quelques-uns assurent même qu'elle chancela dès le premier jour. Voici à quelle occasion :

Une jeune femme nommée Zahra se présenta à leur tribunal pour plaider contre son mari ; c'était la plus belle parmi toutes les femmes qui faisaient l'ornement de la Perse, et de plus, elle était reine. Les anges Marout et Harout ne purent la voir sans se sentir émus jusqu'au fond du cœur. Le plus expansif dit à son compagnon :

« Vous n'éprouvez donc pas le trouble que je ressens ?
— Si ! répondit l'autre. »

Avec des juges aussi bien disposés, il va sans dire qu'il fallut que la reine Zahra gagnât son procès, bien que son mari eût la raison de son côté.

La passion prenant le dessus chez les anges prévaricateurs, ils en vinrent à solliciter la belle Zahra de répondre à l'amour qu'elle leur avait inspiré. Mais elle refusa de les écouter et sortit. La passion croissant toujours, Harout et Marout renouvelèrent leurs instances le lendemain et éprouvèrent un nouveau refus. Et comme ils revenaient à la charge le troisième jour, Zahra leur dit :

« Je ne vous écouterai qu'à cette condition que vous boirez du vin, vous tuerez quelqu'un ou vous adorerez l'idole qui est l'objet de mon culte.
— O belle Zahra ! répondirent les deux anges, vous nous demandez quelque chose d'impossible, car Dieu notre maître nous a défendu ces trois choses. »

Cependant l'amour dominait de plus en plus dans leurs cœurs, si bien que lorsque Zahra se représenta devant eux, cette fois avec une coupe de vin dans sa main blanche et potelée, ils renouvelèrent encore leurs instances. La reine y répondit en renouvelant ses propositions.

L'amour régnait désormais en maître dans ces cœurs subjugués qui n'avaient plus rien des anges. Il ne s'agissait plus que de trouver un moyen quelconque pour capituler avec la conscience.

Le plus subtil des deux tint ce discours à son compagnon :

« Certes, c'est un bien grand crime que d'adresser des prières à d'autres qu'à Dieu ; c'en est encore un très grand que de tuer un homme. Mais tremper les lèvres dans cette coupe, c'est assurément le moindre des péchés que le Tout-Puissant nous a défendus. D'ailleurs, notre divin Maître est si miséricordieux ! »

Et, là-dessus, ils vidèrent la coupe. Quand ils eurent bu, ils oublièrent la chasteté encore plus facilement qu'ils n'avaient oublié l'abstinence de la liqueur proscrite.

Or, par hasard, un homme les vit pendant cette deuxième infraction, et le malheur voulut que ce fût le mari de Zahra.

Ne voulant pas que leur honte fût rendue publique, Harout et Marout tuèrent ce témoin dangereux.

Enfin, ils franchirent ce degré qui les séparait encore de la plus énorme des transgressions et ils adorèrent l'idole !

Mais avant de céder à leurs sollicitations, Zahra avait obtenu d'eux, outre le gain de son procès, la connaissance du nom sacré de l'Eternel à l'aide duquel Harout et Marout retournaient au ciel chaque soir. Une fois en possession de ce précieux secret, elle s'était élevée dans les airs jusqu'à la région céleste.

Le Seigneur la jugeant moins dangereuse dans le ciel que sur la terre, en fit la planète Vénus, que les Arabes appellent *Zahra*, à cause d'elle.

Mais quand Harout et Marout voulurent remonter le soir au firmament, ainsi qu'ils en avaient l'habitude, ils se trouvèrent frappés d'impuissance et leurs pieds ne purent se détacher de la terre. Profondément navrés de cette déchéance, ils allèrent raconter au Prophète Esdris ce qui était arrivé, en le priant d'intercéder pour eux auprès de l'Eternel.

« Nous savons, lui dirent-ils, que le culte que vous adressez personnellement à Dieu est aussi puissant que celui que lui rendent tous les habitants de la terre réunis. »

Esdris consentit à être leur intercesseur, et Dieu, à la

considération du prophète, permit aux anges de choisir leur châtiment sur la terre ou dans l'autre monde. Sachant que le ciel est éternel et que la terre doit finir, Harout et Marout choisirent notre monde pour le lieu de leur punition.

C'est à Babel (Babylone), à l'endroit même où l'orgueil des hommes fut si humilié autrefois, que les deux anges subissent le châtiment de leurs péchés.

Leur peine, qui doit durer jusqu'au jugement dernier, est terrible. Suivant les uns, ils sont suspendus par les cheveux; suivant d'autres, ils sont frappés et déchirés par des barres de fer. Un homme qui était allé à eux pour apprendre la magie, les a vus suspendus par les pieds; leurs yeux bleus, si beaux jadis, sortaient hideusement de leurs orbites; leur peau, autrefois si blanche, était devenue aussi noire que celle du démon. Il n'y avait entre la pointe de leurs cheveux et l'eau coulant au-dessous d'eux qu'une distance de quatre doigts, et cependant ils sont toujours torturés par une soif ardente.

Cet homme s'écria en les voyant:

« *Il n'y a de Dieu que Dieu!*

— Qui êtes-vous? dirent les anges Harout et Marout, en entendant ces paroles.

— Un être appartenant à la race des hommes.

— De quelle nation?

— De celle de Mahomet.

— Hé quoi! Mahomet a donc accompli sa mission?

— Oui, fit l'homme.

— Dieu soit loué, exclamèrent les deux anges.

— D'où vient votre allégresse?

— De ce que Mahomet est le prophète des derniers temps et que la fin de notre supplice approche. »

(Légende populaire rapportée aussi par les commentateurs du Coran, El-Kassin en particulier.)

Voici ce que dit le Coran au chapitre II, au sujet de ces deux anges:

96... « Ils enseignent aux hommes la magie et la science qui avait été donnée aux deux anges de Babylone, Harout et Marout,

Ceux-ci n'instruisaient personne dans leur art sans dire : Nous sommes la tentation ; prends garde de devenir infidèle. Les hommes apprenaient d'eux les moyens de semer la désunion entre l'homme et la femme, mais les anges n'attaquaient personne sans la permission de Dieu. Cependant les hommes apprenaient ce qui leur était nuisible et non pas ce qui pouvait leur être avantageux ; et ils savaient que celui qui avait acheté cet art était déshérité de toute part dans la vie future, vil prix que celui pour lequel ils ont livré leurs âmes, s'ils l'eussent su ! »

Sur une amulette trouvée en 1832 dans un cimetière musulman d'Alger, on trouve gravés dans les angles et à la bordure de la planchette qui forme cette amulette les noms suivants :

Gabriel, Michel, Asrafil, Azraïl ; *Marout, Harout* ; Yadjoudj, Madjoudj.

La légende des anges Marout et Harout reproduit un récit curieux que Kennedy a recueilli en Irlande sous une forme identique à un conte du Nord de la France (cf. Loys Brueyre, *Contes populaires* de la Grande-Bretagne, p. 332 ; Henry Carnoy, *Littérature orale de la Picardie*, p. 134), c'est celui d'un moine obsédé par le démon qui ne consent à le laisser en paix que sous cette condition qu'il choisira entre ces trois péchés : s'enivrer, tuer un homme ou déshonorer la femme de son voisin. Bien entendu qu'entre les trois péchés, le saint homme choisit le plus léger et qu'il s'enivre. Mais le malheur veut que la femme du voisin arrive dans la hutte de l'ermite. Le moine l'embrasse et la violente. Le mari survenant, le serviteur de Dieu le tue pour étouffer l'affaire. Comme on le voit cette légende n'est pas particulière à l'Algérie puisqu'elle se retrouve dans les pays du nord de l'Europe.

Du reste ces versions ne sont pas les seules. Dans un fabliau du Moyen-Age nous rencontrons le conte de l'*Ermite qui s'enivra* qu'on peut voir dans Roquefort, *De la poésie française*, p. 334, et dans Legrand d'Aussy, *Fabliaux*, tome v, p. 122. M. le comte Th. de Puymaigre qui s'est fort occupé des compositions héroïques ou populaires de l'Espagne et du Portugal, cite encore comme rapprochements (*Polybiblion*, livr. d'août 1883, *Compte-rendu* de la *Littérature orale de la Picardie* de M. Henry Carnoy) : *El Libre d'Appollonio*, Quatrain LV ; *El Libro de los Exemplos*, ex. LVI ; puis les *Instructions du chevalier de Latour Laudry*, ch. LXXXIX ; et ajoute que Piron et Grécourt en ont fait leur profit.

Quant au châtiment que subissent les anges prévaricateurs à Babylone, on en trouve également de nombreux exemples dans les traditions populaires des peuples, et l'antiquité nous offre un mythe identique dans le supplice de Tantale dévoré d'une soif brûlante qu'il ne peut étancher bien qu'il soit auprès d'une fontaine d'eau vive qui l'attire mais dont les eaux s'enfuient quand il veut en approcher ses lèvres.

V

La flûte Djaouak.

Mohammed était un des plus célèbres musiciens de Constantine ; on l'appelait à prendre part à toutes les fêtes, d'où il revenait toujours comblé de présents.

Cependant Mohammed était triste. Quelle pouvait être la cause de sa tristesse ? Hélas ! son fils, qui promettait d'hériter de son talent et de sa réputation, était mort peu de temps après son mariage, et le vieux musicien ne cessait de demander au Prophète de le laisser vivre assez longtemps pour qu'il pût transmettre ses connaissances musicales à son petit-fils, dernier rejeton de sa race.

L'enfant, qui se nommait Ahmed, manifesta de bonne heure un goût prononcé pour la musique ; bientôt le vieillard lui ayant confectionné une flûte dont la grandeur était appropriée à ses petites mains, put l'emmener avec lui dans les fêtes, où chacun le félicitait sur le talent précoce de son petit-fils, et l'assurait qu'il parviendrait à l'égaler.

Un jour que l'enfant était resté seul à la maison, Mohammed fut fort étonné, en revenant chez lui, d'entendre une musique qui semblait produite par deux instruments. Pensant que quelque musicien étranger était venu le voir, il pressa le pas, mais, en pénétrant dans la cour, il ne vit que son fils, qui, ne l'ayant pas entendu venir, continuait à jouer de la flûte, et produisait, à lui seul, cet ensemble de sons tout nouveaux.

L'enfant, ayant introduit l'extrémité de sa petite flûte dans celle de son grand-père, avait obtenu une étendue de sons jusque-là inconnue sur cet instrument. Et comme Mohammed le questionnait au sujet de sa découverte, il répondit simplement qu'il avait voulu que *sa voix suivît celle de son aïeul.*

En effet, les sons de la petite flûte suivaient graduellement ceux de la grande, ou, pour mieux nous exprimer, complétaient presque l'octave, dont la grande flûte ne donnait que les premiers sons les plus graves.

Les marabouts, appelés à se prononcer sur ce fait extraordinaire, en conclurent que le Prophète avait voulu indiquer que l'enfant continuerait la réputation du nom de son aïeul et même la surpasserait.

C'est à cause de cela qu'on nomma cette nouvelle flûte *Djaouak*, c'est-à-dire *ce qui suit*.

(Légende recueillie à Constantine, par M. R. Salvador Daniel, et communiquée par lui à la *Revue africaine*, t. VI, p. 288.)

VI

Légende du musicien arabe Alfarabbi.

Alfarabbi avait appris la musique en Espagne dans les célèbres écoles qu'avaient fondées les Califes de Cordoue. La renommée de ce célèbre musicien avait traversé les terres et les mers et s'était étendue jusqu'en Asie.

Le sultan Fekhr Ed-Doula, désireux de l'entendre, lui envoya plusieurs fois des messagers porteurs de riches présents et chargés de l'engager à venir à sa cour. Alfarabbi, craignant qu'on ne le retînt de force, avait longtemps résisté à ces offres. Vaincu par l'insistance du sultan, il partit enfin, mais incognito.

Il arriva au palais de Fekhr Ed-Doula dans un costume si misérable qu'on lui eût refusé l'entrée s'il n'eût dit qu'il était un musicien étranger désireux de se faire entendre devant le sultan. C'était juste le moment où Fekhr Ed-Doula assistait à ses concerts journaliers. Il demanda au nouvel arrivant de chanter.

Il eut à peine commencé que chacun des assistants se mit à rire malgré la présence du sultan qui lui-même ne pouvait se retenir. Alfarabbi changea de mode et l'effet fut tel que les soupirs, les pleurs et les gémissements remplacèrent le fou rire de tout à l'heure. Changeant une troisième fois de mélodie et de rythme, il amena dans ses auditeurs une fureur telle qu'ils l'auraient tué, si un nouveau changement ne les eût arrêtés et jetés dans un sommeil si profond, qu'Alfarabbi eut le temps de sortir du palais et de la ville sans être inquiété.

(Légende des Arabes de l'Algérie recueillie par M. Salvador Daniel et insérée dans le n° 36 — Nov. 1862 — de la *Revue Africaine*.)

On voit par cette légende l'importance que les Arabes attribuent à la musique et les effets merveilleux qu'on peut en tirer. Et pourtant, pour ceux qui n'ont pas fait une étude approfondie de la musique des Arabes, il semble que ce ne soit qu'une abominable cacophonie sans règles et sans art. Au rapport de M. Salvador Daniel il n'en serait rien, et la musique de ces peuples obtiendrait des effets extraordinaires sur les oreilles de ceux qui, comme lui, ont approfondi cet art en Afrique.

On voit fréquemment les femmes se laisser entraîner par la modulation et la mélodie et danser jusqu'à ce qu'elles tombent privées de sentiment dans les bras de leurs compagnes. La chanson de Salah, bey de Constantine, fait toujours pleurer les auditeurs. L'un des modes de la musique arabe, le mode *Asbein*, fait danser malgré elles les femmes possédées du démon. On voit des musiciens de profession tomber en extase quand ils jouent sur leur *kemendja* des chansons diaboliques en mode *Asbein*. Les Arabes expliquent cet effet du mode *Asbein* par cette légende : « Lorsque le démon fut précipité du Ciel, son premier soin fut de tenter l'homme. Pour y réussir plus sûrement, il se servit de la musique et enseigna les chants célestes qui étaient le privilège des élus. Mais Dieu, pour le punir, lui retira le souvenir de cette science, et il ne put ainsi enseigner aux hommes que ce seul mode dont les effets sont si extraordinaires. »

Chez nombre de peuples de l'antiquité, il est question de musiciens d'une habileté accomplie : Amphion, Orphée, Thimothée de Milet, Terpandre. Amphion jouant du luth, bâtissait les murs de Thèbes ; Orphée obtenait des résultats aussi merveilleux ; aux accents qu'il tirait de sa lyre, les bêtes des forêts venaient lui lécher les pieds, les rochers accouraient pour l'entendre, les fleuves et les rivières s'arrêtaient dans leur course, les animaux et les arbres se prenaient à danser.

Dans nos récits populaires, on rencontre nombre de traditions, de contes et de légendes où il est question de ces airs merveilleux. Loreley, l'enchanteresse des bords du Rhin, attirait les malheureux qui passaient aux alentours de son rocher, par les sons divins de sa lyre, et les forçait à se précipiter dans les gouffres profonds du fleuve. Dans la vallée d'Alsace, c'est la Fille qui chante; par les belles journées d'été, on voit une fille blanche sortir de la forêt et descendre le chemin du Geffenthal, en chantant d'une voix si belle, si claire et si douce, qu'il vous semble entendre la musique argentine d'une cloche dans le vallon. Malheur au voyageur qui passe par la Geffenthal! La voix de cette fille l'entraîne, comme les sirènes antiques, dans des dangers souvent mortels. La musique des lutins fait danser malgré eux les voyageurs qui prennent part à leurs rondes, absolument comme le cor d'Obéron (*Huon de Bordeaux*, publié par Guessard et Grandmaison; Paris, Frank, 1860), qui oblige ceux qui l'entendent de chanter et de sauter jusqu'à perdre haleine. M. Loys Brueyre (*Cont. pop. de la Gr. Bret.*, p. 166) cite une ballade suédoise de Keightley, dans laquelle une fille des Trolls joue avec tant de charme qu'elle « fait danser les bêtes des champs, les oiseaux de l'air, les poissons des rivières, et que les feuilles poussent aux arbres, afin de prendre part au concert. » Cette tradition existe du reste dans la *Saga des Vœlsung* : le héros Sigurd avait une harpe merveilleuse qui faisait danser jusqu'aux objets inanimés.

Dans d'autres récits, ce sont des violons qui obligent à danser, qui forcent un vieil avare ou un curé à sauter dans un buisson d'épines, qui amènent les poissons de la mer sauter en cadence sur le rivage, ou qui entraînent les rats de Hameln hors des murs de la ville qu'ils infestent. Cf du reste: Keightley, *Fairy Mythology*, p. 97; Grimm, *L'Arbre-Nez*, *Hansel et Grethrel*, *Le Juif dans les épines*; Asbjörnsen, *Le Pipeau d'Osborne*, *Petit Freddy et son violon*; Cavallius et Stephen, *Les trois Chiens*; Cox, *Mythology of the Aryan Nations*, vol. II, p. 241 et suiv.; Gould, *Curious Myths*, p. 417; Thorpe, *Northern Mythology*, p. 119; Carrew Haslitt, *Early Popular Poetry*; Croker, *L'Air merveilleux*, trad. L. Brueyre; Ch. Braun, *Légendes du Florival*, p. 137; H. Carnoy, *Litt. orale de la Picardie*, p. 10, *Légende du Ménétrier*; dans *Romania*, t. VIII, p. 245-246, *Le Violon merveilleux*.

VII

La Légende d'Imrou'lqaïs.

Parmi les sept poètes auteurs des *Mo'allaqahs*, le plus connu et le plus renommé à juste titre est Imrou'lqaïs, surnommé le « roi des poètes. » La vie de ce poète antéislamique a fourni aux nombreux commentateurs qui se sont occupés de ses œuvres, le thème de plusieurs légendes dont nous nous contenterons de citer deux des plus intéressantes à notre point de vue.

* * *

Imrou'lqaïs (l'homme de la déesse Qaïs), était le fils du roi des Kindites, Hodjr. Ses talents poétiques se développèrent rapidement, à la grande colère du roi Kindite. Ne pouvant arriver à combattre les dispositions précises que manifestait Imrou'lqaïs, le roi Hodjr bannit son fils, puis ne trouvant pas cette punition suffisante, il chargea un de ses serviteurs nommé Rabi'a de rejoindre Imrou'lqaïs et de le tuer. Rabi'a avait été justement l'un des amis du jeune poète. Il partit néanmoins avec l'intention bien arrêtée de tuer le fils de son souverain. Mais vaincu par les supplications du poète et surtout en souvenir de son ancienne amitié, il ne lui fit rien. Hodjr avait demandé les yeux de son fils comme preuve que la mission de Rabi'a serait remplie. Le serviteur tourna la difficulté en tuant une gazelle et en en rapportant les yeux au roi des Kindites.

Cette légende n'a sans nul doute aucun fondement historique.

Elle est rapportée par le critique Nœldeke[1] d'après un commentaire ms. de Leyde. Cette légende qui, comme le fait remarquer M. René Basset dans sa *Poésie arabe anté-islamique*, se trouve dans maint récit d'Orient et d'Occident et rappelle celle de *Geneviève de Brabant* et de plusieurs récits des *Mille et une Nuits*, semble avoir été imaginée pour expliquer le passage suivant du divan d'Imrou'lqaïs :

« *Ne me trahis pas, ô Rabi'a, moi qui auparavant eus toujours confiance en toi.* »

* * *

Imrou'lqaïs avait obtenu des secours de l'empereur

---

[1] *Beiträge zur Kenntniss der Poesie der alten Araber*, Hanovre, 1864.

grec et se préparait à retourner en Arabie « lorsqu'un des Benou Asad, nommé Thammâh, qui était allé à Constantinople combattre ces projets, dénonça au César une intrigue que le poète aurait eue avec sa fille ; suivant d'autres, il l'aurait averti de se méfier des intentions d'Imrou'lqaïs. L'empereur envoya à ce dernier, comme pour l'honorer, un de ses propres vêtements qu'il avait fait imprégner d'un poison violent ; dès qu'il se fut revêtu de cette tunique de Nessus, le prince kindite vit son corps tomber en lambeaux et mourut à Ancyre dans de cruelles souffrances... [1] »

Cette légende, véritable mythe héracléen, est donnée par le *Kitâb Al Aghani*, d'après les récits traditionnels qui avaient cours chez les Benou-Asad, sujets de Hodjr et d'Imrou'lqaïs. Elle a été admise par M. de Slane et par Reiske et combattue par R. Basset.

VIII

La Mosquée de Mansoura.

Un roi du Soudan, après avoir envahi la province de l'Ouest à la tête d'armées innombrables, vint mettre le siège devant Tlemcen. La résistance des habitants s'étant beaucoup prolongée, le camp des assiégeants ne tarda pas à devenir une ville véritable — et très grande — qui nécessairement dut avoir sa mosquée.

Dès que le sultan se fut décidé à l'élever, il fit appel aux hommes les plus distingués en fait de constructions.

Il s'en présenta deux ; l'un juif et l'autre musulman, qui vivement se disputèrent l'entreprise.

L'examen de leurs plans ayant démontré une parfaite égalité de savoir et d'habileté chez les deux concurrents, le roi du Soudan se trouvait fort embarrassé. Mais à la fin, il eut une idée lumineuse ; il décida que l'Arabe

---

(1) René Basset, *Op. cit*, p. 72.

serait chargé de la partie intérieure du minaret, tandis que le Juif s'occuperait de la face opposée.

De la lutte merveilleuse de talent qui s'établit entre les deux architectes, il résulta un monument élevé, hardi, superbe, la plus merveilleuse des mosquées arabes.

La mosquée terminée, elle fut inaugurée avec la plus grande pompe, et par tout le monde il ne fut bruit que du magnifique monument élevé par les deux architectes.

Le roi du Soudan les fit tous deux appeler devant lui. « La mosquée que vous avez construite, dit-il, est si belle, que je ne sais trop comment vous récompenser.

Cependant, voici un amoncellement de bourses toutes remplies d'or, ce sera la part du musulman. Quant à toi, chien d'infidèle, je devrais t'arracher la vie pour avoir de tes pieds souillé notre lieu de prières. Mais, comme je suis content de ton travail, je me bornerai à t'enfermer au haut du minaret. Seulement, tu devras t'arranger pour ne plus y être quand la nuit commencera à étendre son voile; ou, par Dieu, si je t'y trouve, ce sera fait de toi ! »

Le juif fut conduit dans sa prison méditant tristement sur l'ingratitude des souverains. Mais comme c'était un homme ingénieux que les plus grands périls n'effrayaient point, il ne se laissa pas abattre et se fit apporter des fines planchettes, des cordons de soie et quelques outils. En peu d'heures, il eut fabriqué une paire d'ailes qu'il s'ajusta sur le corps. Puis à l'instant précis où le soleil disparaissait derrière les montagnes de l'Ouest, il se précipita du haut du minaret. Malheureusement, il avait mis trop de précipitation dans son travail, ses ailes se rompirent et il alla se briser le crâne dans le vallon voisin.

Sa mort fut si prompte qu'à peine il eut le temps de maudire Dieu et son Prophète. Mais ce fut assez ; à son imprécation finale, la terre se mit à trembler, la foudre sillonna la nue et tomba avec fracas sur la partie du minaret construite par le juif.

Cette partie séparée violemment de l'autre par le choc,

semble s'écrouler d'un seul bloc dans la position où on la voit encore.

(Recueilli en 1859 du savant El Hadj Sadok, de Tlemcen, par M. le lieutenant Guiter.)

La Légende de la Mosquée de Mansoura est fort intéressante, en ce qu'elle renferme les traits essentiels de nombre d'autres légendes appartenant aux pays les plus divers, et tout particulièrement la légende si connue de Manol, le maître-maçon de la cathédrale d'Argis, en Roumanie. D'après la version roumaine donnée dans les chants populaires de M. Alexandri, Rodolphe le Noir avait voulu faire édifier un temple dépassant en magnificence tous ceux que la piété des fidèles avait élevés jusqu'à cette époque. Rodolphe s'adressa au maître-maçon Manol et choisit avec lui un emplacement dans la vallée de l'Argis. Les ouvriers se mirent à l'œuvre, mais chaque nuit une puissance surnaturelle détruisait le travail du jour. Enfin dans une vision, un ange indiqua au maître-maçon un moyen de parvenir à édifier la superbe cathédrale: c'était d'emmurer dans les fondations la première femme qui le matin apporterait des vivres à l'un des ouvriers. Ces derniers prévinrent leurs épouses; Manol seul ne dit rien à la sienne, la belle Florica. Le matin, Manol la vit venir. Successivement il implora tous les éléments d'arrêter la marche de Florica, mais la pluie, l'orage et la tempête ne purent faire reculer l'infortunée. Fidèle à son serment, Manol la fit murer dans les assises de la cathédrale. Le travail s'acheva. Rodolphe le Noir, furieux de ce que Manol s'était vanté de construire un édifice supérieur en beauté à celui de la vallée de l'Argis, laissa Manol au haut du clocher, lui disant qu'il aurait la vie sauve, s'il en descendait. Vite, Manol se fit des ailes avec des planchettes; mais se précipitant, la voix de Florica se fit entendre et, sans forces pour diriger son appareil, Manol se fracassa le crâne non loin de l'édifice altier que dans sa science consommée il avait imaginé et ensuite élevé.

Le fameux forgeron Vœlundr de l'*Edda*, fabriqua des ailes pour voler dans les airs. Dans la *Vilkinga Saga*, il devint Véland, et dans le poème de *Beowulf*, Wayland. Dédale, l'architecte du labyrinthe de Crète, se fit également des ailes pour s'échapper de sa prison. Mais comme celles de Manol, de Véland, ou de l'architecte juif du récit arabe, elles ne lui servirent à rien, et il fut précipité.

IX

La Colombe messagère de Sidi-Ali.

Sidi-Ali, le compagnon du Prophète, avait envoyé son Makhzen à Sétih qui commandait la ville de Teukria. Les envoyés devaient lui demander de payer le lezma obligatoire s'il ne voulait supporter le poids de ses armes victorieuses. Sétih avait donné tout ce que réclamait Sidi-Ali. Mais regardant la force de ses murailles, les soldats nombreux et aguerris dont il disposait, il eut honte de sa conduite, reprit le tribut et ordonna de mettre à mort les cavaliers de Sidi-Ali.

Le chef du Makhzen, quoique grièvement blessé, eut encore la force d'appeler le pigeon qui portait les messages.

« Enfant de la colombe, dit-il, viens à moi, sois-moi fidèle, rends-moi heureux par la vengeance, viens, charge-toi de cette missive, porte-la à Bou-Nabal : dis-lui de pleurer sur ses guerriers les plus braves morts assassinés par Sétih ; dis-lui que moi-même je vais mourir. »

Aux premiers mots du chef, le pigeon était arrivé, en disant de sa douce voix :

« Me voici, me voici ! Ne crains rien, je suis fidèle. »

Il prit la lettre et la porta à Sidi-Ali. Celui-ci agité de pressentiments aperçut le pigeon messager. « Donne-moi cette lettre, s'écria-t-il. »

Les yeux de Bou-Nabal se gonflèrent de larmes à la lecture de la lettre ; il déchira ses vêtements et sanglota bien fort ; puis il se leva et s'agita en proie à la plus violente folie ; ses cheveux se hérissèrent ainsi que des animaux en furie ; ses amis s'approchèrent autour de lui :

« Que veut dire ton indignation, ô Bou-Nabal ?

— C'est que notre messager ailé vient d'arriver pour m'annoncer qu'il faut pleurer ceux du Makhzen !

— Hé bien, que nous ordonnes-tu de faire ?

— Il nous faut marcher contre le traître ; il nous faut

camper chez lui avant qu'il soit informé de notre arrivée ; il lui faut rendre la douleur qu'il nous cause. »

Aussitôt, Sidi-Ali monta sur son magnifique coursier ; personne dans son armée n'était plus beau que lui à cheval.

Un de ses compagnons lui dit :

« Nous allons attaquer un homme redoutable et une place bien forte ; combien sommes-nous ? »

Mais Sidi-Ali lui répondit :

« Pourquoi m'adresses-tu une pareille question ? Que peut nous faire le nombre ? Ne vois-tu pas que c'est le fils de Bou-Nabal qui vous conduit au combat ? Ignores-tu que je surprends mon ennemi, alors qu'il me croit bien loin encore ? Ne m'as-tu pas vu lorsque, pareil au moissonneur dont la faux étend autour de lui les épis de blé, s'amoncellent autour de moi les cadavres de mes ennemis ? »

Son armée enthousiasmée s'ébranla, et plus rapide que l'oiseau arriva sous les murs de Teukria en criant trois fois : Bou-Nabal ! Les Romains furent épouvantés... N'avez-vous pas aperçu Hassan, fils d'Ali, sur son coursier noir ? Il a tiré de son fourreau le glaive de la destinée ! Ah, le voici !... Non, il est là-bas !... Il est partout !... Et sa main sème les coups sur ces infidèles.

Malheur à toi, Sétih ! Vil sorcier, ton pouvoir ne te mettra pas à l'abri de son épée !...

Sétih et son armée avaient déjà disparu et le héraut proclamait sur les ruines de Teukria la victoire du vaillant Sidi-Ali.

X

Les Exploits d'Abd-Allah ben Djafar.

Vingt-quatre mille compagnons du Prophète, ayant à leur tête Sidi-Okha, étaient partis de Médine dans l'intention de détruire Tadmit. Le gouverneur de cette ville s'appelait Ben Alouan : c'était le meilleur cavalier, l'homme le plus redoutable, le soldat le plus intrépide de tous les guerriers de l'ignorance. Dans ses écuries étaient de magnifiques juments que lui seul pouvait dompter et qui faisaient l'épouvante de la contrée ; elles étaient attachées à la colline avec des chaînes de fer dont la longueur leur permettait de pâturer librement sur les bords de la rivière. Le jour où les croyants s'approchèrent de la ville, l'une de ces juments fut tellement épouvantée de leur aspect terrible que, tirant sur sa chaîne, elle renversa le rocher et s'enfuit.

Les Musulmans s'étaient arrêtés près de là à Medeg ; et le lendemain ils s'avancèrent contre la forteresse aux premiers feux de l'aurore. Mais ces troupes, jusque-là victorieuses, se brisèrent contre les murs d'airain de Tadmit. Ben Alouan sortit de la ville et tailla en pièces les compagnons du Prophète ; il ne resta que douze cents hommes pour aller porter dans l'Est la nouvelle de leur défaite.

Dans cette déroute, une chamelle et un petit étaient près de tomber aux mains des infidèles avec la Djah'fa renfermant la femme de Sidi Senan, lorsque cet intrépide soldat s'écria :

« O Dieu des croyants ! permettras-tu que le bien que tu m'as donné devienne l'esclave des infidèles ? O Dieu ! maître des mondes, ne laisse pas accomplir cette impiété ! »

Cette prière à peine était achevée que la chamelle et son fils étaient changés en deux rochers que montrent encore aujourd'hui les gens du pays, au sommet de deux pics du Djebel-Mergued, au Sud-Est de Tadmit.

Les compagnons du Prophète étaient arrivés à Abd-el-Madjid ; leurs chevaux, dont les sabots étaient usés par les cailloux de la route, ne pouvaient plus les porter, et les croyants se mouraient de soif. L'un d'eux s'écria :

« O Dieu sublime ! Du Djebel-Karabtit au Kaf de Abd-el-Madjid, tu ne nous a pas envoyé un seul nuage de pluie ! Laisseras-tu donc périr tes serviteurs ?...

— .... O gardien suprême ! O protecteur tout puissant ! » eut soin d'ajouter un voisin.

La pluie tomba aussitôt et sauva ces infortunés.

Dès que Sidi-Abd-Allah apprit l'anéantissement de l'armée de Sidi-Okba, il rassembla ses troupes autour de lui et leur dit :

« Nos compagnons ont été tués par les infidèles ! Louange à Dieu ! car ils sont retournés dans le sein de Celui qui les a créés ! Mais je les vengerai ! Ne suis-je pas Abd-Allah, fils de Djafar ? Ne suis-je pas celui qui rend victorieux les vaincus en les ramenant au combat ? »

Il sortit de sa tente, radieux comme l'étoile dont le feu luit à travers la nue, fit retourner les fuyards sur leurs pas et poursuivit les Romains jusque sous les murs de Tadmit. Il leur avait tué neuf mille hommes.

Le lendemain une poussière menaçante se montra du côté de la ville ; c'était Ben-Alouan qui venait disputer la victoire aux compagnons du Prophète.

Les deux armées allaient en venir aux mains lorsque tout à coup Sidi Abd-Allah ben Djafar apparut au milieu des deux lignes de bataille monté sur une cavale, fille de la jument du Prophète. Il s'écria : « Au nom de Dieu ! » et les Musulmans se précipitant sur les infidèles en firent un carnage si grand que Dieu seul connut le nombre de leurs morts ; leur sang coula sur la terre comme les *vagues de la mer*. Mais Dieu ne voulant pas épouvanter ses créatures par la sévérité de sa justice, fit souffler du Sud un vent si effroyable que le sable du Sahara vint couvrir tous les lieux du combat qui depuis furent stériles.

Ben Alouan et Sidi Abd-Allah se rencontrèrent, et après une longue lutte le chef des infidèles eut la tête tranchée par le glaive du Musulman. Les Romains qui restaient s'enfuirent dans la ville. Mais Sidi Abd-Allah n'eut qu'à se montrer et les murs de Tadmit s'écroulèrent, et ensevelirent les Romains.

L'épouvante des infidèles avait été si grande que plusieurs en avaient perdu la raison. L'un d'eux rentrait dans la ville s'enfuyant devant les compagnons du Prophète.

« A quoi t'ont servi les moments passés à étudier la science des armes ? lui demanda sa femme Oum-Naceur. Vois tes pieds pendants à terre ? N'aperçois-tu pas qu'ils ont abandonné les étriers et que la selle glisse avec toi sur les flancs de ton cheval ?

— De quoi viens-tu te mêler, lui répondit en pleurant le guerrier ? Le combat n'est pas ton affaire. Va te parfumer de musc et d'ambre ; va t'entourer d'odeurs subtiles dans ta demeure ! N'as-tu donc pas entendu la flèche invisible de Sidi Abd-Allah, traversant les airs et qu'on ne voit que lorsqu'elle a frappé ? Ah ! le voilà qui vient à nous !... »

A l'approche de Sidi Abd-Allah ben Djafar, l'effroi fut si grand chez les deux époux qu'ils moururent subitement. Le nom de Oum-Naceur resta attaché à l'un des ruisseaux voisins.

Les Musulmans n'avaient perdu qu'un seul homme, dont le tombeau est encore à 6 kilomètres N.-E. de Djelfa. De la tête aux pieds, il mesure trois mètres et demi, grandeur des hommes de ce temps-là, au dire des indigènes !

(Recueilli par M. Arnaud, interprète de l'armée, en 1862, de Abdallah ben Belgassem, caïd des Oulad Khenata.)

XI

Le Chien et les deux Vieilles des Draba.

Lors de l'invasion des Oulad Naïl, protégés par le marabout Sidi ben Aliya, les tribus du Sahari furent vaincues et durent subir la loi des nouveaux arrivants. Parmi ces tribus étaient les Draba, dont un des principaux centres était l'endroit désigné aujourd'hui sous le nom de Khaneg el'-Ar'ar, et qui alors était divisé en trois quartiers : Draba, Tamda, Aïât.

Un jour que les hommes jouaient au sig[1], et que les femmes épiloguaient entre elles et s'adressaient des discours épigrammatiques, une querelle surgit tout à coup ; des propos acérés, des paroles de colère, on passa aux bâtons, des bâtons aux pierres, des pierres aux armes de fer.

Ils s'entr'égorgèrent tous, et les femmes s'entre-déchirèrent.

Il ne survécut *qu'un chien et deux vieilles*, l'une des Tamda et l'autre des Aïât. Le chien s'appelait Ar'ar ; en reconnaissance des soins dont il ne cessait d'être l'objet, il gardait les deux vieilles et prévenait avec intelligence leurs moindres désirs.

Mais un matin, malgré l'attachement d'Ar'ar, l'une des mégères le tua. L'autre vieille, accourant, s'élança sur la meurtrière et bientôt toutes deux roulèrent inanimées sur le cadavre du chien.

En souvenir de ce fait on donna le nom d'Ar'ar à la gorge voisine.

XII

Le Targui et la Fiancée du Chaambi.

Dans une incursion des Berbères voilés, la fiancée d'un jeune Chaambi fut enlevée et emmenée dans les montagnes de Heuggar, près la limite du Soudan. Depuis cette fatale aventure, le Chaambi était poursuivi des railleries des hommes et du mépris des femmes. Cela alla si loin que le pauvre diable, n'y tenant plus, prit la résolution d'aller reprendre sa belle fiancée.

« Je la ramènerai ici, dit-il aux Chaamba, ou vous ne me reverrez jamais. »

Il monta sur un mehari des plus rapides et il arriva promptement aux environs de l'endroit où ses renseigne-

[1] Espèce de jonchets.

ments lui avaient indiqué l'habitation du ravisseur. Il y fit la rencontre d'un berger qui se décida, pour une forte somme d'argent, à aller trouver la jeune fille et à lui dire qu'un de ses parents était venu la chercher pour la reconduire dans son pays. En même temps il lui disait de fixer un endroit solitaire où ils pourraient se concerter pour s'enfuir. Mais la fiancée du Chaambi répondit au messager :

« Je n'ai pas de parents et il ne me plaît pas de me concerter avec personne. »

On juge du désespoir du cavalier. Il donne encore beaucoup d'argent au berger, mais sans résultat. Enfin, après avoir vidé sa bourse dans les mains du pâtre, celui-ci retourna pour la troisième fois auprès de la jeune fille et en obtint un entretien avec le Chaambi.

Mais là, le cavalier eut beau invoquer son amour passionné, sa douleur, celle de ses parents, la honte de la tribu, rien n'y put faire et la jeune fille préféra rester aux mains de son ennemi d'autrefois, son amant d'à-présent. Aidé du berger, le Chaambi enleva la jeune fille, la plaça sur son mehari et l'emmena de force.

Après une longue marche, il fallut s'arrêter auprès d'un puits pour se désaltérer et rafraîchir la monture.

Le Maabi dut y descendre en s'accrochant aux parois du rocher. La jeune fille, à mesure que le Chaambi lui passait le vase plein d'eau, le vidait sans y toucher et redemandait toujours à boire, prétendant qu'elle était tourmentée d'une soif inextinguible.

C'est que la rusée avait aperçu un point noir tacher l'horizon du côté du Sud, et son cœur avait deviné que c'était le beau Targui qui lui avait fait oublier si complètement son fiancé du Nord.

En effet, quelques heures après l'enlèvement de sa femme, le Targui avait appris l'aventure et aussitôt s'était mis à la poursuite du ravisseur. Il avait vu dans le désert les traces laissées par le Chaambi et il put arriver au bord du puits avant que son rival eût pu en sortir.

Le pauvre fiancé fut lié solidement sur le mehari ; le

Targui s'assit près de lui et commença un repas interrompu cent fois par tout ce que pouvaient se dire deux époux qui s'aimaient et se retrouvaient après avoir craint d'être pour toujours séparés.

A la fin, lassé de sa longue course, le Targui s'endormit.

Le Chaambi supplia alors sa fiancée de lui délier seulement les mains dont il souffrait horriblement, l'assurant qu'il lui pardonnerait tout le passé si elle consentait à lui rendre ce léger service. Il était si bien attaché du reste, que cela semblait sans aucun danger, de sorte que la jeune fille, entraînée peut-être aussi par le sentiment de pitié que les femmes ne refusent jamais à ceux qui les aiment à la fureur, même quand elles ne veulent pas partager leur amour, la jeune fille fit ce qu'il lui demandait. Puis elle eut l'imprudence de s'endormir à son tour.

Le Chaambi profita si bien des circonstances que bientôt il se trouva libre et que sans perdre de temps, il saisit le sabre du Targui et lui coupa la tête. Puis ayant éveillé la belle, il la força de remonter sur le mehari.

Quelques jours après, il rentrait au douar avec elle, n'ayant pas oublié de rapporter la tête du ravisseur et comme trophée et comme pièce à conviction. Il rassembla ses parents, ceux de sa fiancée et leur raconta tout ce qui s'était passé. La perfide qui avait renié sa famille, sa tribu et son amour fut condamnée à mort et exécutée par ses propres frères.

Les hommes ne se moquèrent plus du fiancé, et au lieu du mépris des femmes ce fut leur estime et leur amour qu'il gagna et qui firent de lui l'un des hommes les plus heureux de la tribu.

(Recueilli vers 1856 chez les Touaregs par le capitaine Hanoteau. Cf. *Revue africaine*, n° 4, avril 1857, p. 309 et suiv.)

On aura remarqué, sans doute, l'analogie qui existe entre ce récit saharien et une romance célèbre dans notre pays, celle du beau *Tristan de Léonais*. Ce brave chevalier se voit aussi préférer un bel inconnu par sa femme qu'on enlève sous ses yeux; seulement, l'inconnu ayant voulu, en outre, avoir son chien, Tristan s'en remit, comme pour sa femme, au choix de l'objet convoité. Mais le fidèle animal n'hésite pas un instant, lui, et il continue de suivre son maître. Cette opposition qui rend le tableau si complet manque à la légende des Berbères, sans doute parce que chez eux le chien est une propriété collective et non individuelle, et que dès lors il s'attache aux localités comme le chat et plus rarement aux personnes.

XIII

Makh'oula la Voyante.

Entre la Sebkha de l'Ouest et le Sendjas, des amas de pierres attestent encore l'existence d'un Ksar appartenant jadis aux Draba. Ces ruines sont connues sous le nom de Makh'oula qui était celui d'une femme à laquelle les habitants accordaient les honneurs de reine et de prophétesse.

Makh'oula était douée d'une vue si perçante que l'atome le plus intactible, le corpuscule le plus insaisissable (traduction très libre du mot arabe qui littéralement signifie *très petite mite*) ne pouvaient se soustraire à son regard.

Un jour, elle s'alita, gravement malade à la suite d'un accouchement pénible. Les incrédules la crurent pour lors désormais incapable de veiller sur le ksar et se mirent à s'apitoyer sur ses souffrances.

« Hélas ! répondit Makh'oula, ma vue s'est bien affaiblie, cependant je distingue sur la Gada du Sendjas la tête d'une perdrix et l'arme du chasseur qui va tuer la pauvre bête.

O Draba ! prenez garde à vos troupeaux ! »

Les Draba tournèrent la tête du côté indiqué par la voyante, mais n'aperçurent rien, ils se mirent à rire et s'écrièrent :

« Décidément, Makh'oula, ton esprit épuisé se laisse jouer par la folie ! »

Mais sans remarquer leurs railleries, elle continua :

« Je vois dans les nues l'œil aigu du *méguernès*[1]...
Je vois, là-bas, dans la plaine, reluire au soleil les crins de la queue d'une jument noire.... Je vois sur les roches du Khider la prunelle dilatée de la hyène....

O Draba ! prenez garde à vous ! »

Tout le monde la traita d'extravagante. Mais le soleil à peine s'était-il couché, que des bandes de cavaliers et de fantassins s'accumulèrent autour de la ville. Les habitants eurent beau fermer leurs portes ; il était trop tard.

Les Ouled-Naïl furent victorieux et ils saccagèrent le Ksar. Le massacre dura huit jours et le peu qui resta des habitants dut s'enfuir au loin à Teguentas, dans le cercle de Bou-Rar.

XIV

L'habile Bourreau.

Certain Dey d'Alger, les indigènes ne savent plus trop lequel, rendait un matin la justice à son habitude. On amena devant lui l'un de ses serviteurs accusé d'avoir soustrait quelques douros dans le trésor du souverain. Le Dey, suivant sa louable coutume, condamna cet homme à avoir la tête tranchée.

Si la justice était sommaire, l'exécution ne l'était pas moins. Séance tenante, le condamné était appréhendé au col par un chaouch et conduit à la Casbah. Là, auprès d'un bassin qu'on y voit encore de nos jours, le malheureux s'agenouillait, inclinait la tête, et... fsss ! boum ! la tête se trouvait tranchée et retombait dans le bassin.

Bien souvent il arrivait que le bourreau n'était pas aussi adroit que nous venons de le montrer ; la tête n'était pas séparée du premier coup et l'exécuteur devait s'y reprendre à plusieurs fois pour mener à bien la décollation. Aussi notre pauvre diable tremblait-il de tous ses membres en se rendant au funeste endroit.

[1] *Méguernès*, le plus noble des faucons.

« Mon vieux camarade, Ali, toi qui fus toujours mon ami, voudrais-tu me rendre un service ?

— Lequel ? Parle.

— Je crains que tu ne m'abattes la tête d'un seul coup ; jure-moi sur le Coran de me décapiter sans que je m'en aperçoive et je te confierai un secret important.

— Je te le jure, ami.

— Eh bien ! mon argent est caché en tel endroit ; je te donne toute ma fortune. Mais... n'oublie pas !

— Ne crains rien, je serai si adroit, que tu ne t'apercevras de rien, foi d'Ali-Sïaf ! [1] »

On arriva auprès du bassin ; le condamné s'agenouilla. Mais au lieu de lui faire incliner la tête, Ali-Sïaf lui dit :

« Ami, tiens la tête bien droite pendant que je vais m'exercer le bras ! »

Et il se mit à faire des moulinets dans l'air avec son yatagan, si vite et si vite que ce n'était qu'une suite d'éclairs qui passaient devant les yeux. Quelques secondes s'étaient à peine écoulées qu'Ali s'arrêtait et déposait à terre sa fine lame de Damas.

« Chien ! lui crie le patient. Tu n'es pas sûr de toi et tu me laisses dans une attente pénible. Tu vas me découper sans doute comme un mouton et tu profiteras de ma fortune ! »

Et en même temps, il veut se relever et cracher au visage d'Ali le bourreau. Mais celui-ci qui a deviné son intention, lui riposte aussitôt :

« Crache ta langue ! »

Et la tête du supplicié, dérangée de son équilibre, tombe avec un bruit sourd dans le bassin.

Le bourreau avait agi si vivement et déployé une habileté si grande, que la tête était restée en place sur les épaules et que pas une goutte de sang n'avait coulé ; le condamné lui-même n'avait rien senti.

« C'était un bourreau *bono-bezeff !* s'empressa d'ajou-

---

[1] *Sïaf*, bourreau.

ter le chef indigène qui nous racontait cette légende, moitié par gestes, moitié en langage *sabir*.

— Supérieur à *Rase-nœud*[1], bien qu'il soit très habile. »

Le chef arabe fit un geste d'assentiment et continua.

A quelque temps de là, Ali-Sïaf devait procéder à une exécution publique en présence du cadi. Voulant donner à celui-ci la preuve de son prodigieux talent, Ali-Sïaf ordonna au condamné de rester debout, immobile, la tête bien droite. Puis, prenant son glaive, il se mit à le faire tournoyer rapidement autour de la tête du malheureux.

« Finiras-tu ? s'écrie le cadi furieux, en voyant que le bourreau venait de s'arrêter et avait déposé tranquillement à terre son épée.

— Oui, finiras-tu ? dit à son tour le condamné. »

Alors, Ali-Sïaf, tout souriant, tire sa tabatière de sa poche, l'ouvre sans se presser, prend une prise de fin tabac maure entre deux doigts, et la met sous le nez du supplicié. Celui-ci éternue et par ce seul mouvement la tête pirouette et va rouler aux pieds du cadi.

Ces deux légendes inédites d'Ali-Sïaf ont beaucoup d'analogie avec l'histoire suivante que l'on raconte fort gravement en Chine :

Un mandarin était si difficile que chaque fois qu'un bourreau était obligé de se reprendre, il lui faisait, séance tenante, trancher la tête. Or, comme ce mandarin, aussi *boutonné* que cruel, donnait beaucoup d'occupation au bourreau, il ne se passait guère de jour sans qu'il y eût à nommer un nouvel exécuteur des hautes-œuvres. A la fin les bourreaux étaient si malhabiles qu'il n'y avait plus d'exécutions que pour eux. Et pendant ce temps la prison regorgeait de condamnés.

Notre mandarin eut alors une idée lumineuse qui réussit en tous pays, celle d'employer le *nerf de la guerre* pour relever le niveau de l'art. Il promit une pleine voiture de sapèques et un bouton rouge de première classe au bourreau qui se montrerait le plus habile.

Un sorcier, du nom de Tien-Tsing, se présenta.

« Ah ! ah ! mon vieil ami, tu es donc las de vivre ? lui demanda le mandarin.

---

[1] Le bourreau d'Alger, Razeneuf, que tout le monde appelle *rase-nœud*, joui depuis de longues années d'une réputation d'habileté qui ne s'est jamais démentie. Aussi est-il en train de devenir légendaire en Afrique, absolument comme Ali-Sïaf.

— Qui sait? qui sait? répondit Tien-Tsing. »

Et en même temps il partait d'un grand éclat de rire.

Tien-Tsing déplaisait fort au grand fonctionnaire, et il y avait longtemps que le mandarin l'aurait fait décapiter sans certaine crainte vague que le sorcier lui inspirait. Le mandarin était très enchanté de l'occasion qui se présentait d'avoir une raison pour faire mourir Tien-Tsing. Sûr de tenir son homme, le fonctionnaire résolut d'embarrasser le sorcier du premier coup, en ordonnant l'exécution immédiate de tous les condamnés de la ville.

Tien-Tsing les ayant fait placer debout, suivant l'usage, à cinq pas de distance et sur la même ligne, se mit à faire des évolutions avec son sabre autour de la tête de chaque condamné. Cette cérémonie dura un certain temps. Le mandarin était furieux, il écumait, mais il retenait sa langue parce qu'il avait promis au sorcier de le laisser agir sans rien dire. Seulement il se réjouissait *in petto* à l'idée que dans quelques instants il lui ferait couper la tête.

Quand il eut fini, Tien-Tsing vint rappeler au mandarin qu'il lui avait promis de satisfaire le dernier vœu des condamnés.

« Ils ont demandé tous, ajouta-t-il, la faveur que tu leur fasses sentir toi-même ton excellent tabac à priser. Ce faisant, ils te rendent légitime propriétaire de leurs biens. »

L'avare mandarin, pour augmenter son trésor à si bon compte, accéda et fit passer sa tabatière successivement sous le nez de chacun des suppliciés. Chaque fois qu'il en abordait un nouveau, il entendait le précédent éternuer. Quand il eut dépassé le dernier, il se retourna et vit que toutes les têtes étaient tombées. Il en fut tellement saisi qu'il tomba raide mort.

La promesse du mandarin fut remplie à la satisfaction générale, car ce fut Tien-Tsing qui fut nommé à sa place et qui hérita de ses richesses. Toutefois, il ne garda pas les biens de ceux qu'il avait décapités; il les rendit à leurs parents, et jusqu'à sa mort il n'y eut plus une seule exécution.

XV

Les Voleurs et le Mulet.

Un jour, deux amis devisaient de la difficulté des temps à l'ombre d'un chêne ballotté et dans un endroit désert. Le hasard amène en cet endroit un pauvre bûcheron, dont l'air, plein de bonhomie, annonçait une âme niaise. Aussitôt, nos compères pensent à l'exploiter.

Le bûcheron marchait tranquillement, la tête baissée et tenant à la main la bride de son mulet qui happait, çà et là, une touffe de diss derrière son maître.

« Alerte ! dit l'un des compères à son compagnon, suis-moi ! » Et il se glisse près du mulet, lui enlève prestement la bride et se la passe autour du cou, tandis que l'autre saute en selle et disparaît.

Le bûcheron, qui ne s'était aperçu de rien, continuait son chemin sans penser à mal, quand, tout à coup, il sent une secousse ; il se retourne promptement, mais que voit-il ? Un homme à la place de son mulet ! L'étonnement, la crainte glacent ses sens. Le larron ne lui laisse pas le temps de la réflexion et dit d'une voix lamentable :

« Combien je te dois de remerciement, ô toi qui, par tes vertus, es cause de ma délivrance ?

— Comment cela ? dit le bûcheron.

— Oui, reprend l'autre, pour me punir d'avoir insulté ma mère, Dieu m'avait changé en mulet ; mais il a eu pitié de moi, à cause de ton honnêteté. Maintenant, je t'appartiens, fais de moi ce que tu voudras. »

Le bûcheron ne sait trop que répondre et dit au larron :

« Je ne puis te garder ; je suis pauvre, et, puisque Dieu t'a délivré, je n'ai garde d'aller contre sa volonté. Va retrouver ta mère. »

A quelques jours de là, le bûcheron, s'étant rendu au marché voisin, rencontra son mulet qu'un individu mettait en vente. Il resta un moment interdit, craignant de s'être trompé ; puis, d'un air de compassion, il s'approcha de l'animal et lui dit bas à l'oreille :

« Tu as donc encore insulté ta mère ? »

(Cap. Villot, *Mœurs, Coutumes et Institutions des Indigènes de l'Algérie* ; p. 110 ; Paris, 1871 ; in-8°).

XVI

El Hadj Ibrahim le Chasseur.

Des bandes d'animaux féroces, lions, panthères, hyènes, chacals, guépards, lynx, sangliers, ravageaient autrefois le Djebel-Sahâri. Un des descendants de l'ouali Sidi ben Aliya entreprit d'en purger le pays. Il se mit à battre montagnes, collines, vallées et plaines à la recherche des fauves, et dès qu'il en avait aperçu un, c'en était fait de l'animal carnassier. Aussi, au dire des peuplades du Sahâri, il ne tua rien moins dans sa vie que 200 lions, 354 panthères, 223 mouflons à manchettes, 183 autruches.

Il abandonnait à ses lévriers la hyène, le chacal, le sanglier comme n'étant pas dignes d'attirer son attention.

Un jour que El-Hadj Ibrahim, ce terrible chasseur, dormait dans la montagne, un lion s'approcha de lui pour le flairer. El-Hadj Ibrahim ouvrit les yeux ; à son regard seul l'animal reconnut le chasseur redouté. Il fit un bond en arrière.

« — Ah ! tu as peur de moi ? lui cria le Nemrod. »

Le lion, humilié de ce reproche, se ramassa pour l'attaque ; mais la balle du fusil à mêche d'El-Hadj l'empêcha de se relever.

Semblable imprudence arriva à une hyène.

— « J'aurais pensé, lui cria le chasseur, qu'un lion seul aurait l'effronterie de me provoquer. »

Il atteignit la couarde et imprudente bête qui fuyait, et d'un horion lui démantibula le crâne.

Une autre fois, il rencontra un énorme lion à crinière noire que, dans leur effroi, les tribus avaient surnommé *Bou-Chegag*, parce que, lorsqu'il s'agriffait à la terre, de profondes gerçures (*chegag*) témoignaient à l'instant de sa fureur. Le combat ne fut pas long. El-Hadj Ibrahim, voulant prouver à son ennemi qu'il était plus que lui redoutable, jeta ses armes, reçut sans fléchir son choc en pleine poitrine, et comprimant son cou entre ses doigts de fer, l'étouffa d'un seul effort.

A la suite de cet exploit, les lions se réunirent et vinrent timidement ramper à ses pieds en le suppliant de ne pas s'opposer à leur départ de la contrée. El-Hadj Ibrahim relégua les lions à Takdimet et les panthères dans le Dira.

Depuis lors on ne revit plus de fauves dans le Djebel-Sahâri.

XVII

Les Vaches noires de Sidi Mohammed ben Salah.

Peu de temps après la venue du Prophète, quand les Beni Bedarna peuplaient le ksar de Zenina, vint de l'Ouest Sidi Mohammed ben Salah. Le jour où le saint homme fit à pied son entrée dans la ville, il trouva les principaux habitants réunis sur la place. Il les aborda en leur criant :

« Gens de Zenina, vendez-moi vos terrains avec toutes les maisons pour cent vaches noires avec leurs veaux. »

Ils le regardèrent d'abord tout surpris et se mirent à rire à la vue des haillons dont il était couvert. Mais Sidi Mohammed, sans paraître remarquer ce qu'il y avait de blessant pour lui dans leur accueil, répéta tranquillement sa demande. Alors la djema pensa qu'il était fou ou qu'il voulait s'amuser à ses dépens. Ne voulant pas le maltraiter à cause de sa figure vénérable, les habitants eurent l'air de consentir à sa proposition, pour ensuite mieux le tourner en dérision et le chasser ignominieusement de la ville.

Sidi Mohammed leur dit alors:

« Attendez-moi ici; qu'une seule personne parmi vous me suive, pour venir prendre possession du prix de l'achat. »

Parvenu près de l'endroit qui aujourd'hui porte le nom de Begariya, à l'ouest de Zenina, l'étranger dit à son compagnon :

« Ferme les yeux et surtout ne les ouvre que sur mon ordre. »

Il fut obéi machinalement. Le saint, car c'en était un véritablement, commença à compter à haute voix, un, deux, trois, quatre, cinq, six, sept, etc..., jusqu'à quatre-vingt-dix. A ce nombre, l'habitant de Zanina, intrigué, presque effrayé d'entendre autour de lui un bruit qu'il ne pouvait reconnaître, ne put résister à sa curiosité; il ouvrit timidement les yeux avec dessein de les refermer aussitôt. Quel ne fut pas son étonnement de se voir au milieu d'un innombrable troupeau de vaches noires ! Elles défilaient silencieusement devant le prétendu fou, qui les comptait à mesure qu'elles passaient près de lui. Mais son épouvante fut grande quand il vit dix de ces animaux se tourner de son côté et disparaître de la terre entr'ouverte ! Il tomba aux pieds du saint qui lui cria tout courroucé :

« Pourquoi as-tu enfreint mes ordres ? Pour punir ta désobéissance la volonté de Dieu ne veut plus vous donner que quatre-vingts vaches. »

A son retour, les vendeurs essayèrent de se dédire de leur marché, mais la loi donna raison à l'homme de Dieu.

L'acte de vente fut rédigé par les tolba, en présence d'une foule de témoins attirés par cette nouvelle extraordinaire.

Les habitants furent très heureux d'avoir reçu parmi eux un marabout; ils se mirent avec respect sous sa dépendance ; et, par la suite, témoins de nouveaux et nombreux miracles, chaque jour voyant sa piété, assistant à ses vertus, ils lui élevèrent, après sa mort, la koubba qui se trouve à l'entrée du village.

(Recueilli à Zenina par M. l'interprète Arnaud, en 1863.)

XVIII

Le Disciple du Taleb Baba Youssouf.

Baba Youssouf le taleb, tenait école près de la Porte-Neuve à Alger. Baba Youssouf était des plus renommés parmi les tolba, à cause de sa science profonde et surtout de ses vertus. Aussi de nombreux élèves se pressaient-ils dans l'humble bâtiment où le lettré donnait ses leçons. Le taleb se faisait vieux, quand la peste vint et le frappa. Les élèves s'enfuirent, abandonnant le vieux maître. Seul, l'un d'eux, nommé Hassein, resta près de lui pour le soigner et le consoler.

« Mon enfant, lui dit le taleb, ne reste pas ici. Rentre et appelle tes condisciples, et à ma place répète-leur les versets du saint livre et enseigne-leur toute science.

— Mais, maître, que puis-je leur dire ? Je suis ignorant tout autant qu'ils le sont.

— Qu'importe. Va auprès d'eux. Les paroles de science te viendront. C'est moi qui te le dis. »

L'enfant obéit et ses camarades étant revenus furent tout étonnés du savoir de leur ami Hassein.

Mais peu après Baba Youssouf Taleb mourut, et, avec les soins les plus pieux, Hassein et les autres élèves le conduisirent à sa dernière demeure. Puis les enfants s'éloignèrent, tandis que Hassein restait auprès de la tombe absorbé dans sa douleur.

Tout-à-coup, une voix sembla sortir du sol, la propre voix du saint taleb :

« Enfant aimé, tu es resté seul fidèle au pauvre savant, tu n'as pas craint la peste terrible, et pour que ma classe me reste, tu as bien voulu me remplacer. Je veux que tu deviennes savant. Chaque soir, reviens ici, et je t'enseignerai toutes choses. Pour aujourd'hui, écoute ce que tu auras à répéter demain à tes anciens condisciples dont maintenant tu seras le maître. »

Et le taleb défunt commença l'explication du passage

du Coran qui le lendemain devait être expliqué aux enfants.

Hassein rentré chez lui raconta le prodige, et le lendemain les enfants curieux revinrent écouter les leçons de l'enfant. Et chose étrange, c'était la voix même du vieux Baba Youssouf que croyaient ouïr les disciples et c'était la science du saint homme qui sortait de la bouche du pieux précepteur.

Chaque soir, Hassein le disciple se rendit au tombeau du défunt, et chaque soir il en rapporta plus de science. Hassein devint un taleb renommé, et de nombreux élèves se pressèrent pour écouter ses leçons dans l'ancienne demeure de Baba Youssouf.

(Cette légende, racontée communément à Alger, a été mise en vers par M. V. Bérard et introduite dans ses *Poèmes Algériens*.)

XIX

Le Diable et les Arabes.

Des Arabes labouraient un jour un vaste champ très fertile.

« Qu'y sèmerons-nous? se demandaient-ils. » Lorsque tout à coup, auprès d'eux, se montra Satan le Lapidé.

« Un instant ! Consultez-moi.

— Et pourquoi te consulter ! Qui es-tu ?

— Je suis Satan; la moitié du monde est à moi, et je veux la moitié de votre récolte.

— S'il en est ainsi, nous ne pouvons te refuser. Tu auras la moitié de la récolte. Mais que veux-tu ? Ce qui est dans la terre ou ce qui est au-dessus.

— Certes, je ne veux pas les racines. J'exige ce qui est au-dessus du sol.

— Que ta volonté soit faite. A l'heure de la récolte, tu viendras prendre ta part. »

Satan le Lapidé parti, les Arabes semèrent des navets

dans leur champ. Les légumes prospérèrent et l'heure de la récolte venue, on appela le Diable qui, incontinent, se présenta.

« Prends ce qui est au-dessus du sol, puisque la moitié de la récolte te revient ! dirent les Arabes. »

Le Diable vit bien qu'il avait été dupé quand il lui fallut emporter les feuilles des navets et laisser les précieuses racines qu'il avait cru trouver.

Lorsque l'époque des semailles fut revenue, Satan encore revint.

« Cette fois, dit-il, j'exige tout ce qui sera dans le sol et je vous laisse tout ce qui poussera au-dessus.

— Que ta volonté soit faite, maudit ! »

Satan s'en alla et les Arabes semèrent de l'orge et du blé. Puis, lorsque la moisson arriva, on appela encore le Démon.

« Aide-nous à faire la récolte et puis tu prendras les racines. »

Le Diable, furieux, dut emporter les racines, jurant de ne plus essayer de lutter avec les Arabes, plus forts que lui en ruse et en malice.

Cette légende est analogue à nombre de légendes européennes. Nous citerons entre autres : *Saint Crépin et le Diable*, légende picarde (Henry Carnoy, *Littérature orale de la Picardie*, p. 62) ; une autre insérée dans l'*Almanach prophétique* 1881 ou 1880; une du Berry recueillie par Laisnel de la Salle *(Croyances et Légendes du Centre de la France,* t. I, p. 130 et suiv.); Cf. également un conte inséré dans le *Magasin pittoresque*, t. VIII, p. 128 ; une légende du Périgord citée par Laisnel de la Salle (*op. cit.* p. 134) et dans laquelle un loup et un renard se trouvent aux prises absolument comme le Diable et les Laboureurs de la légende arabe. Le loup, bien entendu, joue le mauvais rôle. Les deux animaux à jeun trouvent des noix ; le loup réclame la chair et mange le brou tandis que le renard dévore les amandes. Quand les animaux trouvent des olives, le loup veut avoir l'intérieur et ne mange que les noyaux lorsque le renard se régale avec les amandes.

LIVRE II

LES GROTTES, LES CAVERNES ET LES RUINES

> Je me plonge dans les anfractuosités des précipices, dans les solitudes où sifflent les Djinns et les Gouls.
> OMAÏAH BEN AÏEDZ..

CROYANCES ARABES SUR LES MONUMENTS ANCIENS

Les indigènes de l'Algérie s'intéressent beaucoup aux ruines antiques, mais à leur manière. Ce n'est pas l'amour de l'antiquité, ni le désir d'exhumer quelques lambeaux des anciennes annales des peuples passés qui les poussent à s'en occuper ; c'est tout simplement l'*auri sacra fames !* Toutes les ruines romaines dont le Nord de l'Afrique est si riche, ont été fouillées par ces barbares qui bien entendu n'y ont jamais trouvé les trésors considérables qu'ils prétendaient y découvrir, mais qui de tout temps ont été persuadés qu'elles renfermaient des richesses immenses.

Aujourd'hui encore, les Arabes sont convaincus que des trésors incomparables sont enfouis dans des cavernes, dans des grottes, dans des tombeaux antiques et que s'ils ne parviennent à les découvrir, ce fait est dû tout simplement à ce qu'ils ne connaissent pas les magiques secrets qui pourraient leur indiquer l'endroit où ces richesses sont accumulées.

Cette croyance, du reste, est loin d'être particulière aux indigènes de l'Algérie. Chez tous les peuples, l'imagination populaire s'est plu à entasser l'or et les pierres précieuses dans les endroits sauvages et déserts ; la tradition [de la légende s'est conservée vivace et l'on est resté convaincu que les grottes et les caver e cachent aux profanes des trésors inconnus. On en pourrait citer mille exemples en Algérie aussi bien qu'en Europe et dans le reste du monde. Quant à ces formules magiques, à ces rites particuliers nécessaires pour s'emparer de ces richesses, on a partout cette même foi. Ici, c'est à certains jours spéciaux, la nuit de Noël par exemple ou le jour des Rameaux, et à une heure précise — aux douze coups de minuit — que les grottes s'ouvrent, que les pierres des tombeaux se soulèvent, montrant un véritable ruissellement de diamants, de rubis, de colliers, de bracelets, de pièces d'or capables de rendre fou le mortel qui les contemple. Mais que de difficultés, que de secrètes connaissances magiques, que de sorcellerie à employer pour pénétrer jusque-là ! Et aussi, si le moindre mot cabalistique a été oublié, si le moindre rite a été omis, la pierre s'abaisse, la caverne se referme et le malheureux est pour jamais englouti auprès du trésor qu'il a convoité.

Si l'on remarque qu'en Algérie les chefs eux-mêmes partagent cette croyance, on comprendra comment il se fait que tant de monuments précieux, vestiges de l'époque de la domination romaine par exemple, et qui eussent tant fourni d'indications aux archéologues et aux épigraphistes, se trouvent maintenant mutilés ou détruits. Ainsi il est arrivé pour le Medr'asen, tombeau des rois de Numidie, dans la province de Constantine, et pour le tombeau des rois de Mauritanie ou de Juba — dénommé aussi *Kober Roumia* (Tombeau de la Chrétienne) — dans la province d'Alger, qui officiellement ont été attaqués, mais sans succès, à boulets de canon.

I

Le Tombeau de la Chrétienne.

A peu près à mi-chemin d'Alger et de Cherchell, non loin de la côte, est un mamelon inculte au sommet duquel se dressent des ruines désignées par les Arabes sous le nom de *Kober-Roumia* et par les Européens sous celui de *Tombeau de la Chrétienne*.

D'après l'exploration systématique du monument faite en 1866 par MM. Berbrugger et Mac-Carthy, ces ruines sont celles du Tombeau des rois de Mauritanie, élevé par Juba II, dans le siècle d'Auguste. Du reste, le savant orientaliste Judas a reconnu dans le nom actuel *Kober Roumia* le mot antique à peine défiguré signifiant *Tombeau royal*.

Ces ruines excessivement remarquables ont frappé de tout temps l'imagination des peuplades africaines, et la légende n'a pas manqué d'y placer des trésors merveilleux dont bien des fois les Arabes ont cherché à s'emparer. Il est même arrivé qu'en 1555, le pacha d'Alger, Salah Raïs, essaya de renverser l'édifice en le faisant canonner, mais sans succès, pour en enlever les richesses qui devaient s'y trouver cachées.

Voici maintenant une ou deux des nombreuses légendes qui courent sur ce monument.

I

Il y a de cela bien longtemps, un berger menait habituellement son troupeau paître aux environs du Tombeau de la Chrétienne ; chaque soir, à sa rentrée au douar, il remarquait qu'une vache noire de son troupeau était absente, mais il ne s'en inquiétait pas trop, car le lendemain il la retrouvait avec les autres. Cependant, il arriva qu'à la longue ces disparitions mystérieuses piquèrent sa curiosité et qu'il résolut de chercher à pénétrer ce phénomène extraordinaire.

A l'heure de la rentrée du troupeau, il abandonna ses bestiaux et les laissa descendre tout seuls dans la plaine ; puis il s'embusqua au milieu des broussailles pour observer ce qui allait advenir. Il vit bientôt arriver la vache noire qui n'eut qu'à se frotter un instant contre la paroi du monument pour se faire ouvrir un passage caché dans lequel elle pénétra. Puis la porte se referma et le berger eut beau attendre, il ne vit point l'animal reparaître. Toute la nuit, l'homme ne rêva que de cette merveille ; et le lendemain il revint encore se cacher près de la porte secrète. Quand la vache noire parut, le pâtre la laissa se frotter contre le mur ; puis il lui saisit la queue et pénétra avec elle dans le Kober-Roumia.

Nous n'essaierons pas de décrire les richesses inouïes que le berger vit entassées dans les salles du Tombeau de la Chrétienne ; c'était un étincellement de bijoux, de diamants, de rubis, de topazes et de pièces d'or dont l'éclat donnait le vertige. L'homme ne partit point aussi léger qu'il était venu ; il remplit ses poches d'or et de pierres précieuses et chercha la vache noire qui l'avait introduit. Il la trouva en train d'allaiter un enfant placé sur un trône resplendissant. Cet enfant était le fils d'*Halloula*, la fée gardienne des richesses du Tombeau de la Chrétienne, et qui a donné son nom au lac qui naguères se trouvait au-dessous et au Sud de ce monument, dans la Mitidja.

Le berger fit tant d'excursions de ce genre, que bientôt son opulence dépassa celle des plus grands souverains de la terre. Et cependant, il ne paraissait pas au dedans du Tombeau de la Chrétienne qu'on y eût enlevé la plus petite parcelle de ses trésors, tant est grande la masse des choses précieuses qui y sont entassées !

II

Un Arabe nommé Ahmed el Hadjout avait été fait prisonnier par les Espagnols et emmené en Europe. Or, le maître du Hadjout devait connaître le Tombeau de la Chrétienne et posséder l'art de la magie, car ayant su que son prisonnier était voisin du Kober-Roumia, il l'appela et lui offrit la liberté sous cette condition d'aller brûler un certain papier au sommet de l'édifice. Naturellement, Ahmed el Hadjout accepta cette proposition avec joie, et quelque temps après il put reprendre la mer et rentrer à Alger.

Lorsque l'Algérien eut passé quelques jours parmi les siens, il songea à remplir sa promesse et se rendit au sommet du Tombeau de la Chrétienne. Il prit le papier tout couvert de caractères bizarres et l'alluma. Mais à peine le talisman fut-il consumé, que Ahmed el Hadjout vit le tombeau s'ouvrir et une quantité considérable d'or, d'argent, de pierreries en sortir et partir dans la direction de l'Espagne, sans doute chez le magicien de ce pays.

Voulant intercepter une partie de ces richesses pour se les approprier, il jeta son burnous sur l'ouverture du tombeau ; mais le charme était rompu ; il ne sortit plus rien et le Tombeau de la Chrétienne se referma sur le trésor. Ahmed el Hadjout dut se contenter de ce qui se trouvait sous le burnous ; mais on assure qu'il n'eut pas trop à se plaindre, car la valeur en était telle qu'elle lui permit de passer dans la suite pour un des plus riches de la ville d'Alger.

(C. f. pour cette dernière légende, Pellissier de Raynaud, *Annales algériennes*; Berbrugger, *Revue africaine*, n° 61, p. 32; V. Bérard, *Poèmes algériens*, p. 117, etc.).

II

Le Trésor de Hamza.

Matifou, c'est-à-dire le Cap Matifou, est situé à 27 kilomètres d'Alger, par voie de terre. On s'y rend en suivant au bord de la mer une route très pittoresque qui contourne la baie et passe par les gracieux villages de Mustapha, Hussein-Dey, Maison-Carrée et Fort-de-l'Eau. En ligne droite, par mer, la traversée est d'une heure.

Vu des hauteurs d'Alger, le cap Matifou, surtout à l'heure du crépuscule, ressemble à un animal fantastique, à une espèce de lézard, s'avançant dans la mer.

On trouve encore à Matifou quelques vestiges des ruines de la ville romaine de *Rusgunia*, dont les pierres ont servi aux Arabes, aux Maures et aux Turcs à bâtir une grande partie de la ville d'Alger, et notamment les mosquées. On y remarque surtout l'emplacement de l'église dont l'évêque Episcopus a assisté au premier concile de la chrétienté.

C'est de la pointe du cap Matifou que les corsaires d'Alger, les pirates, épiaient le passage des navires pour les poursuivre ou les faire échouer au moyen de faux signaux de nuit, et les piller ensuite. On sait aussi que c'est près du cap Matifou que la flotte de l'empereur Charles-Quint, en 1541, vint s'échouer et fut anéantie.

Tout ce qui s'est passé au cap Matifou était donc bien fait pour enflammer des imaginations ardentes d'Orientaux.

Plusieurs légendes lui ont été attribuées, entre autres celle des *Sept-Dormants* dont nous parlerons plus loin et qui du reste se retrouve en nombre d'endroits de l'Algérie. Mais ce sont surtout les récits où interviennent les trésors enfouis dans les ruines qui forment le fonds principal de ces légendes. Ainsi voici ce que rapportent les indigènes sur le Trésor de Hamza.

« Dans un endroit appelé Hamza, il y a une ruine que l'on nomme Ar'bal, au milieu de laquelle est une mosquée. Dans cette mosquée est une colonne rouge; dans cette colonne rouge sont trois trous. A partir de ces trois trous jusqu'au sommet, comptez trois empans(1); frappez d'un instrument et vous casserez une pierre toute remplie d'or. »

Cette légende ne doit guère se rapporter au cap Matifou, attendu que les noms de *Hamza* et de *Ar'bal* n'ont jamais existé en cet endroit.

III

Le Trésor du Cap Matifou.

Les ruines romaines de Rusgunia, au cap Matifou, renferment des trésors merveilleux. Aussi, il y a une trentaine d'années un taleb marocain, guidé par trois indigènes d'Alger, résolut-il de se mettre à la recherche de ces richesses incomparables. Voici le récit que fit de cette excursion l'un des indigènes qui accompagnaient le taleb :

« Nous avons trouvé sur le bord de la mer l'entrée d'un souterrain à l'endroit indiqué par nos renseignements. Après avoir brûlé des parfums, selon l'usage, nous avons pénétré dans un caveau en pierres qui nous a conduits dans un autre de même dimension, et, de celui-ci, dans un troisième également maçonné. Là, nous avons aperçu trois bassins : le premier était rempli de mercure, le deuxième contenait de l'eau bouillante, et le troisième était plein, jusqu'à la margelle, de pièces d'or plus larges

(1) L'*empan* (الْيَهْمِين) vaut 18 doigts, ou la moitié de la coudée: 0ᵐ 235.

que des douros. Au-dessus de ce dernier, pendait une longue épée nue, par un fil tellement fin qu'il était presque invisible à l'œil. Après avoir fait les conjurations et les fumigations obligatoires, le maugrebin (1) voulut prendre des pièces d'or ; mais le bassin à l'eau bouillante lui lança des jets d'eau en si grande abondance qu'il fut affreusement échaudé et qu'il se trouve encore aujourd'hui forcé de garder la chambre en attendant la guérison. »

Croyant avoir trouvé la formalité essentielle qui, la première fois, avait dû être omise, les compagnons du taleb marocain firent une deuxième tentative, mais au moment où ils allaient mettre la main dans le bassin aux pièces d'or, une rivière profonde surgit tout à coup et se mit à couler entre eux et le trésor. Les indigènes durent revenir à Alger sans avoir pu profiter des trésors du cap Matifou.

Après avoir mûrement réfléchi, ils se demandèrent si la présence d'un chrétien ne serait pas nécessaire pour mener à bonne fin leur expédition. En conséquence, ils s'adressèrent à un membre de la Société historique algérienne, par l'intermédiaire d'un coulougli d'Alger, Dahman-ben-Tchikikoun-el-Boumbadji. Le chrétien ayant naturellement refusé la direction d'une entreprise où un habile magicien du Maroc avait échoué et s'était fait échauder par le bassin d'eau bouillante, le trésor resta au cap Matifou.

Aussi les indigènes sont-ils encore fermement convaincus que les ruines de Rusgunia renferment de riches trésors, de même qu'ils croient aux Sept-Dormants reposant dans une grotte voisine.

IV

La Légende des Sept-Dormants (2).

Sidi-Kacem, originaire du Hodna, était un homme pieux et très savant, ne s'occupant jamais des choses de ce

---

(1) *Maugrebin* ou *Moghrabin*, homme de l'Ouest.
(2) Cette légende est connue par toute l'Algérie et se trouve appliquée en nombre d'endroits, le Cap Matifou surtout.

monde ; il s'en allait de tente en tente, stimulant le zèle des musulmans pour les œuvres pieuses.

Quelques années avant sa visite à N'gaous, sept jeunes gens de la ville, jouissant d'une réputation parfaite, disparurent tout-à-coup sans que l'on en eût la moindre nouvelle.

Un jour, Si-Kacem arriva, et après s'être promené dans le village, alla chez un des principaux habitants et l'engagea à le suivre. Après avoir marché quelque temps, il lui montra un petit monticule formé par les décombres, en lui disant : « Comment souffrez-vous que l'on jette des immondices en cet endroit ? Fouillez et vous verrez ce que cette terre recouvre. »

Aussitôt, on se mit à déblayer le terrain et on trouva les sept jeunes gens (*Sebaâ Regoud*), dont la disparition avait causé tant d'étonnement, étendus, la face au soleil et paraissant dormir d'un profond sommeil. Le miracle fit, comme on le pense bien, très grand bruit. Aussi, pour en perpétuer le souvenir, fut-il décidé que l'on bâtirait immédiatement une mosquée sur le lieu même, et qu'elle porterait le nom de *Sebaâ er-Regoud*, des Sept Dormants.

(*Revue africaine*, mars 1860, d'après un nègre de Tripoli.)

Cette légende arabe des Sept-Dormants aura été introduite en Algérie à l'époque où cette province romaine était encore chrétienne. Elle a dû prendre son origine à la source grecque, dans ce récit si connu des Sept-Dormants d'Ephèse.

D'après la *Légende Dorée* de Jacques de Voragine, les noms des Sept-Dormants d'Ephèse étaient Maximien, Malchus, Marcien, Denis, Jean, Sérapion et Constantin qui avaient été mûrés dans une caverne du mont Célion, près d'Ephèse, sur l'ordre de l'Empereur Décius. La *Légende Dorée* raconte que lorsque la religion chrétienne se fut établie définitivement en Grèce, on ouvrit la caverne des Sept Martyrs et qu'à la stupéfaction générale, on avait retrouvé ces saints personnages dormant du plus doux sommeil depuis 372 ans, d'après les uns, ou depuis 196 ans suivant d'autres. Réveillés et ramenés dans la ville au milieu du plus grand respect, ils communièrent et moururent peu après. (A. D. 448.)

C'est Grégoire de Tours qui introduisit le premier en Gaule l'histoire merveilleuse qui, depuis l'an 500 environ, avait déjà en Orient, et particulièrement en Syrie, une grande notoriété. Aidé d'un Syrien, Grégoire de Tours traduisit la *Passion des Sept-Dormants, martyrs d'Ephèse*. En Bretagne, où la légende s'introduisit au VIIe siècle, il y a une église des Sept Dormants bâtie sur dolmen.

Cf. *Mélusine*, art. de MM. E. Renan et Luzel sur la chapelle bretonne. Cf. également *De gloria martyrum*, I. 95. — Acta SS. — 27 juillet.

Cette légende des *Sept-Dormants* doit être basée sur tout un cycle de croyances dans lesquelles il est question du sommeil merveilleux d'un héros. Certaines de ces légendes sont classiques, ainsi le *Sommeil d'Epiménide* qui, au dire des anciens, avait dormi quarante ans dans une caverne.

Hésiode, dans *les Travaux et les jours*, rapporte que « lorsque l'ombre de la mort enveloppa les guerriers qui avaient été combattre à Troie pour Hélène aux beaux cheveux, Jupiter leur donna une nourriture et une demeure inconnue de la Terre. Et ces héros habitent paisiblement les îles des Bienheureux, par delà le profond Océan. Et là, trois fois par année, la terre féconde leur donne ses fruits doux comme le miel. »

Les traditions des peuples en offrent aussi de nombreux exemples : en Danemark, on raconte qu'Holger (Ogier) n'est pas mort, mais endormi au-dessous du château du Cromberg ; on entend souvent le bruit de ses armes. En Ecosse, le barde Thomas de Erceldoune resta sept ans au pays d'Elfland où il charmait la reine des Elfs ; les sept années passèrent pour lui comme un songe. Dans le pays de Walles, on dit qu'après la malheureuse bataille de Camlan, le roi Arthur se retira dans l'île d'Avalon et qu'il y attend avec ses guerriers l'heure de reparaître sur la terre. En Irlande, c'est le comte Gérald qui, endormi dans une caverne, attend, entouré de ses chevaliers, que les temps soient accomplis pour se lever de son siège, monter sur son cheval et rendre libre la verte Erin. En Allemagne, une tradition semblable existe au sujet de l'Empereur Barberousse. Assis à la table de pierre, sa barbe s'est enfoncée dans le roc ; au jour voulu par le destin, il secouera sa longue barbe, le roc du Bibelstein volera en éclats, et l'empereur recommencera sa carrière victorieuse. En Alsace, c'est le héros Dietrich qui dort sous le rocher, entouré de ses preux et la main toujours sur la garde de son épée, attendant, pour se lever, que le Turc vienne abreuver ses chevaux aux bords du Rhin. De cent ans en cent ans, il se réveille, se met sur son séant, regarde du côté du fleuve, puis, après avoir fait le tour du rocher, il se recouche et s'endort. Si, passant sur la montagne de l'Ax à une heure du matin, vous entendez un bruit de chevaux et de combattants, attendez une grande guerre ; c'est Dietrich qui s'exerce avec ses compagnons. (Abbé Ch. Braun, *Lég. du Florival*, p. 86.)

Le sommeil mystérieux se rencontre encore dans nombre de contes ou traditions où il est amené par différentes causes. (Le *Livre des ballades allemandes*, trad. par E. de Saint-Albin, p. 127; *Contes pop. de la Grande Bretagne*, par Loys Brueyre, p. 348; Deutz, *Sagen*, p. 148.)

Le plus souvent, c'est le fait d'un enchanteur ou d'un magicien. Ainsi le conte si connu de la *Belle au Bois dormant* nous fournit l'épisode d'une princesse endormie pour cent ans par le pouvoir d'une fée. Les magiciens changent aussi en pierres les personnes qui leur déplaisent. Ce sommeil particulier est ordinairement terminé par la rupture du charme et la mort de l'enchanteur. En nombre d'endroits, les traditions rapportent que certains rochers ne seraient autre chose que des chevaliers ou des jeunes filles changés en pierres. Vienne le jour fixé par le sort et des rochers reprendront et la vie et leur forme d'autrefois.

Le chant d'un oiseau peut aussi donner le sommeil d'enchantement ou faire passer le temps d'une façon extraordinaire. Ainsi, dans une de ces légendes, un bon moine est à dire ses oraisons dans un bois, quand un rossignol chante auprès de lui des airs si suaves que le moine se prend à souhaiter de l'écouter durant deux cents ans. Effectivement le temps suit son cours pour toute la nature à l'exception du moine et du rossignol. Deux cents ans plus tard, le moine se relève et va frapper à la porte du couvent « dont il vient, dit-il, de sortir une heure auparavant. » On ne le reconnaît qu'en consultant les archives du monastère. Comme les *Sept Dormants* il meurt dès qu'il a communié.

Cf. également dans le *Polybiblion* du mois d'août 1883, un article compte-rendu de M. le comte de Puymaigre, sur la *Littérature orale de la Picardie*, où l'éminent auteur du *Romanceiro* indique comme variantes de ce thème sur la suspension momentanée de la vie, quelques ballades ou contes allemands. Cf. La ballade l'*Eternité* et la complainte populaire allemande de la *Fiancée hongroise*. Dans la *Golden Legend* de l'éminent poète américain Longfellow est une donnée analogue ainsi que dans le *Liber exemplorum*.

V

La Caverne des Marabouts.

Au commencement est du Djebel Bou Kahil, existe la kheloua appelée *mimouna*, profonde caverne, suivant les Arabes, ayant sa sortie dans un des derniers pics ouest de la montagne. Les compagnons du Prophète, défaits par les Romains à Ta'dmit, la creusèrent pour échapper aux vainqueurs. Depuis cette époque, cette caverne est habitée par des marabouts. Chaque année, les Khouan y viennent sacrifier des moutons, des boucs, etc... Ils y restent trois jours et trois nuits à prier ; chacun d'eux apporte sa natte et la laisse en partant.

Les saints habitants de cette caverne jouissent de la faculté de changer de forme ; ils préfèrent ordinairement celle du mouflon. Les femelles leur prodiguent leur lait pour étancher leur soif, et, pour apaiser leur faim, les mâles viennent d'eux-mêmes tendre la gorge à leurs couteaux. Aussi les chasseurs ont-ils bien soin de ne jamais tirer sur les mouflons qui paissent autour de la caverne dans la crainte où ils sont de tuer ou de blesser un des amis de Dieu. Ils ont toujours du reste à la mémoire le malheur qui arriva un jour à un certain Kord-el-Oued, des O. Rahma.

Ce chasseur était venu s'embusquer à l'entrée de la caverne. Tout à coup il entendit un murmure extraordinaire autour de lui ; pensant qu'il était produit par le vent s'engouffrant dans l'abîme, il ne s'en inquiéta pas. Quelques moments plus tard, un superbe *fechtal* apparaît devant lui, s'arrête, fixe des yeux étranges sur les siens comme pour lui demander par quel droit téméraire il veut lui empêcher l'accès de sa demeure. Kord-el-Oued, tout entier au plaisir de faire une belle chasse, ne se donne pas la peine de comprendre ce muet langage, il ajuste avec soin sans que l'animal ait fait un pas pour fuir ou pour avancer ; son fusil part avec une explosion terrible que multiplient encore les échos de la caverne, mais, ô prodige ! aussitôt après la détonation, le chasseur reçoit à la poitrine un choc violent comme celui d'une pierre lancée avec force ; en même temps, le bois de son fusil se brise en cent morceaux, et le canon se partage dans toute sa longueur. Le chasseur tombe sans connaissance et il reste trois jours et trois nuits dans un profond sommeil. A son réveil, il porte la main à sa poitrine et la retire pleine de sang ; à ses pieds se trouve la balle aplatie ; au lieu d'aller frapper l'animal elle s'était retournée contre lui.

« Je n'étais pas mort, racontait-il ; mais depuis ce jour, lorsque je prends mon fusil, je ressens à la poitrine une douleur pareille qui ne dure qu'un instant, il est vrai, mais qui me rappelle l'action criminelle que j'ai failli commettre. Et, quand le gibier est à ma portée, l'arme tremble entre mes mains ; la nuit je rêve de ce mouflon, je le vois toujours devant moi, et le jour, quand je chasse, il me suit partout, marche avec moi, s'arrête quand je m'arrête et ne cesse de me regarder du même regard de reproche. Il en est toujours de même quand je vais faire une action contre le bien. »

C'est aussi dans cette caverne que Lalla Khodra, fille de Sidi Ameur Bou Serra, resta onze ans à méditer sur les paroles de la religion. Les marabouts, sous la forme de mouflons, lui apportaient chaque jour sa nourriture.

(Recueilli par M. Arnaud, interprète de l'armée, en 1862.)

Les grottes et les cavernes ont toujours paru si mystérieuses que l'imagination en a fait des retraites particulières destinées à servir d'habitation aux génies, aux fées et aux lutins, ou des lieux secrets où sont enfouis les trésors des esprits et du démon.

Dans les mythologies du Nord, ce sont des nains qui gardent les trésors des cavernes avec un soin jaloux. Au plus profond de ces antres sont les énormes coffres tout remplis de pierreries et de bijoux précieux ; à côté sont assis les nains armés de massues. Malheur au téméraire qui ose s'aventurer dans leur obscure demeure ! Dans les grottes des montagnes, sont aussi les palais merveilleux des fées et des génies, comme au bord des sources, les demeures luxueuses des ondines ou des nymphes ; les colonnes de ce palais sont de l'or le plus fin, et les murs sont formés de mosaïques de diamants, de rubis, d'émeraudes et de topazes.

Dans les cavernes aussi sont endormis les guerriers qui, comme Barberousse ou Dietrich, attendent l'heure du réveil pour reparaître plus forts que jamais. Les saints choisissent également ces retraites absolument comme les marabouts de la légende arabe. Enfin, pour montrer la force des superstitions et des croyances qui de tout temps ont couru parmi les peuples sur les antres des montagnes, des ravins ou des sources, il nous suffira de dire que partout ou presque partout on a honoré d'un culte particulier les grottes et les cavernes, et que de nos jours encore chaque anfractuosité profonde de rocher passe en nombre d'endroits pour avoir ses habitants mystérieux.

Quant à cette légende arabe de la *Caverne des Marabouts*, nous pouvons indiquer une légende analogue de l'Irlande citée par Croker dans ses *Fairy Tales* :

« Dans le Comté de Limerick, un jeune gars se moquait un jour des Fairies qui avaient établi leur demeure au fond du précipice de Knockfierna ; voulant, disait-il, frapper à la porte de leur château et savoir s'ils étaient chez eux, il saisit une grosse pierre et la lança dans l'abîme. La pierre bondit avec fracas de rocher en rocher et le jeune gars pencha la tête au dessus du précipice pour entendre le bruit qu'elle ferait quand elle atteindrait le fond. Tout à coup la pierre remonta avec autant de force qu'elle avait été lancée, et frappant le téméraire au front, elle le fit rouler au bas de la montagne. »

Si la balle qui retourne frapper celui qui l'a lancée se retrouve dans les traditions de la vieille Europe, on en peut dire autant pour cette croyance arabe de la transformation des marabouts en mouflons et en toutes sortes d'animaux. En somme, c'est la croyance à la lycanthropie si répandue au moyen-âge qui s'applique non seulement à la métamorphose de l'homme en loup, mais aussi en d'autres animaux. Ovide (*Métam.*, livre VI), parle de Lycaon changé en loup; Pétrone, en son *Satyricon*, parle aussi d'un fait semblable. Les légendes de l'Inde fourmillent de cette croyance, de même que les *Sagas* scandinaves. En Angleterre on la constate dès le XIIe siècle dans l'*Ottia imperialis* de Gervaise de Tilbury. Les chroniques du moyen-âge en sont remplies, et Marie de France en a fait le sujet du *Lai de Bisclavaret*. Enfin de nos jours, on croit encore — comme il nous a été donné de le constater dans le Nord — au pouvoir qu'ont les sorciers de se transformer à volonté en toutes sortes d'animaux. En Portugal (*Tradicões populares de Portugal* (de M. Leite de Vasconcellos), les *lobishomens* ou loups-garous inspirent une grande frayeur. Quand une famille est composée de sept enfants, on pense que forcément l'un d'eux doit être un loup-garou.

VI

Le Rocher de Sidi-Aïssa.

La chamelle de Sidi-Aïssa Ben Mohammed avait été volée. Le célèbre marabout vint trouver les gens du Demmed et les pria de la lui rendre. Sur leur refus, il les menaça de toute la colère divine. Alors un homme, dont l'opinion pleine de sagesse était toujours écoutée avec déférence, dit à ses compagnons :

« — Cet homme entend nous forcer à respecter ses droits d'ouali ; c'est fort bien. La source qui jette ses eaux dans notre enceinte commence à diminuer. Posons pour condition au marabout d'augmenter le débit de la fontaine. Si Dieu marche avec lui comme il le dit, ce sera chose facile à Sidi-Aïssa Ben Mohammed ; si au contraire cette demande est au-dessus de son pouvoir, nous égorgerons sa chamelle et nous le tuerons comme un imposteur. »

On applaudit à cet avis, et Sidi Aïssa se rendit sur la montagne. D'une main il souleva un énorme rocher qui fut au loin rejeté par un puissant jet d'eau claire et limpide. Dans leur joie, les habitants oublièrent leur promesse ; ils tuèrent la chamelle et s'en partagèrent les dépouilles. Le marabout, saintement furieux de ce manque de loyauté, invoqua le Ciel vengeur et, dès l'instant et d'elle-même, la pierre énorme revint se poser sur la source qu'elle ferma si hermétiquement que depuis ce jour une seule perle d'eau n'en put sortir.

Les gens du ks'ar voulurent lapider le marabout ; mais, traçant un cercle magique autour de sa personne, Sidi Aïssa ne reçut aucune de leurs pierres. Alors le marabout jeta l'anathème sur les gens du Demmed :

« Malheur à vous ! ô familles du Demmed, malheur à vous ! vous m'avez méconnu : ma vengeance est loin d'être entière ; elle s'avance du côté du couchant ; votre nid d'aigle sera violé et détruit. »

Et le marabout Sidi Aïssa Ben Mohammed disparut.

La prédiction de l'ouali s'accomplit à la lettre ; le bey d'Oran, Mourki, et le chef Dehilis se chargèrent de détruire le ks'ar et d'en égorger ou chasser les habitants.

(Recueilli par M. Arnaud, interprète de l'armée, en 1862).

VII

Le Rocher des Sahâri.

Du temps de Sidi Mohammed ben Aliya, vivaient dans le Djebel Seudjas les Oulad-Daoul et les Oulad-Tabet.

La discorde divisait un jour ces deux fractions. Le tumulte était grand ; le sang était près de couler, quand apparut Sidi Mohammed ben Aliya.

« Eh quoi ! leur cria-t-il, ne pouvez-vous un instant maîtriser vos sentiments batailleurs ? Grâce à mes prières, jusqu'ici, vous avez joui d'un bien-être parfait. Au lieu de dépenser votre force dans des conflits inutiles, réservez-la donc pour le moment où les goums affamés de la R'azia, plus nombreux que les nuées de Gata et de Koudri du Zarès, désoleront vos montagnes. »

Mais ces hommes, animés les uns contre les autres de tout ce que les passions peuvent mettre de fureur au cœur humain, s'obstinèrent à ne pas écouter les paroles de conciliation du marabout. Ils s'oublièrent même jusqu'à lui dire :

« Qui es-tu ? De quel droit te mêles-tu de nos affaires ? Nous permettions à nos femmes de croire à ta sainteté, mais quant à nous.... nous n'avons que faire de tes remontrances intempestives ! »

L'homme de Dieu, indigné de leurs blasphèmes, arracha des flancs de la montagne un énorme rocher que cent individus robustes n'auraient même pas pu ébranler.

A l'aspect de ce prodige, les combattants sentirent leurs armes glisser dans leurs mains tremblantes ; ils se prosternèrent aux pieds du saint en implorant son pardon.

Mais le marabout, soulevant au-dessus de leurs têtes la roche colossale, entre ses mains plus légère que le grain de sénevé de l'Ecriture, leur cria d'une voix qui passa en frémissant sur tout le Zarès :

« Ce n'est pas chez vous non plus, race de chiens, que le bien peut trouver sa place ; mon dessein était d'abord d'ensevelir vos inimitiés sous cette pierre, et votre âme perverse s'y est opposée. Gens dévoués au malheur ! je vous abandonne dès ce moment à votre démence ; mais souvenez-vous que la prospérité s'est pour jamais éloignée de vous. Vous chercherez votre nourriture dans les branches du genévrier aux fruits amers. Votre bonheur cesse d'exister.... je l'enfouis sous ce rocher... »

Il dit, et le bloc de granit retomba sur le sol où il s'enfonça lourdement. Toutes les tentatives des Sahâri pour relever la pesante masse restèrent infructueuses, et depuis ce temps le genévrier nourrit à lui seul les pauvres familles du pays.

VIII

Les Fontaines miraculeuses.

Il ne faudrait pas croire que les chrétiens auront eu seuls en ce temps des fontaines miraculeuses et des sources propres à guérir toutes les maladies, les Musulmans et autres en offrent de nombreux exemples. Ainsi, dans le nord de l'Afrique, à Alger, se trouvait, à côté de la mosquée du cheikh Sidi Ali Ezzouawi, non loin de l'ancienne porte d'Azoun, la fontaine du saint Ezzouawi dont les eaux jouissaient des propriétés les plus diverses. On y venait de bien loin pour la guérison des fièvres périodiques et d'autres maladies, pour obtenir la conservation de la fidélité conjugale, la fécondité des femmes stériles, en sorte que l'oukil de la mosquée en retirait chaque année un bénéfice assez rond.

La mosquée de Sidi Ali Ezzouawi a été démolie, mais les eaux de la fontaine attiraient encore grand concours il y a quelques années, et tous les lundis des sacrifices particuliers, accompagnés de pratiques et de rites superstitieux, étaient effectués devant la fontaine.

Sidi Abd-el-Kader El-Djilani, le plus grand saint de l'Islam, avait avant 1866, dans sa mosquée à Alger, un puits dont l'eau jouissait de propriétés analogues. Ce puits, creusé par le saint lui-même, fournissait une eau miraculeuse qui avait le don de guérir les maladies, de chasser le mauvais esprit, de rendre les femmes fécondes et d'opérer bien d'autres merveilles qu'il serait trop long d'énumérer. Ce fut une véritable désolation dans le faubourg Bab-Azoun, lorsqu'en 1866, on démolit la mosquée du saint pour l'établissement d'un boulevard. Les femmes surtout, qui avaient l'habitude de la fréquenter, témoignèrent la plus vive affliction.

IX

Le Bain des Maudits.

Un riche Arabe, Kaddour, n'avait pas d'enfants. Après maints pélerinages, maintes visites aux saints marabouts, il obtint enfin d'avoir des héritiers et sa femme mit au monde un garçon qui fut nommé Hamed, et une fille qu'on appela Lella-Amna. Seulement les deux enfants se ressemblaient si fort qu'il eût été presque impossible de les distinguer, n'eût été la dissemblance de leurs vêtements. Les deux jeunes gens grandirent ; Hamed trouva sa sœur si belle, Lella-Amna trouva son frère si beau, que l'affection qui les unissait se changea en l'amour le plus violent.

Kaddour pensait que cet amour était tout simplement une extrême affection fraternelle. Aussi quelle fut sa surprise quand, disant un jour à son fils :

« Hamed, il faut songer à te marier ! »

Hamed lui répondit :

« Mon père, je veux épouser Lella-Amna, ma sœur ! »

Le malheureux Kaddour, épouvanté d'une telle résolution, ne crut pouvoir mieux faire que de chasser son fils du douar.

Hamed, proscrit, s'en alla bien loin, rassembla des gens sans aveu, prêts à tout, et forma une bande de brigands qui ne tardèrent pas à devenir la terreur de la contrée. Hamed espérait trouver la mort dans les luttes qu'il lui fallait soutenir contre les Arabes des villages ou des caravanes qu'il attaquait, mais toujours la mort l'épargna, trouvant sans doute que le destin du jeune homme n'était pas accompli.

N'y tenant plus enfin, un jour Hamed le brigand prit deux chameaux, monta sur l'un et s'en alla rôder aux environs de la demeure de son père. La nuit venue, il s'en approcha et appela sa bien-aimée.

« Yamna ! Yamna ! viens avec Hamed ton fiancé. »

Par trois fois, Hamed appela sa sœur, et, au troisième appel, Lella Amna répondit :

« Mon frère, mon fiancé, me voici ! »

Lella Amna monta sur le chameau libre, et, rapides comme le vent, les animaux dociles conduisirent au repaire des bandits les deux fiancés sacriléges.

Le matin venu, le vieux Kaddour chercha sa fille et s'aperçut qu'elle s'était enfuie avec son frère.

« Maudits ! Maudits, soyez-vous ! s'écria-t-il. Que jamais les saints marabouts n'intercèdent pour vous ! Que jamais vos corps abjects ne reposent dans la terre ! »

Et le malheureux père se livra à la plus profonde douleur.

Ce même matin, le brigand Hamed avait réuni tous ses compagnons.

« Voici Lella Amna, ma fiancée. Que nos noces soient célébrées et qu'un superbe festin nous réunisse ! »

Le mariage des fiancés fut célébré et un magnifique festin fut servi aux mariés et aux bandits.

« You ! you ! you ! criaient joyeusement les convives.

— Qu'on serve du vin ! nous nous moquons de la loi du prophète ! cria Hamed.

« You ! you ! you ! acclamèrent les brigands. »

Au moment où les coupes circulaient, le ciel se couvrit de gros nuages noirs, la tempête se déchaîna, la pluie tomba en torrents inondant le festin, la grêle crépita, le tonnerre roula dans le ciel, et, prodige étonnant, les danseuses, les brigands, Hamed et Lella Amna, les sacriléges, versant des larmes brûlantes, furent transformés en ces blocs sulfureux qu'aujourd'hui montre l'Arabe avec terreur au sommet d'Hammam-Meskoutine[1], le Bain des Maudits.

X

Croyances relatives aux Chrétiens.

En Algérie, dans toutes les traditions qui touchent de près ou de loin à la possession du sol, on est presque toujours certain de trouver le nom des chrétiens. Les noms des monuments antiques ont surtout frappé l'imagination de ces peuples. Les pierres taillées des constructions romaines sont autant de coffres remplis d'or et de pierres précieuses que les chrétiens d'autrefois y ont enfermés et dont ils ont eu la précaution d'emporter la clef lorsqu'ils furent forcés de quitter l'Afrique.

Les chrétiens ont gardé ces clefs et les ont transmises à leurs descendants ; mais il est écrit qu'un jour viendra où les possesseurs des clefs retourneront en Afrique, ouvriront les cachettes mystérieuses et répandront la richesse sur l'Algérie.

Les habitants du Sahara disent que les chrétiens, autrefois possesseurs du pays, n'ont pas cessé de l'habiter, mais qu'ils sont descendus dans des cités souterraines, emmenant avec eux les eaux, les rivières et les ruisseaux qui autrefois fertilisaient le pays[2].

Dans le Sahara se trouvent des ruines connues sous le nom de Bou-Chougga. On y voit encore les restes

---

[1] « Les eaux thermales d'Hammam Meskoutine jaillissent perpendiculairement, s'accompagnant d'un dégagement d'acide sulfureux qui les signale d'assez loin. Leur température est celle de l'eau bouillante (95°). Elles déposent, en se refroidissant, une grande quantité de carbonate de chaux qui forme autour d'elles un rebord que l'on voit s'élever tous les jours davantage, de manière à constituer, avec le temps, des masses côniques, sorte de pains de sucre gigantesques, qui acquièrent toute la hauteur à laquelle ces eaux peuvent s'élever. Lorsque l'ouverture se ferme, le canal disparait avec le retrait des eaux, qui, ne trouvant plus d'issue, de ce côté, se frayant une autre route, percent le roc sur un autre point, où elles reproduisent le même phénomène. »
(V. Bérard, *Indicateur général de l'Algérie*, 2e édit, p. 413.)

[2] Cette légende a été donnée *en vers* par M. Bérard, dans son ouvrage *Poëmes algériens*. Paris, Dentu, 1858.

d'un bassin construit en pierres de taille et profond de quatre ou cinq mètres. Aujourd'hui le bassin est à sec. Si l'on en approche l'oreille, on entend le bouillonnement souterrain du fleuve qui autrefois devait alimenter ce réservoir. Aussi tout le monde, depuis l'enfant jusqu'au vieillard, depuis le fellah jusqu'au voyageur, est-il persuadé que les chrétiens sont là dans leur ville souterraine, que leur jouissance est surnaturelle et qu'un jour ils sortiront de leur retraite ramenant la fertilité avec les fleuves et les torrents qu'ils détiennent en ce moment.

Les Arabes du Sahara montrent encore d'un air mystérieux une colline désolée et solitaire qui s'élève près du lit desséché de l'Ouâdi-Iel. Les pentes de cette colline sont toutes jonchées de pierres de taille que les habitants appellent *Bordj-el-Guerba* (la maison du remue-ménage). Là, souvent pendant la nuit, l'oreille est frappée de sons étranges ; le lieu est désert, et cependant le matin on y découvre des traces inconnues d'hommes et d'animaux domestiques. Ce sont encore les chrétiens qui causent tout ce tapage dans leur cité souterraine.

LIVRE III

LES ESPRITS ET LES GÉNIES

> C'est l'essaim des Djinns qui passe,
> Et tourbillonne en sifflant.
> Les ifs, que leur vol fracasse,
> Craquent comme un pin brûlant.
> Leur troupeau lourd et rapide,
> Volant dans l'espace vide,
> Semble un nuage livide
> Qui porte un éclair au flanc.
> V. Hugo, *Les Orientales*.

LES ESPRITS ET LES GÉNIES DANS LES CROYANCES POPULAIRES

Frappés du merveilleux spectacle de la nature qui partout nous montre des forces secrètes toujours agissant et toujours se renouvelant, les premiers hommes chez lesquels l'intelligence et l'imagination commencèrent à prendre le dessus sur les facultés brutes de leur nature primitive durent s'imaginer l'existence d'êtres supérieurs ramenant les saisons, la nuit, le jour, présidant à la naissance, à la vie, à la mort des êtres, produisant enfin les phénomènes journaliers dont le spectacle inexpliqué étonnait ces peuples enfants. Mais comment se figurer ces êtres qu'il n'était point donné de voir? Comment se les représenter, sinon sous une forme connue, tangible pour ainsi dire? Et quelle autre apparence leur donner que celle de l'homme hors de laquelle il n'était guère possible de rien tirer d'idéal ou en rapport avec l'idée préconçue? L'homme créa donc des divinités, des êtres supérieurs faits à son image, des dieux anthropomorphes qu'il doua de ses qualités et de ses défauts personnels et auxquels il donna ses goûts et ses habitudes, tout en leur reconnaissant un pouvoir infiniment supérieur au sien et capable de renverser l'ordre naturel des choses. De là ces esprits des bois, des grottes, des cavernes, des sources ; ces nymphes des fleuves, des rivières et des torrents ; ces divinités sylvaines attachées aux chênes et aux autres arbres des forêts ; ces nains gardiens des trésors antiques ; ces géants qui se jouent des difficultés matérielles les plus extraordinaires ; ces elfs et ces lutins qui la nuit dansent au clair de lune leurs rondes animées, tout en s'accompagnant de folles chansons ; ces fées, ces nornes, ces moires, ces parques qui président à la destinée des mortels et les suivent dans la vie ; ces génies de l'Orient qui obéissent aux ordres des magiciens et qui transportent par les airs, rapides comme l'éclair, les tours et les palais enchantés.

C'est donc partout que l'homme a placé ces êtres particuliers, nombreux comme les étoiles du ciel et dont il croyait entendre la voix dans le grondement de la foudre, dans le mugissement du vent, le frémissement de la forêt, le murmure du ruisseau ou l'harmonie de la nature en travail. Suivant ce que chacun de ces esprits était censé représenter, on lui attribua des goûts et des habitudes différentes ; le génie de la montagne fut terrible et menaçant, et pour armes on lui donna la foudre et les rocs arrachés aux pics altiers ; tandis que l'esprit des eaux fut gracieux et doux, ordinairement une femme, une nymphe ou ondine aimant à se plonger dans le cristal limpide aux beaux jours ensoleillés de printemps ou d'été, à s'y jouer follement avec ses gracieuses compagnes, ne vivant souvent que pour l'amour et par l'amour.

Soit que toutes ces entités mythiques aient leur origine dans l'esprit même de l'homme et se produisent inévitablement dans des circonstances données, soit qu'elles nous viennent de peuples primitifs à l'imagination plus développée et plus portés à l'enfantement de ces croyances, il n'en demeure pas moins que les esprits de l'air, de la terre, des cavernes et des sources, les génies bons ou mauvais, se retrouvent dans la mythologie ou plutôt dans le fonds populaire de toutes les nations, aussi bien celles de l'antiquité que celles des temps plus modernes. Leur nom diffère bien, mais le caractère général est le même. A notre époque encore, nous avons sous nos yeux, dans les races sauvages de l'Afrique, de l'Amérique ou de l'Océanie, des hommes encore à l'état quasi primitif, qui nous reportent presque à l'enfance des races plus développées soit aryennes, soit sémitiques ou mongoles. Ces peuplades ont aussi leurs esprits supérieurs ou inférieurs, leurs génies, leurs lutins identiques aux nôtres. Et c'est là une preuve de plus contre les partisans de certains systèmes mythiques qui voudraient reporter aux Aryas seuls la conception primitive des croyances que nous possédons aujourd'hui.

Nous sommes en ceci de l'avis qu'exprimait il y a quelques années un de nos savants les plus infatigables, M. Henri Gaidoz, qui disait : « La croyance aux esprits, c'est-à-dire à des êtres surnaturels qui entourent l'homme à tout instant et dans tout objet, et dont il doit capter la bienveillance ou détourner la malveillance, est en effet la principale religion de l'homme à l'état de nature. Le culte des ancêtres et la sorcellerie en découlent naturellement. »

Mais, ainsi que nous le disions tout à l'heure, les divinités de ces peuples primitifs sont sœurs des nôtres ; elles peuvent varier par certains traits accessoires sans qu'on puisse se tromper sur leur parenté originelle. Ce sont toujours bien ces êtres du monde invisible dont Ménandre le Comique disait :

> Adest autem viro cuilibet dœmon bonus.
> Ut primum quis nascitur vitæ arcanus ductor.

Ils président à la vie de l'homme, de sa naissance à sa mort ; ce n'est pas pour eux-mêmes qu'ils sont créés mais pour nous ; s'ils ont une vie propre, c'est à la condition de se mêler à la nôtre et de la conduire vers un but final, bon ou mauvais. Car les génies sont de ces deux sortes, ou amis des mortels ou leurs ennemis. Les Taïtiens ont des « Atouas » ou dieux inférieurs résidant sur la terre, rappelant les sylvains, les faunes, les Dryades, les Oréades qui ne sont pas toujours animés de bonnes dispositions pour les hommes.

De même les Esquimaux, les Polynésiens, les aborigènes de l'Amérique. Les peuples anciens, les Egyptiens, les Assyriens, etc., avaient aussi des divinités bienfaisantes à côté de divinités malfaisantes. Euclide et d'autres auteurs de l'antiquité affirment positivement l'existence de mauvais génies à côté des bons, théorie qui fut le principe de la religion de Zoroastre et que le christianisme aussi bien que l'islamisme admirent en principe dans la distinction qu'ils firent entre les noirs démons de l'Enfer et les anges célestes serviteurs de Dieu qui chantent aux pieds de Jéhovah, de l'Eternel ou d'Allah.

Les Romains et les Grecs avaient trouvé dans les croyances populaires la prodigieuse quantité d'esprits et de génies qu'on retrouve chez eux à chaque pas. Aussi les admirent-ils tous dans leur mythologie polythéiste, ce qui faisait dire au poète Prudence :

> Quamquam, cur Genium Romæ mihi fingitis unum ?
> Cum portis, domibus, thermis, stabulis soleatis
> Assignare suos Genios.

Chose assez bizarre en effet que de proclamer d'abord un génie spécial de la ville de Rome, puis d'admettre autant de génies particuliers qu'il y avait de portes, de maisons, de bains ou même d'écuries dans la capitale du monde ! Et ces nymphes, ces faunes, ces sylvains, ces dryades, ces esprits sans nombre dont sont remplies les œuvres des écrivains grecs et latins !

Les autres peuples indo-européens eurent également leurs dieux inférieurs. Chez les Slaves, les Samovily et les Judy, sortes d'esprits des lacs, de la mer et des montagnes. Chez les Scandinaves, les nornes, les walkyries, les trolls, les elfes. Chez les Celtes, les fées, un peu l'héritage commun des peuples indo-européens, mais qui, chez les Gaulois, prirent le profond caractère que nous leur connaissons. Les peuples germaniques eurent leurs nains, leurs géants, leurs gnômes ou esprits souterrains. Tandis que dans les races latines, ce furent les fées, les géants, les ondines, les orvals, et surtout les lutins qui exercèrent l'imagination du peuple, parfois même des poètes.

Nos lutins affectent mille et mille formes, dégagées bien souvent de l'anthropomorphisme primitif. Leur caractère est capricieux et malicieux. La plupart du temps ils ne sont ni bons ni méchants. Ils aiment courir par les nuits sereines, à la clarté de la lune ou des étoiles, par les bois, les bruyères et les landes. Ils dansent des rondes fantastiques au son de chalumeaux rustiques, de violons ou de flûtes, chantent de joyeux couplets et se réunissent sur le gazon autour de mignonnes tables chargées de mets délicieux et de boissons exquises. Si quelque ménétrier de passage les rencontre, vite ils l'entourent et ne lui laissent de repos qu'il ne leur ait joué quelque danse de son répertoire. Il est vrai qu'ils l'en récompensent magnifiquement et que le violoneux n'a pas à se plaindre de sa nuit perdue dans la société des petits êtres.

Mais gare au voyageur égaré dans la campagne. Les malicieux lutins lui jouent mille tours de leur façon, le perdent dans les marais, le font danser de force des rondes diaboliques, le rendent bossu ou le rouent de coups !

D'autres affectionnent les fermes isolées, prennent soin des bœufs ou des vaches et des chevaux, battent le beurre, rincent la vaisselle ou balayent la maison. Mais si on les irrite en leur donnant une veste rouge, adieu la tranquillité, l'abondance et le bien-être ! Le lutin vient toutes les nuits faire un train d'enfer, embrouiller les écheveaux, briser la vaisselle, faire tourner le lait. Heureux encore s'il ne marque pas le bétail de taches noires qui le font mourir !

Parfois encore, c'est un petit animal qui vous passe le soir entre les jambes ou un feu-follet capricieux qui cherche à vous égarer ; des bruits de chariots ou de voitures lourdement chargées ; des appels désespérés dans le lointain ; ou des apparitions horribles ; ou des animaux sans tête ; ou des cavaliers qui passent au galop de leur monture et qui portent leur tête dans la main !

On le voit, nos croyances populaires sont à la hauteur de celles des autres peuples. N'allez pas dire à certains de nos paysans que ces petits êtres n'existent pas ; ils nieront bien toute croyance religieuse, les anges, le diable ou Dieu même, mais pour celle des esprits familliers, des lutins, des korrigans ou des goblins, ils vous soutiendront que non seulement ils vivent dans les fermes, les prés ou les bois, mais encore ils vous raconteront sérieusement nombre de démêlés qu'ils ont eus avec eux et où souvent ils ne jouent pas le plus beau rôle !

I

Les Génies et les Esprits des Arabes.

Les Arabes croient aux lutins qu'ils nomment *roul* et qu'ils se représentent sous la forme de petits êtres laids et difformes, hantant les maisons, les ruines et les jardins. Les *roul* ont le caractère de nos lutins et de nos follets. Tout leur temps se passe à jouer toutes sortes de mauvais tours au pauvre monde, prenant la forme des esprits et des spectres et glaçant de terreur les malheureux Arabes auxquels ils peuvent en vouloir. Certaines maisons hantées par les *roul* ont dû être abandonnées par leurs propriétaires.

Le mot *Roula*, que les arabisants d'Europe écrivent *Ghoula*, s'est francisé sous les formes *Ghol*, *Gole*, *Goul* et surtout *Goule*, employé fréquemment par les poètes, Victor Hugo entre autres. On en a fait le synonyme de *Lamie* et *Vampire*, ces spectres qui, d'après les croyances populaires, sortaient de leurs tombeaux pour sucer le sang des vivants.

Les *Djinns* ou *Djnoun* sont d'autres esprits bons ou mauvais, mais plus ordinairement offrant ce dernier caractère.

Le peuple se les représente sous des formes horribles et des figures hideuses ; alors ils ne sont occupés qu'à faire le mal et à épouvanter les mortels. D'autres fois, ce sont des sortes de fées, lascives, enchanteresses, habitant de superbes palais dans des endroits ignorés, y vivant au milieu de tous les plaisirs, et attirant les voyageurs qui tombent à leur plaire. Ou ce sont des ondines, des génies des eaux, affectant la forme gracieuse d'une gazelle ou d'une colombe, et parcourant la campagne par les nuits sereines.

Nous compléterons cette étude des génies des Arabes en citant — malgré quelques redites — un très intéressant passage du capitaine Villot et un extrait des *Contes kabyles* de M. Rivière :

« En général, le génie oriental s'éloigne des terribles légendes de nos pays au ciel brumeux. C'est tantôt un démon malin qui se joue dans un rayon de lune pour effrayer les voyageurs; d'autres fois, c'est un démon d'humeur railleuse, qui court le long des ravins, des anfractuosités de rochers, pour tourmenter les amoureux et leur causer des frayeurs puériles. Il en est qui ont le terrible pouvoir de rendre l'homme impuissant. Ce sont les plus redoutés de tous. De pauvres amoureux pleins de désirs, l'imagination en feu, demeurent des mois entiers sans pouvoir satisfaire leur passion.... Il est des démons qui ne s'attachent qu'aux animaux; mais ils s'en acquittent en maîtres. Parfois un troupeau tout entier devient leur victime.... Les démons de la montagne sont plus sombres. On en signale qui sautent à califourchon sur le dos des voyageurs de nuit, et les forcent à plier sous le faix, les retenant ainsi jusqu'à ce que les étoiles pâlissent. Les ravins profonds, le silence, l'écho, les nuits plus longues et plus froides, les mystères des forêts, voilà des éléments pour ces légendes populaires. Il y a des démons furieux qui s'introduisent dans le corps des individus, les tyrannisent, les jettent à terre et les font écumer.... Le démon Lazerour accourt dès qu'un homme tombe sous les coups d'un assassin ou d'un furieux, et se repaît du sang de la victime. Lazerour est partout; il fait boîter les chevaux et mourir les moutons, il enlève les mulets, endiable les agneaux, qui se mettent à tourner sur eux-mêmes, écument et tombent.... Il y a des démons roses qui favorisent les amours. Ce sont les amis des femmes (1). » D'autres génies sont les protecteurs du bétail qu'ils gardent contre les animaux féroces et les voleurs et dont ils prennent le plus grand soin. On en voit établis gardiens des cimetières, surtout chez les Kabyles du Djurdjura. Certains arbres, certains animaux, le caroubier, le chat, le singe, l'aigle, ont en partage la puissance des génies; les femmes vont en pélerinage aux vieux caroubiers et y suspendent comme ex-voto des lambeaux d'étoffe arrachés à leurs vêtements.

---

(1) Cap. Villot, *Op. Cit.* p. 20 et suiv.

II

Le FAL ou Evocation des Esprits.

En nombre d'endroits de l'Algérie les indigènes offrent encore des sacrifices aux esprits ; près d'Alger, à *Aïoun Beni Menad,* sont de petites sources qui suintent des rochers du rivage auprès du jardin du Dey et qui sont hantées par des génies. Les Mauresques d'Alger vont chaque mercredi matin leur sacrifier des poules, voire même des moutons et des bœufs, quoique plus rarement, et les génies répondent à leur appel et se manifestent à elles par des cris, des paroles ou même des apparitions tangibles ; à moins toutefois que ce ne soit dans les vingt-sept premiers jours du mois de Ramadan, période pendant laquelle les génies sont enchaînés et où les marabouts seuls peuvent quitter momentanément les régions ultra-mondaines pour venir visiter notre globe.

Les génies peuvent être évoqués grâce à l'opération magique connue sous le nom de *Fal.* Voici comment les choses se passent :

La magicienne fait d'abord préparer un grand plat de couscoussou que l'on mange séance tenante à l'exception d'une petite part que l'on réserve. Puis commence le grand œuvre. Sur un réchaud allumé, on jette quelques grains d'encens dont on parfume l'intérieur d'un vase. On le recouvre d'un linge après y avoir versé un peu d'eau. Puis on y jette des bagues et une clef que fournissent les personnes qui veulent interroger l'oracle. La première bague doit être celle d'une jeune fille *atok* qui a mission de jeter et de retirer les bagues. On récite des couplets après chacun desquels une bague est retirée sans que la jeune fille puisse la voir.

Ceci répété trois fois, on prend la *bokala* que l'on maintient en l'air entre les pouces étendus. Le vase se met à tourner comme les fameuses tables qui firent tant de bruit il y a une trentaine d'années, et par leur mouvement fournissent à l'opératrice les renseignements demandés. On emporte ensuite le vase sur une terrasse ; on y prend avec les doigts de l'eau que l'on jette vers la mer en demandant, par exemple, des nouvelles d'une personne en voyage. Des voix étranges ne tardent pas à répondre à cet appel. Si les voix entendues sont le *ouilouil* (l'acclamation des femmes en signe d'admiration, de joie ou d'approbation), ou si ce sont des éclats de rire, bon signe pour ce que l'on demande. Mais si les exclamations sont des sifflets, le présage est défavorable.

On invoque encore les Génies d'une autre façon. A minuit, on monte sur la terrasse, on prend de la terre dans un pot de fleurs et on la jette vers la mer en disant :

> Salut sur toi, ô terre de ce pot !
> — Je ne sais si tu es fraîche ou sèche.
> Donne-moi des nouvelles de....,
> Fût-il perdu dans la mer !

Les voix se font aussitôt entendre, venant du large, ou parlant auprès de l'opératrice, et parfois accompagnées d'apparitions.

Les femmes indigènes ont encore d'autres rites qui se font dans le même but. Il y a le génie *Sidi Medoh* que l'on évoque sur les terrasses. Puis la divination par le fumeron (*Merheouba*) qui est assez originale. Pour cela, on prend un morceau de bois fort peu carbonisé sur lequel on trace une tête avec ses yeux, sa bouche, son nez qu'on habille ensuite comme une poupée et qu'on place en face de son lit.

On se couche, on interpelle le fétiche en ayant bien soin d'avoir sa question toute prête, car si on hésite lorsqu'il se présente, il vous crie avec colère : « Pourquoi m'as-tu appelé ? »

Ou bien encore, on enferme une araignée et un cloporte dans une boîte ; on les interroge et l'araignée répond.

Si tous ces moyens ne sont pas de votre goût, sortez de votre maison et prêtez l'oreille à ce que disent les passants dans la rue. Le premier mot entendu sera la réponse à la question qui vous obsédait.

(D'après la *Revue Africaine*; n° 32, p. 146.)

A propos de cette coutume, M. Berbrugger se demandait si autrefois on offrait des victimes aux génies.

Non, dira-t-on avec Perse :

.... *fundo merum genio*....

ou avec Tibulle :

.... *Madeatque mero*....

Oui, avec Horace :

.... *Cras genium mero*
Curabis et PORCO *bimestri*.

ou avec cette inscription d'Algérie sur les ruines du Guern-Salem, dans le Djebel Dira :

GENIO MONT... } Au génie de la montagne des
  PASTOR IA... } pasteurs (?) ; un sacrifice a été
SIS VIM T.... } fait suivant la coutume locale,
PESTATVM... } pour obtenir qu'il conjure la
PATRIA N... } force des tempêtes.
... ENTIS CI...
... T VICTIM

III

La Djnoun Metidja.

Auprès de l'endroit où aujourd'hui s'élève le village de Sainte-Amélie, habitait bien longtemps avant le Prophète une Djnoun ou Fée merveilleusement belle. Cette fée se nommait, dit-on, Metidja. Son palais, construit par les génies, était superbe ; les colonnes d'albâtre, les coupoles étincelantes, les balcons d'or travaillé ne pouvaient s'y compter tant ils étaient nombreux. Dès qu'un voyageur venait à passer dans les environs, les serviteurs de la Djnoun l'avaient bientôt amené au palais de la fée. Aussitôt, des nègres le débarrassaient de ses vêtements poudreux, le conduisaient aux étuves et le revêtaient d'habillements de la plus grande finesse. Dans une salle toute pavée de pierres précieuses, la princesse Metidja recevait le voyageur et le faisait prendre sa part d'un festin où étaient servis les mets les plus succulents, et où les vins les plus exquis étaient versés dans des coupes d'or fin. Des danseuses choisies parmi les autres fées, compagnes de la Djnoun, se livraient aux danses les plus enivrantes aux sons d'un orchestre invisible de Djouak, de Kamentcha, de Kanoun, de Derbouka et de mille autres instruments. Puis la Djnoun conduisait l'heureux voyageur dans une salle plus merveilleuse encore où l'attendaient tous les plaisirs. Le lendemain — car la belle était inconstante — l'Arabe reprenait à regret sa route emportant sur son chameau mille présents de la Djnoun qu'il ne devait jamais plus revoir.

Il arrivait parfois que les serviteurs de la Fée ne pouvaient parvenir à rencontrer le voyageur cherché. Alors le Palais de la Djnoun s'embrasait éclairant dans le lointain et appelant l'attention des gens égarés aux environs. La princesse Metidja, vêtue d'une longue robe blanche, ses longs cheveux noirs en désordre sur ses épaules nues, errait par les bruyères en fleurs, chantant tristement et répandant par les airs des parfums voluptueux qui portaient au loin l'égarement et la passion dans le cœur des mortels.

Mais la belle Djnoun vieillit ; ses longs cheveux noirs blanchirent à la longue ; ses beaux yeux perdirent leur vivacité, ses joues se creusèrent, et la lente maladie bleuit ses chairs autrefois si roses. Les génies du lieu moururent les uns après les autres ; le merveilleux palais s'écroula, et de ses ruines, un seul puits profond resta. Au fond de ce puits on peut encore voir dans un linceul la Djnoun Metidja qui, malgré les ans, brûle encore de l'amour qui toujours la consuma.

(Cf. pour cette légende, V. Bérard, *Poèmes Algériens*, p. 166 et suiv.)

IV

La Djnoun et le Taleb.

Le taleb Ahmed ben Abdallah vit dans la crainte de Dieu.

On n'a jamais pu dire de lui qu'il avait convoité le bien d'autrui. Ses biens sont à tous et sa tente est ouverte à tout venant. Il sait le Coran et il en observe fidèlement tous les préceptes. Le taleb s'abstient des viandes défendues et ne boit pas de vin. Ahmed ben Abdallah est encore jeune pourtant, mais aucun désir charnel ne vient troubler la sérénité de son cœur.

Ahmed le Taleb est sorti de grand matin. Il a rencontré son voisin Ali à la porte de l'enclos.

« Que Dieu rende fortunée ta journée !
— Sois heureux, ô Ahmed !
— Comment vont ceux qui t'aident, Ali ?
— Bien, très bien.
— Dieu soit loué ! Quand tu es bien, je suis bien.
— Où vas-tu à une heure si avancée ?
— Au tombeau de Sidi Ali Zouaoui !
— Que la bénédiction de Dieu soit sur toi ! »

Ahmed ben Abdallah continue son chemin. Il marche, marche longtemps ; la nuit vient et le taleb se repose dans une petite grotte qu'il rencontre sur sa route. Le matin venu, Ahmed ben Abdallah remplit ses devoirs de fidèle musulman et reprend son chemin. Il arrive au bord d'une rivière et devant lui s'offre un spectacle enchanteur. Dans l'eau pure, se baigne une charmante jeune fille, belle à ravir, telle que les houris du Paradis. Ahmed le Taleb reste muet d'étonnement, tandis que la Djnoun qui ne l'a pas aperçu continue ses ébats et offre aux yeux éblouis du saint homme mille trésors de volupté. Soudain Ahmed aperçoit près de lui sur la berge, une peau de colombe. Inconsciemment il la ramasse et continue d'observer la jeune fille.

Enfin, celle-ci a fini de se baigner. Elle revient sur le bord de la rivière, se couche mollement sur le gazon et attend que le soleil ait séché sa peau délicate. Elle se relève et cherche sa forme de colombe. Mais rien, rien partout. Que va-t-elle faire, la belle Djnoun? Comment rejoindra-t-elle les autres Djnoun, ses sœurs qui l'attendent là-bas, bien loin? Elle se désespère et se met à pleurer. Mais elle aperçoit Ahmed ben Abdallah qui, à moitié dérobé par un massif de cactus, la regarde fixement et tient encore dans sa main la forme de colombe que tout à l'heure elle a quittée.

« Je t'en supplie, lui dit-elle, rends-moi ma forme de colombe, si tu ne veux que je meure de désespoir!

— Je ne te la rendrai point, belle Djnoun, et je veux la conserver comme un souvenir de toi.

— Je t'en conjure! rends-la moi et je t'accorderai ce que tu me demanderas.

— C'est convenu!

— Soit! Je veux ce que tu veux et je suis prête à t'obéir.

— Voici ta forme de colombe, je te la rends sous cette condition que, dans quinze jours, à cette même heure, tu m'attendras ici. »

Ahmed le taleb rend à la jeune fille la peau de colombe. Vite elle s'en revêt et s'envole dans les airs. Le saint homme la regarde s'éloigner et continue de marcher. Ahmed ben Abdallah arrive à la ville et se rend à la koubba de Sidi Ali-Zouaoui. Il dépose son offrande entre les mains de l'oukil, fait ses dévotions, rend visite à quelques amis et retourne vers sa demeure. A l'heure dite, il arrive au bord de la rivière. Un pigeon s'arrête sur la berge, dépose sa forme de colombe et la belle Djnoun est devant le taleb.

« Me voici. Que veux-tu de moi?

— Que puis-je te demander autre chose que la possession de ta charmante personne?

— Mais n'es-tu pas un saint homme, et le Prophète ne te défend-il point de t'unir à moi?

— Je le sais, mais tu es si belle que tu ne peux être qu'un ange de Dieu. J'exige donc que tu me suives et que tu sois ma femme.

— O saint homme ! réfléchis bien à ce que tu veux de moi ! Laisse-moi en repos courir par les rivières et les forêts avec mes compagnes.

— Non, non. Suis-moi ! »

Toute désolée, la Djnoun accompagne le taleb. On arrive à la demeure d'Ahmed ben Abdallah et bientôt il n'est bruit dans les environs que du prochain mariage du saint homme. Le jour fixé arrive, et le taleb épouse la Djnoun. Les années se passent et la femme donne à son mari de jolis enfants qui font la joie des mariés et l'envie des voisins. Mais toujours, la belle Djnoun est triste. Elle aime ses enfants et elle adore son mari dont elle n'a qu'à se louer. Mais le souvenir de ses compagnes toujours la poursuit et elle reste des heures à soupirer après les années si heureuses qui se sont enfuies.

Un jour, les enfants se jouent dans un coin retiré de la maison. Ils trouvent une peau de colombe et l'apportent à leur mère ; ses yeux brillent de plaisir. Elle est toute joyeuse de retrouver son doux vêtement de Djnoun. Partira-t-elle ou restera-t-elle avec son mari et ses enfants ? Un instant elle hésite. Mais elle prend son parti. Elle embrasse ses enfants, les appelle des noms les plus tendres, se revêt de sa forme de colombe et s'enfuit retrouver les Djnoun.

Ahmed ben Abdallah était sorti ; il revient et apprend la terrible vérité. Il pleure et s'arrache les cheveux de désespoir. Mais, hélas ! inutilement.

Seulement, la Djnoun revient parfois trouver ses chers enfants, les embrasse longuement et aussitôt s'enfuit.

(Légende arabe racontée en 1880 dans un café maure à Alger.)

Le thème qui sert de fond à cette légende arabe est un des plus universellement répandus dans la littérature populaire, aussi bien que dans la littérature proprement dite de tous les peuples.

C'est l'histoire de ces divinités inférieures (nymphes, fées, djnoun, etc.) surprises par un mortel tandis qu'elles se livrent aux doux plaisirs du bain. Ces nymphes ou ondines ont ceci de particulier qu'avant de se baigner elles ont déposé sur la berge leurs formes d'oiseaux (oies, cygnes, colombes) ou d'animaux (phoques, baleines, etc.), forme sans laquelle elles ne peuvent retourner auprès de leurs compagnes. Le mortel s'empare de ces peaux d'oiseaux ou d'animaux et emmène la nymphe qu'il oblige à devenir sa femme. Tout va bien pendant quelque temps, mais un jour arrive où la femme retrouve la forme perdue et s'enfuit.

Dans plusieurs des recueils sanscrits, nous retrouvons cette légende. Le *Vishnou Purana*, dans son récit des actions du dieu Krishna, nous montre les Gopias, merveilleuses jeunes filles blanches comme le lait, implorant la déesse Bhavâni afin de devenir les épouses de Krishna. Comme quelques jours après, les Gopias[1] étaient à se baigner dans un ruisseau et qu'elles avaient déposé leurs robes auprès d'un buisson, Krishna survint, enleva les vêtements des trois jeunes filles, et ne consentit à les leur rendre qu'à cette condition, que chacune viendrait les lui réclamer secrètement, autrement dit qu'il les épouserait toutes trois.

Les Apsaras védiques qui sont d'autres nymphes des eaux sorties de la mer au jour où les Devas et les Asouras la barattèrent pour en obtenir l'ambroisie, se montrent aussi sous des formes d'oiseaux et rappellent les Gopias. (Cf. le *Catapatha Bramana*, II, 5, 45.) Baring Gould, dans ses *Curious Myths of the Middle Ages*, cite nombre d'ouvrages hindous qui renferment des épisodes analogues, dans le chapitre consacré aux *Filles-Cygnes*, 2ᵉ série, p. 296.

Dans un conte indien publié en 1875 (*Indian Antiquary*, t. IV, p. 57), nous trouvons le prince Siva-Dâs qui part à la recherche de l'apsara Tillottama. D'après le conseil d'un ascète, le prince entre dans une forêt au milieu de laquelle est un étang. A la clarté de la lune, Siva-Dâs voit arriver cinq nymphes des eaux qui se dépouillent de leurs vêtements et se baignent dans l'étang.

Le prince reconnaît l'apsara Tillottama à certain signe à lui indiqué par l'ascète. Il enlève les vêtements et ne consent à les rendre qu'à cette condition de choisir parmi les nymphes celle qu'il désire pour épouse. Un conte populaire analogue de fond peut être comparé dans le tome IV, p. 10, de la même revue de Bombay, i. e. *Ind. Ant.* Cf. également pour les récits indiens : le *Kathasâritsâgara* du Somadeva Bhatta (trad. Wilson); *Journ. of the Asiatic Society of Bengal*, t. VIII, 1839, p. 536, pour l'analyse d'un drame birman ; le *Kandjour* (*Mém. de l'Acad. de St-Pétersbourg*, t. XIX, n° 6, 1873, p. 26 et suiv.).

Si de l'Inde nous passons en Perse, les Péris ont également le pouvoir de se changer en oiseaux, surtout en colombes, ainsi que

---

[1] *Gopia*, gopi, gardienne de vaches, pastourelle, de *go*, vache, et *po*, garder, faire paître.

le témoigne le récit du fils du marchand et des Péris dans le *Bahar-danush* (trad. anglaise de J. Scott ; trad. française de L. Brueyre dans ses notes aux *Contes pop. de la Grande-Bretagne*.

Les Avares du Caucase (*Awarishe Texte*, dans les *Mém. de l'Acad. imp.* de St-Pétersb., t. XIX, 1876, n° 6, p. 7) ont des contes semblables. De même les Chinois (*The Folk-Lore of China*, by. N. B. Dennys, Hong-Kong, 1876, p. 140), et les Malais des Célèbes, en Océanie (*Zeitschrift der Deutschen Morgenlandischen Gesellschaft*, t. VI, 1852, p. 536, et L. de Backer, l'*Archipel indien*, p. 98). Les Esquimaux de Groënland (*Tales and Traditions of the Esquimo*, by H. Rink, n° 12) ont entr'autres légendes celle de l'homme qui épouse une mouette, l'une des plus curieuses du recueil. Comme on le voit par ces quelques citations, ce mythe est loin d'être particulier aux races indo-européennes.

Les *Eddas* scandinaves parlent des filles-cygnes. L'*Edda de Vœlund* commence ainsi : Trois frères en se promenant au bord d'un lac, rencontrèrent trois Walkyries qui filaient du lin ; auprès d'elles étaient leurs trois formes de cygnes. Les frères les emmenèrent et ils passèrent sept hivers ensemble ; puis les femmes s'envolèrent et ne revinrent pas.

Dans la grande épopée germanique des *Niebelungen*, une expédition de Burgondes que conduit Hagen, part pour le pays des Huns et arrive au bord du Danube. Les Burgondes ne pouvant trouver de gué, Hagen s'en va à la recherche d'un passage. Il entend un choc dans l'eau, et, s'avançant, il reconnaît trois jeunes filles qui, effrayées, disparaissent dans le fleuve. Leurs vêtements sont restés sur la berge ; Hagen s'en empare et ne les rend que lorsque les nymphes éplorées lui ont fait connaître l'avenir.

Au moyen-âge, la tradition des filles-cygnes se rencontre à chaque pas. La *Chanson du chevalier au Cygne*, basée sur la métamorphose des enfants de la reine Béatrix, femme d'Oriant, semble avoir inspiré nombre d'ouvrages de l'époque. Ainsi le poème allemand de *Frédéric de Souabe* (Cf. Liebrecht, *Zeitschrift für vergleichende Sprachforschung*, t. XVIII, p. 59) ; le *Parsival* de Wolfram d'Eschenbach ; le *Schwan Ritter* de Conrard de Wurtzbourg ; l'auteur anonyme de *Lohengrin*. Et chacun sait que le maëstro Richard Wagner, qui toujours a eu un grand faible pour la légende, a repris en les amplifiant pour un ou deux de ses opéras, ces récits du moyen-âge. En 1440, l'*Ordre du Cygne* fut créé par Frédéric II de Brandebourg, en souvenir de cette légende.

Nous n'en finirions pas de citer les contes modernes analogues. Nous nous bornerons à indiquer :

FRANCE : *Basque Legends*, by Wentworth Webster, 2ᵉ édit. p. 120 et suiv. ; *Chatte blanche*, n° 32 des *Contes Lorrains* de M. E. Cosquin (dans *Romania*) ; Henry Carnoy, *Contes Picards*, dans

Romania, t. VIII, p. 256-257 ; id. *La Montagne noire* dans *Mélusine*, col. 446 ; etc.

ITALIE : Stanislao Prato, *Una novellina popolare Monferrina*, con note comparative, Como, 1882; Giuseppe Pitrè, *Fiabe, novelle e racconti popolari di Sicilia*, vol. I, n° 50; *Dammi lu velu*; et vol. II, n° 61 : *Burdilluni;* D. Comparetti, *Novelline pop. ital.*, n° 50 : l'*Ile de la Félicité;* Gonzenbach, *Sicilianische Märchen*, n° 6, suivi de notes très intéressantes par Reinhold Köhler; V. Imbriani, *Novellaia milanese, esempi e panzane lombarde*,... n° 27: *El re del Sol*, etc.

ESPAGNE : Maspons y Labros, *Lo Rondallayre*, contes populaires catalans, 1re série, p. 41: *Lo Castell del Sol*, etc.

ALLEMAGNE : Pröhle, *Kinder und Volksmärchen*, n° 8; Grimm, *Deutsche Sagen;* Simrock, *Deutsche mythol.* p. 409; *Deutsche Märchen*, n° 65; Grimm, *Kind. und Hausm.* n° 49 et n° 193; Ad. Kuhn, *Märkische Sagen, und Märchen u. s. w.*, n° 10; Sommer, *Sagen Märchen*..., t. I, p. 142; Meier, *Deutsche Volksmärchen*..., n° 7, etc.

ANGLETERRE : Croker and Keightley, *Fairy Legends and Traditions of the South of Ireland;* P. Kennedy, *Legendary Fictions of the Irish Celts*, p. 122; Campbell, *West Highlands Popular Tales*, vol. I, n° 2; Cox, *Mythology of the Arian Nations*, vol. II, p. 136; Loys Brueyre, *Contes populaires de la Grande Bretagne*, p. 257 et suiv., etc.

PAYS SLAVES : Afanasieff, *Narodnija russkija Skazki*, liv. V, n° 23 : *Le Roi des Eaux et Vassilissa le Sage* (Ralston, *Russian Folk-Tales*, n° 19; L. Brueyre, *Contes populaires de la Russie*, p. 123-141); *Narodne pripovιedke skupio u i oko Varazdina Matija Valjavec krac'manov*, p. 104-105 ; id. n° 6, p. 29-31, etc.

SUÈDE ET NORWÈGE : Cavallius et Stephens, trad. Thorpe ; Beauvois, *Contes populaires de la Finlande, de la Norwège*, etc., p. 181; C. Asbjörnsen, *Norske Folk Eventyr*, p. 209, etc., etc.

LIVRE IV

LES SAINTS DE L'ISLAM

> Chante-nous, Coléa,
> Sid Effroudj, cette âme sainte
> Qui fonda ton enceinte,
> Et qu'Embarek suppléa... ah!... ha!
> Starladerefideria
> Ya Baba!
> (*Chant populaire de Sidi-Effroudj.*)

A. LES OUALI OU LES SAINTS DE L'ISLAM.

Ceux qui participent aux grâces célestes comme étant *ouali* sont en communication directe avec Dieu. L'*ouali* peut produire ce qui n'existe pas et réduire au néant ce qui existe ; faire paraître ce qui est caché, et cacher ce qui est apparent ; parcourir en peu de temps une distance énorme ; voir les choses qui ne sont pas accessibles aux sens et les décrire ; être présent à la fois en différents lieux ; marcher sur l'eau ; nager dans l'air ; soumettre à ses volontés les bêtes sauvages ; entendre leur langage et celui des plantes ; faire preuve d'une force corporelle extraordinaire ; guérir les infirmités ; rendre la vie aux morts et donner la mort aux vivants ; faire enfin cent choses merveilleuses contrariant l'ordre des phénomènes naturels.

Mais si l'*ouali* fait des miracles, il ne faut pas croire que ce soit de son propre pouvoir ; il est simplement l'instrument au moyen duquel la Divinité manifeste quand il lui plaît, pour le bien des hommes, sa suprême puissance.

Pour acquérir cet état parfait, l'homme prédestiné doit renoncer au monde et à soi-même, se mettre en communication continuelle avec Dieu par la prière et s'absorber dans le grand Tout. Telle est du reste la doctrine des Soufis, sorte de panthéisme spiritualiste, monstrueuse exagération du monothéisme, et à qui les prosélytes ne pouvaient manquer d'être plus nombreux d'âge en âge, chez des peuples tout naturellement portés à la contemplation et aux rêveries du quiétisme.

Les *ouali* sont les élus, les amis de Dieu qui a mis entre leurs mains le gouvernement du monde. *C'est par la bénédiction de leurs pieds que la pluie tombe du ciel*, et c'est par un effet de leur pureté extatique que les plantes germent dans le sein de la terre. Aussi dans les temps de sécheresse et alors que la pluie est indispensable pour assurer l'avenir des récoltes, le peuple se met en quête des *ouali* ou *marabouts*, comme on les nomme vulgairement, et oblige ces malheureux à se jeter à l'eau pour attirer sur la terre la pluie bénite.

Les *ouali* peuvent attirer la victoire sur les musulmans en intercédant le Ciel. Ils sont 4,000, inconnus les uns aux autres et cachés pour eux-mêmes.

Il ne faut pas croire que tous les *ouali* arrivent au même degré de sainteté. N'atteint pas le sommet qui veut ! Un Sidi bou Medin est comme un de ces diamants rares qui éclipsent la lumière même par leur éclat. Aussi n'est-ce pas sans raison que cet homme vertueux, cet élu du ciel a été appelé l'Unique, l'Incomparable. Il y a tant d'autres *ouali* qui auprès de lui sont comme s'ils n'étaient pas !

Semblables à des astres errants qui s'illuminent des reflets d'une lumière étrangère, incessamment ils gravitent dans l'orbite de ce soleil éblouissant qui resplendit au sommet du Pôle[1] : le R'outs les domine tous d'une hauteur que l'œil humain ne peut mesurer : ce sont les musulmans qui disent cela. Et cependant, quels qu'ils soient, les musulmans font toujours des *ouali* des êtres rares et privilégiés, les amis de Dieu, ses élus et les confidents de ses pensées. L'*ouali* est toujours une nature d'exception, une créature mystérieuse et marquée du sceau divin, aux yeux de tout bon sectateur de l'Islam, s'entend ! Car pour tout observateur impartial, il peut se dire : à côté certes de quelques hommes sages, vertueux ou savants, dont la reconnaissance publique honore justement la mémoire, que de fous, et surtout que de charlatans, illuminés, voyants, derviches et soufis en guenilles ;

---

[1] Dans le langage mystique du soufisme, l'être privilégié auquel le titre de *pôle* est décerné est le *saint par excellence*, celui qui occupe le sommet de l'axe autour duquel le genre humain avec toutes ses créatures, toutes ses grandeurs, toutes ses vertus, toutes ses sciences et aussi tous ses vices, toutes ses petitesses, accomplit son éternelle et immuable évolution. C'est le *pôle* qui répand l'esprit de vie sur la nature supérieure et inférieure. Dans ses mains est la *balance de l'émanation générale*.

(Définition donnée par M. Ch. Brosselard.)

devins, sorciers, idiots ; chérifs sans ancêtres, faux mahdis ; prétendus maîtres de l'heure : voilà de ces grands hommes qui accaparent le respect et l'admiration de la foule! Tels sont ces saints de l'Islam, de si haute volée, devant lesquels se prosterne comme partout un peuple ignorant, superstitieux et aveugle.

B. LES MARABOUTS[1].

Les marabouts sont des hommes reconnus saints ou qui ont hérité de ce titre de leurs aïeux. Les marabouts constituent la noblesse religieuse, noblesse héréditaire, comme l'était autrefois en France la noblesse de robe ou d'épée et comme le sont les deux autres qui existent chez les Musulmans, la noblesse d'origine accordée aux descendants de la fille du Prophète et la noblesse militaire.

Jadis, les marabouts jouaient un grand rôle dans la vie privée et politique des Arabes, population primitive et impressionnable; mais, à présent, leur influence diminue de jour en jour.

Car, il faut dire qu'à côté des saints personnages dignes d'être distingués par leurs vertus réelles, par leur érudition et par leurs travaux sur la philologie, la théologie, la jurisprudence, s'est trouvée une myriade[2] de marabouts qui n'étaient que des fourbes, des fanatiques ou de pauvres hères auxquels la superstition et la naïveté musulmane pouvaient seules prêter un mérite dont ils étaient dépourvus.

Les Arabes font volontiers dix, vingt et même cent lieues pour aller consulter un marabout, saint ou farceur. Chacun lui demande, selon ses besoins, la pluie ou le beau temps; les femmes l'implorent pour qu'il les rende fécondes, pour être aimées; le marchand les supplie pour que ses affaires prospèrent; celui-ci voudrait avoir la faveur d'un chef, celui-là obtenir l'amour de sa maîtresse, beaucoup demandent la guérison de leurs maux, etc. Tous réclament des amulettes dont nous allons parler plus loin.

Par extension, le marabout a donné son nom au tombeau qu'on lui a consacré; c'est pourquoi on appelle marabouts ces petites bâtisses à toits ronds qui sont parsemées jusque sur les confins du Désert. Mais le véritable nom de ces petits monuments est *koubba* ou *khoubbah*, c'est-à-dire mausolée, qui tire lui-même son nom du mot *kobba*, coupole, dôme.

---

[1] Marabout, *M'rabotte*. Quelques auteurs disent que Marabout vient du mot arabe *marboth*, qui veut dire lier, comme religieux vient du mot latin *religare*.

[2] Ce mot n'a rien d'excessif, quand on songe que dans des tribus entières, comme celle des Cheurfa, par exemple, on compte presque autant de marabouts que d'habitants, Le titre de marabout étant héréditaire, on conçoit facilement cette multiplication.

Les marabouts sont presque toujours un lieu de pèlerinage ou de halte pour les caravanes.

Il existait autrefois une coutume : les riches déposaient dans les marabouts des offrandes de dattes, de galettes, de figues sèches, de farine, etc. Les pauvres que le hasard y conduisait mangeaient à leur faim ces provisions de l'amour de Dieu, c'est ainsi qu'on les appelait.

Mais malheur à celui qui aurait osé emporter une datte, une figue, un quartier de galette, une pincée de farine ! Il devait périr infailliblement en route.

I

Le grand Marabout Sidi el Hadji Ali Abd el Kader el Djilali.

Le plus grand des saints musulmans, celui qui est invoqué le plus souvent et avec le plus d'efficacité, est Sidi El Hadji Abd el Kader el Djilali, dont le tombeau est à Bagdad, et en l'honneur duquel des koubbas ont été semées dans toute l'Algérie. Ce marabout est, particulièrement, le patron des aveugles qui invoquent son nom en demandant l'aumône.

C'est à Bagdad, auprès du tombeau de ce saint, où il avait été conduit par son père, que l'émir Abd el Kader[1] a eu la révélation qu'il serait un jour *Emir des Croyants*.

II

Abou Abd-Allah ech-Choudi El-Haloui[2].

Abou Abd-Allah ech-Choudi, plus connu sous le surnom populaire d'El-Haloui, était né à Séville, en Andalousie. On ne sait rien de son enfance, ni de sa jeunesse, ni même de ses débuts dans le monde lorsqu'il fut arrivé à l'âge d'homme ; et, en vérité, c'est une lacune à jamais regrettable dans une telle vie. Mais d'après

---

[1] Abd el Kader est né en 1806, au hameau de la Guetna, quartier d'El Hammam, à 16 kilomètres N.-O. de Mascara.

[2] Nous avons beaucoup puisé pour cette notice dans un article de M. Brosselard sur Abou Abd-Allah ech-Choudi, dans la *Revue africaine*.

la période qui nous est connue, on peut inférer sûrement qu'il avait étudié, et qu'il était même devenu maître et profés ès-sciences koraniques ; en effet, nous le voyons exercer les fonctions de cadi dans sa ville natale. Que lui advint-il un beau jour ? quelle subite transformation s'opéra en lui ? Nul ne nous a mis dans le secret, mais nous penchons à croire que les livres de la *vraie science* lui avaient tourné la cervelle ; toujours est-il qu'il prend un grand parti. Le voilà, tout d'un coup, qui dit adieu à Séville, abandonne patrie, parents, amis, et le sceau de la justice, et son grimoire, et ses livres avec leurs gloses, tout ce qu'il a aimé jusqu'ici, tout ce qui l'attachait à ce monde ! Autres visées, autres espérances. Il vend son bien, et il en distribue l'argent aux pauvres ; il dépose le caftan de drap fin et le haïk de soie, se couvre le corps de haillons, prend le bâton, la besace du mendiant, le chapelet du pèlerin, traverse la mer sans verser une seule larme de regret sur ce beau rivage de l'Andalousie qu'il quitte à jamais. Où va-t-il, ce Don Quichotte du soufisme ? Où Dieu le conduira.

Dieu et son étoile le conduisirent à Tlemcen. C'est là qu'un beau matin il arriva dans son bizarre accoutrement et sans un sou vaillant.

On le prend tout d'abord pour un fou et on le hue ; mais lui, impassible, laisse s'ameuter et crier la foule. N'a-t-il pas conscience de ce qu'il vaut ? Mais passer pour un fou, pour un pauvre esprit qu'a touché le doigt de Dieu, c'est tout ce qu'il veut. Il sait son monde. Aujourd'hui on le raille, demain on l'applaudira : le fou de la veille deviendra un inspiré, un saint, et voilà sa fortune faite dans ce monde et dans l'autre ! Combien d'*ouali* et des mieux posés dans l'admiration de la multitude, n'ont pas commencé autrement ! Il n'est pas sans esprit ni sans savoir ; il a de la ruse, de la finesse, de l'audace, toute la science voulue pour bien jouer son rôle.

« Je te tiens, ô foule crédule ! dut s'écrier à part soi le mendiant. Tu crois te jouer de moi, et c'est moi, le pauvre insensé, qui te joue ! Ris donc ; vois, je m'en vais par les rues chantant et dansant ! Ah ! ah ! le bouffon !..... Je t'amuse, n'est-ce pas ? Je me fais humble et petit jusqu'à vendre des bonbons aux enfants, moi le cadi de Séville ? Mais patience, moi aussi j'aurai mon tour et mon heure viendra ! Vil troupeau, je sais bien le secret de te mener et de te rendre à ma fantaisie. Tu ployeras les genoux devant moi et après ma mort tu baiseras la poussière de ma tombe vénérée ! Va, va, je ne suis ni un fou ni un idiot, quoique mon intérêt exige que je passe comme tel à tes yeux. Non, je suis un charlatan !

Mais doucement : pour toi, je serai l'envoyé de Dieu, un de ses élus, un saint ! Pendant tout le reste de ma vie, tu m'admireras ;

j'aurai l'air de vouloir rester pauvre, mais tes dons me rendront riche. Et après ma mort, tes fils, tes petits-fils, et leurs arrière-neveux et toute leur postérité jureront par mon nom trois fois saint; ils chanteront mes louanges, brûleront des cierges et de l'encens en mon honneur, et feront de l'insensé leur intercesseur auprès de Dieu très haut ! Ce rôle est à ma taille; il me convient de le jouer. Que ta volonté soit faite, celle de Dieu et la mienne aussi ! »

Personne certes ne nous a confié que le héros de cette histoire ait jamais tenu pareil discours; mais il nous semble qu'il ne dut pas se parler autrement en lui-même, le jour où il entrevit et la possibilité de devenir un grand homme et celle de se faire canoniser, grâce à la crédulité imbécile de ses coreligionnaires. Et bien il lui en prit d'ainsi raisonner, car il avait trouvé le vrai chemin de la gloire, beaucoup plus sûrement que s'il eût épuisé ses forces et fatigué son esprit à commenter les livres de jurisprudence dans la bonne ville de Séville. Le nom de Sidi-el-Haloui le saint a traversé six siècles, victorieux de l'indifférence des hommes; trente générations se sont courbées devant le marbre de son tombeau; celles qui viennent feront de même. Mais qui maintenant se souviendrait du cadi de Séville, d'Ab-Allah Ech-Choudi, le légiste ? Il y a six cents ans que ce nom dormirait dans l'oubli !

Heu vanas hominum mentes, heu pectora cœca !

Par tout cela, on voit combien ce réfugié de la vieille Espagne était un habile homme; ce qui le prouve sans réplique, c'est que dès qu'il eut conçu le dessein d'exploiter le profane vulgaire et de vivre de sa sottise, il commença par quitter son pays. Car il est hors de doute qu'à Séville il n'eût point eu beau jeu comme en Afrique. Le proverbe arabe le dit excellemment :

« Le savant, dans son pays natal, est comme l'or que l'on n'a pas encore extrait de la mine. »

Ce que nous autres nous traduisons par l'adage bien connu de l'Evangile : « Nul n'est prophète en son pays. »

Voilà donc Abd-Allah Ech-Choudi, l'Andaloux, arrivé à Tlemcen, frais et dispos dans ses guenilles, et contrefaisant l'insensé. Cela se passait au moment où la puissance des Almohaves commençait à décliner en Espagne, c'est-à-dire vers l'an 665 de l'hégire, soit l'an 1266 de l'ère chrétienne, sous le règne du grand Yarmoracen ben-Zeiyan.

Ech-Choudi, qui veut ses coudées franches sur la place publique, a eu une bonne inspiration de se mettre petit marchand de sucreries (*halaouat*). Il se montre comédien consommé. Le voici sur la place; il chante, il saute, il danse, il crie sa marchandise, vend à l'un des pâtes sucrées, à l'autre des fruits confits. Et les enfants d'accourir, de l'entourer et de l'accompagner dans ses chants et ses danses. On ne l'appelle plus Abd-Allah Ech-Choudi, le cadi, mais *Baba el-Haloui*, presque *Papa Gâteau*.

Mais voyez encore : la foule s'est amassée autour de ce prétendu simple d'esprit ; elle éprouve un certain plaisir à entendre cet idiot et à rire de ses folles saillies. Mais lui a saisi le moment favorable ; il change de ton et de langage ; il pose sur le sol son plateau de bonbons, et tout aussitôt il se met à discourir sur le dogme, la morale, la destinée, la vie à venir, l'essence de Dieu, la vie de l'âme, sur les points les plus élevés de la science, sur ses problèmes les plus ardus et les plus obscurs. Et c'est en controversiste consommé qu'il le fait et avec une éloquence qui charme tous les auditeurs. Quand il en arrive à discourir sur la vie contemplative, on croirait entendre un soufi initié de longue main à tous les secrets de la doctrine. Ainsi c'est confondue et pleine d'admiration que la foule se retire. Et tout en s'éloignant elle se demande :

« D'où vient donc le profond savoir de cet insensé, de ce mendiant? Evidemment c'est l'esprit de Dieu qui est passé en lui ; c'est un des élus du Seigneur sur la terre. La Providence du reste a de ces coups : elle choisit souvent parmi les plus bas et les plus humbles pour les élever au faîte de la gloire et de la sainteté et montrer par là son infinie puissance. Oh ! oui, certainement cet homme est un des prophètes ; c'est un saint ; c'est un ouali ! »

Au bout de quelque temps de ce manège habile, Baba el-Haloui fut considéré, dans tout Tlemcen, comme un oracle. Quand il daignait parler ou prêcher, c'était un cercle imposant d'auditeurs qui l'écoutaient et qui proclamaient bien haut la gloire de leur maître.

Cette fois, le but était atteint. Ech-Choudi fut salué ouali, et la multitude aux mille voix de ratifier ce titre de béatification décerné par les plus compétents au réfugié de Séville. Sa renommée alla grandissant et il ne fut bientôt plus question que de ses miracles.

N'est-ce pas là l'histoire de nombre de saints, de fakirs et d'oualis, et pour quelques-uns véritablement dignes de ce nom par leurs croyances, leurs vertus, leur désintéressement des choses du monde et surtout leur bonne foi, combien d'aventuriers, d'imposteurs et de fourbes ! Et malgré tout, l'ignorance et la superstition sont tellement sœurs que toujours il est arrivé que la multitude n'a pas su distinguer entre le vrai et le faux, le réel et l'imaginaire, et qu'elle a prodigué sa vénération et son culte aussi bien à ceux qui le méritaient qu'aux fourbes qui s'étaient couverts du manteau de la vérité pour arriver à leurs fins.

Après cette longue digression, qu'on nous permette de rapporter succinctement la légende de ce Sidi el-Haloui et celle de quelques autres saints de l'Islam honorés à plus ou moins juste titre par les Musulmans d'Algérie. Et d'abord voyons comment l'histoire s'est transformée dans celle d'Ech-Choudi, le cadi de Séville.

I

Sidi El-Haloui était renommé par toute l'Afrique du Nord pour l'étendue de sa science dans les choses divines et humaines et pour les nombreux miracles qu'il avait opérés. On disait en parlant de lui : Dieu lui a révélé tous les secrets des mondes visibles et invisibles ; ses serviteurs sont les génies, et si ce n'est pas un apôtre, c'est certainement un prophète ! Sa renommée était solidement établie parmi le peuple et elle arriva jusqu'à la cour. Aussi, un jour, le sultan dit-il à son premier vizir :

« Il faut que je voie l'homme extraordinaire que l'on appelle Sidi Abdallah El-Haloui ; qu'on me l'amène sur l'heure. »

Aussitôt les officiers du palais se mettent en quête de l'ouali ; il est amené au Mechouar et introduit dans l'appartement du prince. Le chef des croyants l'invite gracieusement à s'asseoir devant lui, et le fait disserter, une heure durant, sur toutes les belles choses qu'il sait : le sultan est ravi de cette science profonde.

« Allez, lui dit-il, je ne veux pas que l'éducation des princes, mes enfants, soit confiée à un autre qu'à vous ; je vous choisis ; à partir d'aujourd'hui, je remets ce précieux dépôt entre vos mains ; vous serez chargé de les instruire. »

Comme tout bon ouali, Sidi el-Haloui est modeste.

Il balbutie une excuse : la mission est difficile et délicate, bien au-dessus de ses forces ; il n'est qu'un humble serviteur de Dieu, le dernier, le plus indigne ; comment se charger d'un tel fardeau ? Mais devant la volonté d'un roi qui n'entendait pas facilement raison, il fallut céder.

Voilà donc l'ouali devenu, malgré lui, précepteur en

titre de deux jeunes émirs. Sidi El-Haloui avait mis pour condition qu'il ne résiderait pas au palais ; les jeunes princes devaient venir le trouver dans sa modeste demeure ; le sultan avait accédé à cette demande insolite, tant sa confiance était grande, et puis Dieu l'avait touché à son insu, et il n'était déjà plus le maître de sa volonté.

Sidi el-Haloui commença donc ses leçons et presque aussitôt il réussit à merveille dans la tâche qu'il avait entreprise. Les deux princes avaient été gâtés par les courtisans et ils étaient absolument ignorants, et voilà que leurs yeux se dessillent, leur esprit s'illumine et rapidement ils deviennent de petits prodiges. Le sultan, leur père, était ravi et étonné. Il se félicitait du parti qu'il avait pris et devant ses vizirs il en témoignait hautement sa royale satisfaction.

Mais Satan, Satan le lapidé, était aux écoutes. Il trouva bientôt l'occasion excellente pour nuire à l'ami de Dieu, au saint de Tlemcen. Goutte à goutte, le Malin infiltrait dans le cœur des vizirs le poison de la jalousie.

Tout allait bien pourtant, lorsqu'un certain soir, le sultan s'étant assis au milieu de ses enfants pour partager leur repas, crut s'apercevoir qu'ils étaient soucieux et ne mangeaient pas ; les mets les plus exquis leur étaient présentés et c'est à peine s'ils y touchaient.

« Qu'est-ce à dire ? fit le sultan tout étonné ; qu'avez-vous donc, mes enfants, que les choses les plus rares que l'on serve à la table royale, ne trouvent pas grâce devant vous ?

— C'est que... que... nous n'avons plus faim, répondirent timidement les jeunes princes.

— Vous n'avez plus faim ? Comment cela se fait-il ?

— Sachez donc, seigneur, que nous prenons chez notre maître une nourriture merveilleuse qui flatte notre goût autant qu'elle satisfait notre appétit. Aussi, lorsque le soir nous rentrons au palais, n'avons-nous plus le moindre désir de toucher aux mets que votre bonté nous fait servir.

Oh ! notre maître, allez, a bien grand pouvoir ! car il lui suffit de gratter la muraille du bout de son ongle ; les miettes de plâtre qu'il recueille ainsi deviennent, en passant dans le creux de sa main, un aliment exquis.

Voilà, seigneur, ce qu'il nous fait manger quand il est satisfait de notre travail et de notre application, et c'est bien le mets le plus délicieux que nous ayons jamais goûté : il a la saveur du miel le plus sucré, le plus délicat ; il rassasie vite notre faim et nous donne chaque fois de nouvelles forces et une ardeur sans pareille pour le travail. De notre vie, nous ne voudrions d'autre nourriture, s'il nous était permis de choisir. »

Le Sultan, tout ébahi, alla rapporter cet événement à ses vizirs.

« — Vous le voyez, Sire, s'exclama le *hadjeb* ou grand chambellan ; je l'avais bien dit à Votre Majesté ; cet homme n'est qu'un sorcier, un magicien, un ami de Satan, un faux ouali, un infâme corrupteur de la jeunesse ; il vous trompe, il abuse indignement de votre confiance ; le châtiment doit être proportionné à l'outrage fait à la personne royale, au commandeur des croyants.

— C'est bien dit, repartit le Sultan ; j'ai été dupe de cet extravagant et méchant homme. La vengeance doit être prompte comme le ressentiment ; qu'on l'emmène hors des murs et qu'il soit décapité à l'instant. »

Comme bien on le pense, le hadjeb fit vite exécuter l'ordre du sultan. Traîné à l'endroit où depuis s'est élevé son tombeau, Sidi el-Haloui eut la tête tranchée, et son corps fut abandonné sans sépulture à la voracité des bêtes fauves et des oiseaux de proie.

II

Si l'orgueil du sultan était vengé et la haine du grand vizir satisfaite, Dieu n'était pas content et le peuple gémissait et murmurait en songeant au saint qu'on lui avait enlevé pour le faire périr d'une mort infâme.

Or, voici que le soir qui suivit cette terrible exécution, à l'heure d'El-Eucha, le *Bouwab*, ou gardien des portes, fit comme à l'ordinaire sa tournée dans la ville.

Le Bouwab criait : La porte ! la porte ! afin que les retardataires qui se trouvaient encore dehors à cette heure indue s'empressassent de rentrer dans la ville et de regagner leur logis.

Tout était calme et silencieux. Pas une âme vivante n'avait enfreint la consigne ; déjà les portes roulaient sur leurs gonds, quand tout à coup une voix lugubre retentit dans le silence de la nuit.

« Gardien, gardien, ferme ta porte ! Va dormir, gardien ! Il n'y a plus personne dehors, excepté El-Haloui, l'opprimé ! »

Le gardien était saisi d'étonnement et de terreur, mais il se tut. Le lendemain, le surlendemain, et pendant sept jours de suite, la même scène miraculeuse se reproduisit.

Le peuple eut vent de la chose et murmura tout haut.

Pour le coup, le Bouwab n'y tint plus ; après avoir passé une nuit agitée, il se rendit au mechouar, de grand matin, et demanda à parler au sultan en personne.

Cette faveur insigne lui fut accordée.

« Sire, dit-il en tremblant, un miracle ! Que votre Majesté daigne m'entendre ! Je me jette à ses genoux. Un miracle, Sire, un miracle ! »

Et notre homme de raconter à son maître et seigneur ce qu'il entendait chaque soir en fermant les portes de la cité.

« C'est bien, lui dit le Sultan ; trouve-toi, ce soir, à l'heure d'El-Eucha, auprès de Bab-Ali ; je m'y transporterai en personne avec mon grand chambellan : je suis bien aise d'entendre par moi-même la voix de cet homme. »

Le soir même, le Sultan n'eut garde de manquer au rendez-vous. Le vizir qui l'accompagnait était plus mort que vif. A peine la voix sonore et cadencée du mouedden s'était-elle fait entendre pour appeler les fidèles à la dernière prière, que, sur un signe du prince, le Bouwab fit retentir son cri de chaque soir : La porte ! La porte !

Alors au milieu du calme général qui régnait à cette heure, la même voix gémissante psalmodia ces paroles :

« Gardien, gardien, ferme ta porte ! va dormir, gardien ! Il n'y a plus personne dehors, excepté El-Haloui l'opprimé ! »

« J'ai voulu voir, j'ai vu ! s'écria le Sultan. »

Il remercia le gardien des portes et lui fit présent d'une bague en diamants d'un très grand prix. Puis se tournant vers le misérable chambellan :

« C'est toi, traître, qui m'as trompé, lui dit-il, toi et les tiens ; tu es un enfant de Satan le lapidé ; à ton tour, tu mourras ! »

L'aurore du lendemain éclaira le supplice du grand vizir, supplice raffiné qui dut frapper de terreur les courtisans, et faire frissonner d'horreur les méchantes langues du palais. Le sultan faisait en ce moment réparer les remparts de la ville : il ordonna que son premier ministre fût enseveli vivant dans un bloc de pisé que l'on posa justement vis à vis de l'endroit où le pauvre ouali avait été décapité et où son corps gisait sans sépulture. Et pour que la réparation fût complète, il décida qu'un tombeau digne de la sainteté de la victime lui serait élevé et qu'on y déposerait pieusement ses restes. Le peuple entier battit des mains, et le sultan fut, d'une voix unanime, acclamé le plus juste et le plus généreux des sultans présents et passés.

III

Telle fut véritablement la fin du saint Abou-Abd-Allah el-Haloui, de l'ancien cadi de Séville. A ceux qui en douteraient, nous pourrions opposer des témoignages authentiques et nous ne pourrions sans injustice récuser celui de toutes les vieilles barbes blanches de Tlemcen qui en savent plus que nous sur ce point. Et puis, n'y a-t-il pas aussi la complainte du Meddah, la complainte du cheikh Ibn-Emsaïd ? Qui ne la connaît ? Tout le monde la chante, jusqu'aux petits enfants. Voilà encore une preuve ! Lisez-la plutôt, bien qu'il y ait peut-être plus de charme à l'entendre chanter qu'à la lire ; mais soyez indulgent pour le style et la versification de l'auteur ; c'est une complainte, la poésie du peuple, elle parle son langage.

Donc, El Hadj-Mohammed ibn-Emsaïd, le meddah, a dit :

> Là c'est Sidi el-Haloui, la victime de la calomnie !
> Lui, qui a parlé aux grands du goum royal !
> Oui, sa voix retentît même après qu'on lui eut coupé la gorge.
> Il répondit au gardien des portes, et tout le monde l'a entendu.
> Il lui dit : Gardien, à l'œuvre, fais ton office !
> Ferme la porte et va-t-en dormir !
> Il ne reste plus dehors qu'El-Haloui, l'opprimé !
> Son corps décapité gît à la belle étoile !
> Ils l'ont étendu en croix dans la poussière ! (1)
>
> (Cf. pour cette légende, la *Revue Africaine*. N° 21 ; mars 1860.)

La légende de l'ouali Sidi el-Haloui se retrouve à Bougie attribuée au célèbre marabout Abd-el-Hack ; de même aussi les Kabyles ont leur Sidi Ali el-Medloum dont les aventures sont analogues. Le saint de Bougie a sa complainte, dont le lugubre refrain est celui-ci :

> Ferme ta porte, gardien, et va-t-en ;
> Ne t'en déplaise, la porte de Dieu est toujours ouverte !
> Va-t-en, il n'y a plus personne dehors, excepté Abd el-Hack,
> Lui qui est mort pour la cause de la vérité !

A Alger, le miracle opéré après la mort de Sidi-Haloui est attribué à Sidi Ali Zouaoui dont la kouba, ombragée d'un figuier, se voyait à l'endroit où la rampe Rovigo rencontre la rue d'Isly.

Dans des travaux opérés vers 1860 aux murs de Tlemcen, on a retrouvé le bloc de pisé dans lequel le grand vizir aurait été enterré vivant par l'ordre du sultan.

Cf. du reste la légende suivante sur Sidi Ali Zouaoui.

---

(1) El-Hadj Mohammed ibn-Emsaïd, de Tlemcen, est mort en 1170 de l'hégire. Il a laissé une grande réputation dans sa ville natale. Dans sa jeunesse il fit des chansons licencieuses ; mais plus tard il se fit dévot et ne composa plus que des cantiques et des complaintes en l'honneur des oualis. Ses chansons de jeunesse sont fort goûtées à Tlemcen où il n'est personne qui ne sache quelque *houzi* d'Ibn-Emsaïd.

III

Légende de Sidi Ali Zouaoui.

C'était au commencement de l'année musulmane, à l'époque de la fête du *Dayha* où tout bon musulman tue un mouton. Un pauvre marabout Sidi Ali Zouaoui arriva devant la porte d'un vieux *raïs* et lui demanda un asile pour la nuit. Le saint ouali fut reçu pour la nuit, mais le lendemain, après son départ, on s'aperçut que le bracelet d'or de la jeune fille de la maison avait disparu. Le vieux raïs ne manqua pas de penser que l'hôte de la nuit était l'auteur de ce vol. Vite, les gens de la maison coururent sur la route qu'avait prise le marabout et le saint homme ne tarda pas à être rejoint et ramené à la ville.

« Chien maudit ! lui cria le raïs. Tu m'as volé le bracelet d'or de ma fille !

— Le bracelet d'or de ta fille ! Tu veux te moquer d'un pauvre diable !

— Tais-toi, fils de vipère ! Tu n'es qu'un infâme voleur.

— Cherche alors et vois si j'ai ce bracelet.

— Tu l'as caché en route ou bien tu l'as vendu. Suis-moi chez le cadi ! »

Le pauvre homme dut, bon gré mal gré, se rendre chez le juge.

« Cet homme m'a volé un bracelet d'or lorsque je venais de lui accorder une généreuse hospitalité. Je demande qu'on lui coupe le poing.

— Mais, Cadi, je ne suis point coupable !

— Tais-toi, menteur. Qu'on te prenne et qu'on te pende à la potence la plus haute. »

Sidi Ali Zouaoui fut entraîné par la foule et pendu, malgré ses dénégations, hors des murailles de la ville.

Son corps resta suspendu à la potence.

La nuit venue, les portiers chargés de fermer les portes de la ville allaient criant :

« N'y a-t-il personne en dehors des murs. »

Lorsqu'une voix retentit solennelle dans le silence de la nuit :

« Il n'est, il n'est qu'un brave homme,
Un brave homme mis au gibet. »

Les portiers effrayés coururent prévenir l'aga.

« Le pauvre homme qu'on a pendu aujourd'hui, vient de se montrer en nous criant :

« Il n'est, il n'est qu'un brave homme,
Un brave homme mis au gibet. »

L'aga courut à la porte et entendit la voix disant :

« Cherchez dans la cruche du Raïs,
Vous y trouverez le bracelet d'or. »

On courut chez le raïs, et au fond de la cruche on trouva le bracelet que la fille y avait laissé tomber par mégarde.

On dépendit le saint et un tombeau lui fut élevé auprès d'une fontaine qui, dès cette époque, a joui du privilège de guérir des maladies des yeux.

(Légende populaire à Alger.)

IV

L'ouali Sidi Mohammed ben Aliya.

Sidi Mohammed ben Aliya comptait parmi ses ancêtres Sidi Abd-el-Kader ben Moussa El-Djilani, et était par conséquent chérif.

Son grand-père Sidi Ahmed ben Ibrahim était parti de Bagdad accompagné de ses treize frères. Ils parcourut l'Afrique septentrionale, et devint avec ses frères l'origine de la *Cheurfa* ou véritable noblesse. Après maints voyages à Tlemcen, à Fez, à Maroc, où, malgré son ascendant, de puissantes collisions le harcelèrent, il fut tué à As'mil par des soldats envoyés contre lui.

Abd-el-Kader, l'un de ses enfants, eut de son mariage deux fils, dont l'un fut tué par les Sahari et dont l'autre fut Sidi Mohammed. Ce dernier fut recueilli par une vieille femme chez laquelle il resta sept ans et dont il prit le nom Aliya. Puis il se maria à Maroc et revint dans le Djebel Mechentel.

Sidi Mohammed ben Aliya répandit tant d'abondance dans ces montagnes auparavant stériles, corrigea tant d'abus, opéra tant de prodiges, que les populations s'empressèrent de se ranger sous son *anaya* (protection).

Sidi Mohammed se maria deux fois, avec Zineb et avec Fatma. De la première femme il eut cinq enfants qui devinrent la souche des fractions des Ouled ben Aliya. De Fatma, il eut Aïssa, Rahab, Yahya, tous trois morts sans descendance par suite de la juste colère de leur père contre eux.

Ces trois enfants de Fatma se préparaient à remplir de blé un silo qu'ils venaient de creuser. Leur père descendit au fond de la fosse. Tout à coup une méchante idée pénétra dans leur esprit. Ils versèrent tout le grain sur la tête du vieillard surpris et ils se mirent à danser follement autour du trou pour l'empêcher de remonter.

Mais le Saint sortit par un autre endroit et aussitôt les voua à l'exécration.

« Enfants d'esclaves ! s'écria-t-il, votre infamie mourra avec vous ! » La malédiction de l'ouali s'accomplit à la lettre, et l'on montre encore aujourd'hui, à 20 kilomètres N.-E. de Djelfa, le silo des maudits qui porte le nom de *Bir-el-Hamam*.

La vue rendue aux aveugles, l'ouïe aux sourds, une abondante chevelure aux têtes dégarnies, la puissance aux impuissants, d'incroyables miracles, punitions ou bienfaits, dont le marabout sema tout le cours de sa vie, justifie l'éclatante opinion que les populations avaient conçue de son crédit auprès de Dieu. Et depuis, sa renommée n'a fait que s'accroître. Voici en quelques mots les principaux miracles accomplis par Sidi-Mohammed ben Alya, au dire des récits merveilleux des Arabes.

A dessein, l'ouali s'était un jour égaré dans le Sahara avec deux ou trois de ses compagnons, comme lui dévots personnages et créateurs de tribus. Il arriva bientôt que les marabouts se mouraient de soif. Sidi ben Aliya frappa le sol de son bâton et il en jaillit une source vive, connue de nos jours sous le nom de *Mengoub* (puits en forme d'entonnoir).

Des Berbères, fuyant l'Ouest, passèrent sous les murs d'El-Arouat, dont ils ne purent s'emparer, et s'enfoncèrent dans l'Oued Mezab. Sidi ben-Aliya se rendit au milieu d'eux et, satisfait de leur cordiale réception, il leur dit :

Des goums fondront sur vous avec rapidité, mais ils se retireront avec plus de rapidité encore. »

Depuis cette époque, jamais les tribus qui les entourent n'ont pu, malgré leurs fréquentes irruptions, assujettir les Beni-Mezab, ou les contraindre à quitter leur *Chèbkat* (collines entrelacées en forme de filet). Par reconnaissance, ces hétérodoxes lui ont élevé une *H'aouïta* à Argoub.

Il n'eut qu'un mot à dire, et une vieille femme stérile procréa et donna naissance aux Oulad Mimoun.

Sidi Aïssa ben Mohammed, ami du saint, fut un jour mis par celui-ci en demeure de s'exprimer sur ce qu'il affectionnait le plus ; il répondit à tout hasard qu'il aimait beaucoup et les choses de ce monde et aussi celles de l'autre.

Par un ordre de l'ouali, la terre s'entrouvrit à Tamezlit et découvrit un immense trésor dont Sidi Aïssa emporta le plus précieux sur deux chameaux tout chargés.

Le tombeau de Sidi-Bouzid, ainsi que ses vertus, son nom, sa réputation avaient disparu sous la terre. Le vénérable marabout n'eut qu'un mot à dire pour faire reparaître ce tombeau et le faire honorer des peuples voisins.

Si Nadji se lamentait un jour des ardeurs du soleil. Pour lui donner de l'ombre, son ami fidèle ben Aliya déracina les pins de la montagne du Djebel Sahari, et les planta à Berouaguia sur la route de Médéah à Bou-Rar, pays alors dénué de toute végétation, et où, depuis ce jour, cet arbre fut appelé *Zekoukia ben Aliya*.

Un parti des Oulad Mansour El-Mahdi vint dévaliser les

Oulad ben Aliya de leurs nombreux troupeaux. Quand le Saint l'apprit, il entra dans une violente colère, et poursuivit seul les impies qui avaient atteint, quand il les rejoignit, le milieu de la Sebkha orientale. Aussitôt les eaux se changèrent en une boue épaisse et le goum criminel s'engloutit jusqu'au dernier. Dès lors ce gué prit le nom de *Lit des Oulad Mansour*.

Sidi Embarek de Coléa eut un jour la fantaisie d'avaler le serviteur de Sidi ben Alya. A la nouvelle de cet affront, le saint chargea sur son dos le Djebel-Mena et vola à Coléa pour écraser le coupable. Sidi Embarek entendit de loin la voix tonnante de son collègue en sainteté ; il entendit le fracas des rochers s'entrechoquant dans leur course précipitée.

Mais, ô surprise ! malgré tous ses efforts, Sidi Embarek ne put rendre à la lumière celui que dans son appétit monstrueux et irréfléchi il avait si imprudemment avalé. Il baissa la tête tout honteux et se mit à pleurer d'une voix lamentable.

Le Saint du Sahara, fort attendri par le désespoir du Sidi, prit entre le pouce et l'index le long nez de son ennemi, puis après l'avoir rudement secoué, le tira malicieusement à lui. Aussitôt le serviteur glissa avec bruit du nez de Sidi Embarek. Sidi ben Aliya remit les montagnes sur ses épaules et les reporta à l'endroit où il les avait prises !...

Avant de mourir, Sidi Mohammed ben Alya avait indiqué sa sépulture à l'endroit nommé Rerizem el-Hotob. Mais la chamelle qui portait son corps dans une sorte de palanquin, amblait du côté de Temad, sans que ni cris, ni coups pussent la détourner de son chemin. On se soumit avec piété à la nouvelle décision du Marabout et il fut enterré à Temad.

V

La Légende de Sidi Aïssa ben Mohammed.

Sidi-Aïssa ben Mohammed est né à Gouïrin, noin loin de l'oued El-Lh'am. Dès son plus jeune âge, il fut envoyé par son père étudier chez le célèbre marabout Abd-el-Aziz El-Hadj. Pendant plusieurs années, l'enfant reçut les leçons de son maître et il en profita si bien que l'heure arriva où le marabout n'eut plus rien à lui enseigner.

Abd-el-Aziz eut alors l'idée d'aller en pélerinage au tombeau du Prophète ; il allait partir quand son élève, le retenant, lui demanda la permission de l'accompagner. Le marabout y consentit, et maître et élève partirent. Mais à quelque distance de là, Abd-el-Aziz se repentit d'avoir pris avec lui ce jeune homme.

« Attends-moi ici, dit-il ; je vais à ma maison chercher un objet que j'ai oublié. »

Mais le marabout prit un autre chemin et se rendit seul à la Mecque. Il resta parti assez longtemps et ce ne fut qu'au bout de plus d'un an qu'il revint dans son pays.

« Où est Aïssa ? demanda-t-il à sa femme.

— Aïssa ? Mais n'était-il point parti avec vous ? Nous ne l'avons pas revu depuis votre départ.

— Gens insensés, ne saviez-vous pas qu'il était en tel endroit à m'attendre ? Allez vite le chercher. »

Les serviteurs revinrent bientôt ramenant le jeune homme. Il était très maigre et son corps était vert comme l'herbe dont il avait fait sa seule nourriture.

« Pourquoi es-tu resté là pendant le temps qu'a duré mon voyage ? demanda le saint homme.

— Vous m'aviez dit de vous attendre et je vous ai attendu, répondit simplement Aïssa. »

A quelque temps de là, la femme du marabout accoucha d'un garçon. Abd-el-Aziz dit à son élève de prendre certains linges qui lui avaient servi à recevoir l'enfant, et d'aller les laver à la rivière.

Le néophyte prit un grand plat en bois, y plaça les linges et courut au ruisseau ; le plat se remplit aussitôt de sang que le jeune homme but jusqu'à la dernière goutte.

Le marabout avait la connaissance des choses sacrées. Il dit à sa femme :

« Aïssa vient d'accomplir une action qui enlève à notre enfant le don divin qu'il tenait de moi. Il faut coujurer cette influence. Prends du blé et de l'orge ; fais un pain de chaque espèce. Puis mets la galette de blé sur la galette d'orge et quand Aïssa rentrera, tu lui offriras à manger. Il prendra la galette de blé et laissera l'autre avec le secret pour notre enfant. »

Le jeune homme ne tarda pas à revenir.

« Rassasie-toi, lui dit le marabout. »

Aïssa prit la galette de dessous et laissa la galette de blé.

« Pourquoi prends-tu celle-là ? Laisse-là pour mon fils ou au moins partage-la avec lui.

— Non, non, répondit Aïssa : tu me l'as donnée en entier, je la garde et te dis adieu, car je pars.

— O mon fils ! par ces actions, tu me dérobes le don du bien, et tu l'emportes contre mon gré ! »

Puis il se mit à pleurer et à le supplier de ne pas partir. Mais le jeune homme lui répondit :

« Non, je ne resterai pas ; celui qui donne ne doit pas regretter, et celui qui redemande n'obtient pas. Mes enfants donneront le pardon aux tiens. »

Sidi-Aïssa ben Mohammed vint alors s'établir non loin de l'endroit où actuellement se trouve son tombeau. Il se maria et eut un nombre prodigieux d'enfants qui formèrent la tribu qui porte son nom.

A sa mort, des anges vinrent la nuit enlever son corps du tombeau et le placèrent dans une autre koubba, dans l'Est. Aussi les Arabes disent-ils que le corps de l'ouali remplit deux tombeaux.

VI

La Légende de Sidi Ali Embarek.

Un riche Arabe, nommé Ismaïl, prit à son service un pauvre homme nommé Ali. L'Arabe possédait des champs superbes aux environs de Coléa ; c'est là qu'il envoya son serviteur Ali, pour labourer, semer et récolter. Dès que le serviteur eut la garde des champs, les produits doublèrent, et cependant partout l'on disait qu'Ali le fellah passait tout son temps à prier et ne s'occupait ni de semer, ni de labourer, ni de récolter. Le bruit en arriva aux oreilles d'Ismaïl l'avare. Un beau matin, le riche propriétaire quitta sa demeure et se dirigea sur ses champs. Les bœufs sans conducteurs traçaient leurs sillons et de petites mésanges volant derrière eux, répandaient le grain de la semaille. Plus loin sur des broussailles en feu cuisait le repas d'Ali. Le serviteur, couché sur le côté droit et cueillant des fleurs, priait à haute voix, tandis que des perdrix en foule peignaient la houppe de son bonnet. Etonné de ces merveilles, Ismaïl se jeta aux pieds de son serviteur et lui dit :

« Ali le Fellah, sois béni entre tous. Prends tous mes biens, je te les donne, car il n'est pas juste qu'un ouali tel que toi soit sans fortune. Sois riche au Sahel ; pour moi je me fais derviche. »

Le saint marabout refusa d'abord, mais sur les instances de son maître Ismaïl, il finit par accepter les richesses qu'on lui offrait.

Sidi Ali Embarek (le Béni) augmenta encore plus que par le passé la production de ses champs. La nouvelle en parvint au Dey d'Alger. Lorsque le mois de *l'achour* (mois de la dîme) fut arrivé, le Dey envoya les receveurs d'impôts à Coléa trouver le riche Ali qui eut beau se réclamer de son titre de marabout et qui dut se résigner à payer la dîme.

« Puisqu'il en est ainsi, dit Sidi Ali Embarek, prends

mes meilleurs chameaux pour transporter l'impôt. »

Les Oukils rentrèrent à Alger avec les chameaux et se rendirent aux magasins du Dey. Mais aussitôt, des flammes sortirent de la bouche des animaux du saint et inondèrent les magasins. Partout où ils furent conduits, les chameaux mirent tout en feu. On dut les reconduire au saint marabout auquel le Dey fit faire toutes sortes d'excuses. Depuis ce temps, Coléa fut exempté d'impôts.

Une femme de Coléa vint un jour trouver le marabout :

« Mon fils unique, dit-elle, a été pris par les Espagnols qui l'ont emmené prisonnier. Ne peux-tu point, par tes prières, le faire revenir ?

— Ton fils est-il respectueux ?

— Oui, il m'aime et m'honore.

— Alors, retourne chez toi ; demain ton fils te sera rendu. »

En effet, le jour suivant, le prisonnier fut tout étonné de se retrouver en Afrique, dans son pays natal, sans pouvoir dire comment il était revenu d'Espagne.

Quand Sidi Ali Embarek fut sur le point de mourir, il dit aux gens de Coléa :

« Soyez généreux et charitables ; secourez vos frères dans le besoin. Sinon, le lion noir viendra la nuit rôder autour de vos demeures. »

Une koubba fut élevée sur les restes du saint ouali et l'on enterra tout autour ses enfants. Un tremblement de terre qui survint détruisit le pourtour de la chapelle, mais respecta la coupole et les tombeaux.

Quand les gens de Coléa oublient la recommandation dernière du marabout, le saint, sous la forme d'un énorme lion noir, se montre aux alentours de la ville épouvantant les environs de ses rugissements terribles[1].

---

(1) Cette légende a été mise en vers par V. Bérard dans ses *Poèmes Algériens*. Cet ouvrage, qui renferme d'excellentes choses sur les légendes de l'Afrique, a le grand tort, *pour nous personnellement*, d'être *en vers* ; la prose toute simple eût certes fort mieux fait notre affaire !

VII

La Légende de Sidi bou Zid Ech-Chérif.

Les Oulad Sidi bou Zid, dont les tribus se sont répandues sur toute la surface de la terre, ont pour souche Sidi bou Zid ech-Chérif.

Cet homme illustre qui jouit à si juste titre, chez tous les musulmans, d'une haute renommée comme taleb et comme marabout allié à la famille de Sidi Abd-el-Kader el-Djilani, avait le teint vivement coloré de rouge ; ses deux sourcils ne formaient qu'une ligne épaisse à la base du front ; une barbe noire bien fournie encadrait son visage d'une beauté resplendissante. Au-dessous des yeux il avait une large cicatrice provenant d'un coup de pied de cheval reçu pendant sa jeunesse.

Il naquit dans le Djebel-Amour, à Aïn-el-Biod. Dieu commençait à peine à répandre sur lui ses grâces, que déjà quelques habitants de la contrée, méconnaissant ses rapports avec la Divinité, se révoltèrent un jour contre lui parce qu'il voulait les faire rentrer dans le sentier de la vertu, et résolurent de le mettre à mort. Le saint n'eut qu'à souffler sur ces hommes pervers pour les réduire tous en poussière au nombre de quarante cavaliers.

Sidi bou Zid prenant alors la forme d'un aigle, quitta ce pays et se rendit à El-Hamel, où il laissa une descendance, puis à Madjen.

Le gouvernement algérien, que le pouvoir de ce saint inquiétait, le fit saisir et jeter dans un bûcher ardent. Du milieu des flammes, le marabout cria :

« Votre feu est bien froid ! Augmentez-en donc la chaleur ! »

Et sans aucune blessure, il sortit de la fournaise, ce qui avait dû convaincre tout le monde de sa sainteté. Ses ennemis, néanmoins, le prirent et le jetèrent dans la mer. Ce fut une nouvelle victoire pour le marabout. Il disparut aux yeux étonnés des spectateurs en leur lançant cette malédiction :

« Malheur à vous ! Je vois la honte et le mépris des nations s'avancer de votre côté pour vous couvrir de leurs sombres voiles ! »

Et le marabout eut raison, et sa prédiction s'accomplit.

(Recueillie par M. Arnaud, interprète de l'armée, en 1864.)

VIII

Si Mohammed bou Chak'our.

Vers la fin du XIIe siècle, une émigration partie des montagnes du Rif marocain arriva aux environs d'Alger, mais repoussée par les populations des environs de Sétif, elle s'établit dans les montagnes couronnant la Mitidja et forma la tribu actuelle des Mouzaïa.

Durant plusieurs siècles, ce ne furent que guerres continuelles entre les Mouzaïa et leurs voisins et le moment vint où le plus vieux d'entre les premiers n'avait pas encore de *barbe entre le nez et le menton*. Ils allaient être exterminés quand de l'Ouest vint un vieillard à longue barbe blanche qui, marchant sur les crêtes des montagnes, franchissait les vallons d'une enjambée. C'était Si Mohammed bou Chak'our (l'homme à la hâche).

Par sa volonté, les voisins ennemis des Mouzaïa se réunirent au pied de la montagne ; puis à sa voix toutes les haines disparurent. Pour les récompenser, Si Mohammed prit sa hâche, il fendit la montagne et aussitôt il en sortit un torrent impétueux qui inonda la Mitidja et qui fut appelé Oued Chefa — Rivière de la guérison — parce que ses eaux avaient la propriété de guérir à l'instant toutes les blessures. Ce miracle accompli, le saint vieillard retourna à la montagne avec les Mouzaïa.

Les Mouzaïa lui ayant demandé de l'eau, il s'établit au sommet du Pic de Mouzaïa et se fit chaque jour monter une cruche d'eau qu'il versait sur le sommet du piton, inondant par là la campagne.

Le tombeau du saint est à l'extrémité du pic. On l'implore pour toutes sortes de causes et on lui offre des cruches.

IX

Le Marabout Sidi bou Djemlin, à Bougie.

Les habitants de Bougie, corrompus par un trop long contact avec les chrétiens, eurent la témérité de mettre en doute le pouvoir spirituel du marabout Sidi bou Djemlin, qui était venu leur demander l'hospitalité. Pour l'éprouver, ils se décidèrent à lui servir pour son souper une poule *non égorgée selon la loi*. Sidi bou Djemlin mangea sans hésiter une partie du ragoût, mais ayant remarqué l'hilarité de ses hôtes, il leur en demanda aussitôt la raison.

« Nous rions, dirent-ils, parce que tu n'es qu'un imposteur ; si tu étais réellement marabout comme tu veux nous le faire croire, n'aurais-tu pas vu que tu mangeais une poule égorgée à la manière des infidèles et par conséquent impure ? »

Peu déconcerté, le santon ne dit rien et termina son repas.

Puis il prononça la phrase sacramentelle : *Louanges à Dieu*, en portant ses doigts sur le plat. Aussitôt la poule apparut intacte, se leva, battit des ailes et chanta comme un coq.

Après ce prodige, Sidi bou Djemlin se leva et anathématisa la ville.

« Les vieillards ou les notables d'entre vous demanderont l'au-
[mône,
Et vos jeunes gens pâtiront de misère.
Vous trairez vos bestiaux sans jamais écrémer leur lait.
Vous labourerez sans jamais remplir vos greniers. »

Puis le marabout se retira et quitta la ville qui, depuis ce temps, ne s'est pas relevée de cet anathème.

(*Revue Africaine*, n° 16, avril 1859.)

X

Sidi Ahmed ben Youssef, le saint de Miliana.

Le saint marabout de Miliana, Sidi Ahmed ben Youssef, se hasarda un jour de passer par Ténès dont les habitants ont toujours joui de la plus détestable réputation.

Les Ténésiens qui, parmi leurs défauts, comptaient une dose remarquable d'incrédulité, résolurent d'éprouver le pieux santon. Donc, à l'heure du souper, ils lui servirent un chat dont ils avaient dissimulé les apparences félines avec l'adresse la plus consommée.

Mais Sidi Ahmed ben Youssef était trop bon marabout pour être dupe d'un piège aussi grossier et ne pas reconnaître la vérité d'un premier coup d'œil.

Indigné de la tentative, il lança aussitôt un formidable *sob !* Cette interjection usitée pour chasser les chats importuns, effraya tellement l'animal mis à la broche que, tout rôti qu'il était, il partit comme une flèche à la grande stupéfaction des habitants.

C'est alors que, se levant avec majesté, le saint de Miliana jeta à la face de ses hôtes indignes cette apostrophe devenue proverbiale en Algérie :

> Ténès !
> Ville bâtie sur du fumier ;
> Son eau est du sang ;
> Son air est du poison ;
> Pardieu ! Sidi Ahmed n'y couchera pas !

Et Sidi Ahmed ben Youssef reprit son bâton de voyage et partit.

(*Revue Africaine*, n° 8, décembre 1857.)

XI

Le Marabout Sidi Boumedin et le Lion.

Un jour, le marabout Sidi Boumedin, passant dans une ville du Maghreb-el-Aksa, aperçut un lion qui dévorait un âne.

Pendant ce temps-là, le propriétaire du baudet, qui était un pauvre diable, se tenait à l'écart, contemplant tristement cette lugubre scène. Il pleurait, se lamentait et des ongles se déchirait le visage. Sidi Boumedin, s'avançant résolûment vers le lion, le saisit par la crinière et l'amena à notre malheureux ânier.

« Prends-le, il est à toi ; désormais il fera le service de l'âne qu'il t'a dévoré.

— Mais… je n'en veux pas, il m'inspire trop de crainte.

— N'aie aucune frayeur, reprit le marabout ; désormais il est dans l'impuissance de te nuire. »

A moitié rassuré, mais convaincu par le ton magistral de celui qui ainsi l'interpellait, le propriétaire du baudet défunt prit le lion par la crinière et l'emmena. L'animal se laissa conduire avec la docilité d'un chien lévrier. La foule qui s'était rassemblée faisait entendre de grands cris de surprise et d'admiration. Mais il arriva que, sur le soir, l'homme au lion s'en revint trouver Sidi Boumedin et lui dit :

« Maître, votre pouvoir est très grand. Ce lion que vous avez rendu si docile me suit partout ; mais, véritablement, j'en ai grand peur ; je ne puis continuer de le garder en ma compagnie ; reprenez-le, je vous en prie. »

Et le marabout Sidi Boumedin reprit :

« O homme sans foi et sans courage, qu'il soit donc fait suivant votre volonté ! »

Puis, s'adressant au lion, il ajouta :

« Eloigne-toi, et ne reviens plus. S'il arrive qu'un de tes pareils porte préjudice à une créature humaine, je donnerai à cette créature le pouvoir de se rendre maître de toi. »

Et le lion s'enfuit et ne revint plus[1].

Tiré de *El-Bostan fi-dzeker el-Aoulïa ou el-Eulama bi-Tilimsan*.

Le jardin des Récits, touchant les savants et saints personnages qui ont vécu à Tlemcen, par Mohammed ibn-Mohammed ibn-Ahmed qui écrivait vers l'an 1475 de J.-C.

XII

La Sainte Lalla-Er-Rouya [2].

A Tlemcen vivait, il y a plusieurs siècles, la sainte Lalla-Er-Rouya que Dieu avait douée d'une grande puissance surnaturelle ; car elle expliquait les songes, prédisait l'avenir et guérissait toutes sortes de maux.

Un reste de cette vertu miraculeuse est resté attaché à son tombeau sur lequel les pauvres infirmes ne s'agenouillent pas en vain : qui a perdu la santé et veut la recouvrer va à la mosquée d'Er-Rouya où repose la sainte.

Un puits creusé dans la cour de la mosquée se ressent des vertus du sacré tombeau. Aux malades atteints de secrètes langueurs, il procure un breuvage fortifiant qui redonne la vie. Cette eau sanctifiée a le privilège de guérir les convulsions, cette terrible maladie de l'enfance que les Arabes appellent dans leur langage imagé *El-Djenoun*, ou encore par antiphrase respectueuse *El-Moumenin*. Bien des mères désolées sont venues demander à ce bienfaisant breuvage la vie de leurs petits enfants, et l'on dit que Dieu, satisfait de leur foi, les a exaucées bien souvent.

---

(1) Choaïb ibn H'oceïn el-Andaloci, dans le langage vulgaire *Sidi Boumedin*, né à Séville en l'an de J.-C. 1126, l'un des plus célèbres professeurs et théologiens musulmans, passe pour avoir eu le don des miracles. Sa renommée était universelle dans les Etats arabes et quantité de légendes où il figure sont populaires en Algérie, particulièrement celle qui lui attribue deux tombeaux (*Bou Medine*).

Cf. sur Sidi Boumedin, la *Revue africaine* du mois d'oct. 1859, n° 19.

(2) Le tombeau de la sainte est à Tlemcen.

XIII

Seïda-R'eriba, la Sainte de Tlemcen.

Il y a longtemps, bien longtemps vivait une sainte femme nommée Seïda-R'eriba. Sa vie était si pure, ses prières et ses dévotions avaient tellement touché la Divinité que Seïda-R'eriba avait obtenu le don des miracles. Quand elle mourut on l'enterra dans la mosquée d'El-K'orran avec les plus grands honneurs et l'on continua de vénérer sa mémoire. Aussi, depuis cette époque, les habitants du quartier d'El-K'orran sont-ils particulièrement protégés par la Sainte.

Quelquefois, à la nuit tombante, dans l'une des rues silencieuses de ce vieux quartier, les enfants aperçoivent une ombre blanche qui glisse le long des maisons ; c'est Seïda-R'eriba qui fait sa ronde. Quelquefois aussi elle passe le seuil et vient s'asseoir à votre foyer. Alors on ne la voit pas, mais on l'entend. Est-ce un rire joyeux qui a frappé votre oreille ? Bénissez Seïda-R'eriba ; c'est du bonheur qui vous arrive ! Mais si un soupir, une plainte, un sanglot s'est fait entendre, tremblez ; quelque grand malheur vous menace ! Les voleurs sont à votre porte, le feu va dévorer votre maison, un tremblement de terre l'engloutir, l'ennemi est sur vos remparts ! Pauvre mère, c'est peut-être ton enfant qui va mourir !

Jamais les avertissements fatidiques de Seïda-R'eriba n'ont trompé personne et nul ne les a méprisés impunément ; le quartier tout entier de El-K'orran serait là pour vous l'attester.

XIV

Origine des Oulad D'Il Es-Selougui.

Dans la tribu des Beni-Hallal, vivait autrefois un homme nommé Mohad ben El-Fathmi. Possesseur de nombreux troupeaux, connu pour le plus riche de la contrée, cet homme aurait dû être heureux. Et pourtant il n'en était rien. Il était arrivé à un âge déjà avancé, sa femme était cassée et presque infirme, et il n'avait point d'enfants. C'était le tourment de toute sa vie, car l'idée de mourir sans postérité empoisonnait tout ce que pouvait lui donner la fortune.

Bien des fois il s'était mis à prier le Seigneur, mais sans succès, et si un instant l'espérance lui venait au cœur, elle en était aussitôt chassée dès qu'il levait les yeux sur sa moitié; aussi le pauvre vieillard en venait-il à s'arracher sa barbe plus blanche que la toison de ses brebis.

Un matin, après une nuit passée dans les larmes, le vieillard voulut essayer d'une dernière ressource.

Il choisit le plus beau de ses chameaux, le fit harnacher avec la plus grande richesse, puis venant trouver sa femme, il lui dit :

« Lève-toi et va vers Sidi-Aïssa ben Mohammed, tu lui donneras ce chameau comme cadeau de visite et tu lui demanderas d'intercéder pour nous auprès de Dieu afin qu'il nous donne un enfant. »

Accompagnée de nombreux serviteurs, la femme partit à dos de chameau pour la demeure du saint.

Sidi-Aïssa vint au devant de la femme de Mohad et lui dit :

« Sur toi soit la bienvenue, mère du bien; entre dans ma demeure, et assieds-toi. Tu es venue dans l'espérance d'obtenir de Dieu que tu mettes au monde un enfant.

— Oui, Sidi, répondit-elle. Nous n'avons d'espoir qu'en Dieu et en vous pour qu'un tel miracle s'accomplisse.

— Je vais, s'il plaît à Dieu, porter chez vous la joie et le bonheur en vous donnant de la postérité. »

Et saisissant la queue d'un selougui (grand levrier) qui dormait près de là, il en frappa sept fois le ventre de la femme.

« Maintenant tu peux retourner chez toi, lui dit-il ; en arrivant tu accoucheras d'un garçon, que je te recommande de nommer d'Il Es-Selougui (la queue du Selougui).

La femme se remit en route après avoir laissé les présents et remercié le saint et elle rentra à l'habitation de son mari. Presque aussitôt, elle s'écria :

« Oh! il me semble que je sens mon enfant remuer dans mon sein!

— Serait-ce possible? s'écria Mohad ; non, non, c'est une erreur de tes sens. Comment pourrais-tu porter un enfant ? Tu es vieille et infirme ; ta figure est ridée ; tes cheveux sont tombés ; ta mâchoire ressemble à celle d'une brebis hors d'âge ; ton corps est rétréci, et tes mamelles sont vides. Pourquoi donc me bercer d'un fol espoir ? »

Et ce disant, il sortit dans ses champs pour surveiller les bestiaux.

A peine il était parti, que la femme mit au monde un gros garçon. Aussitôt un messager partit annoncer cette bonne nouvelle au vieux Mohad.

« Tu as un fils! tu as un fils! lui cria-t-il du plus loin qu'il lui fut possible de l'apercevoir.

— Est-ce bien vrai? Est-ce bien vrai ? Par Dieu et par la tête du Prophète! si tu ne m'as pas menti, les chameaux et les moutons qui sont devant toi t'appartiendront. »

Le vieillard rentra en hâte à la maison et put se convaincre de la véracité de son serviteur.

« Eh bien! n'avais-je point dit vrai quand je te disais que Sidi-Aïssa m'avait fécondée?

— Louange à Dieu! tu as dit vrai ; nous avons un fils ; quel nom lui donnerons-nous !

— Le marabout a choisi son nom : il s'appellera *D'Il Es-Selougui* ; il sera homme de royauté et de commandement, ainsi que les enfants de ses petits-enfants. »

Mohad eut encore six fils qui formèrent avec l'aîné la fraction des Oulad D'Il Es-Selougui qui sont tous gens d'intelligence et d'action, et dont la plupart ont le cachet d'argent.

(Recueilli par M. Mercier et publié dans la *Revue Africaine*, année 1863, p. 290 et suiv.)

XV

Les Marabouts défunts de Kérouan.

Un personnage important de Kérouan tomba un jour dangereusement malade. Il fit appeler tous les médecins de la ville, mais aucun ne put indiquer ni la source du mal ni le moyen de le guérir.

« Il faut, se dit le malade, que je fasse venir de Soussa le savant médecin Braham, lui seul pourra me guérir. »

Il appela son serviteur et lui dit :

« Va-t'en à Soussa et ramène avec toi le médecin Braham.

— Mais ce médecin est un juif, un infidèle !

— Qu'importe ! Hâte-toi. Il faut que cette nuit tu l'introduises en secret dans la ville. »

Le serviteur fit diligence et la nuit venue le juif Braham était dans la maison du haut personnage.

Mais voilà que, tout à coup, tous les marabouts de la cité sainte se mirent à crier du fond de leurs tombeaux :

« Il y a un juif chez le gouverneur ! »

Les habitants se réveillèrent et coururent à la maison du malade où ils trouvèrent le malheureux Braham qui ne dut la vie qu'à un *La Ilah il'Allah*, etc., des plus solennels.

XVI

La légende du saint Sidi Ouali Dahdah.

La célébrité d'Ouali[1] Dahdah remonte à l'expédition

---

(1) L'*ouali* est l'ami, l'élu de Dieu, le *saint*. Suivant l'explication donnée par Djami, Dieu a voulu rendre permanente la preuve de la mission donnée au prophète Mahomet et a destiné les *Ouali* à servir d'instruments à la manifestation de cette preuve. Il a mis aux mains des *Ouali* le véritable gouvernement du Monde, parce qu'ils se sont consacrés exclusivement à l'observation des traditions laissées par le Prophète et qu'ils ont renoncé entièrement à suivre leur propre inclination. *C'est par leur intervention que les Musulmans remportent la victoire sur les infidèles.* Ils sont au nombre de

dirigée contre Alger par l'empereur Charles-Quint, en 1541. Voici, en substance, la légende qui a cours chez les indigènes à ce sujet :

Assiégée par une armée redoutable, la population concevait de sérieuses inquiétudes sur les suites de cette attaque. Un jour, Ouali-Dahdah, qui se désaltérait dans l'une des tavernes de la ville, se lève subitement comme saisi d'une inspiration divine, parcourt les rues en ranimant le courage des habitants, puis se portant rapidement vers la mer, entre dans l'eau jusqu'à la ceinture et l'excite par des mots magiques et par les coups redoublés d'une baguette que brandit sa main bénie. A l'appel du marabout, la tempête se déchaîne et fait périr la plus grande partie de la flotte ennemie. Alors les croyants, si visiblement protégés par Dieu, fondent avec impétuosité sur les infidèles. Frappés d'épouvante, les Espagnols prennent la fuite et renoncent à leur impie entreprise.

Mais Ouali-Dahdah ne jouit pas longtemps de la popularité que lui avait si légitimement value son efficace intervention, car l'inscription arabe placée dans la Mosquée qui fut élevée en son honneur, rue du Divan, à Alger, rappelle qu'il est décédé en l'année 964 de l'hégire (1554).

L'édifice religieux consacré à la mémoire du saint comprenait, en outre de la Mosquée, une chapelle renfermant le tombeau du marabout et une salle de refuge pour les mendiants.

En 1864, ces bâtiments ont été annexés à ceux du couvent de la Miséricorde, situés, comme on sait, derrière la Cathédrale, et le corps du saint marabout exhumé a été transporté, avec tous les honneurs musulmans, dans un local qui lui avait été préparé, à côté de la chapelle de

---

quatre mille tous cachés et ne se connaissant ni les uns ni les autres. Ils ne connaissent pas davantage l'excellence de leur état, ils sont cachés pour eux-mêmes. Il y a des traditions sûres qui établissent ces faits que confirment d'ailleurs les assertions des *Ouali*. Parmi eux, ceux qui jouissent du plus grand pouvoir et qui sont comme les *premiers officiers de la Cour de Dieu*, sont au nombre de trois cents appelés *Akhiyaz*, ce sont les *Ouali*, de choix, les élus de premier ordre. (*Les inscriptions arabes de Tlemcen*, par Ch. Brosselard, voir *Revue africaine*, tome IV, n° 19, octobre 1859, page 14).

Sidi-Abderahman Ettalbi, au-dessus du jardin Marengo.

Voici la traduction, donnée par M. Albert Devoulx, de l'inscription mentionnée sur la plaque commémorative dont nous avons parlé plus haut :

1ʳᵉ ligne. — (Il est) l'*ouali* des créatures, le *pôle* des êtres créés. ∴ Lorsqu'il s'apprêta à partir, adressant à Dieu ses actions de grâces avec ferveur et résignation.

2ᵉ ligne. — Nous entendîmes une voix annonçant la date de sa mort ; ∴ et cela en disant : que Dieu l'abreuve d'une boisson pure. Année 961 (1554).

Ouali-Dahdah était Turc d'origine, sa réputation a traversé les siècles et il est encore aujourd'hui en grande odeur de sainteté parmi tous les indigènes de l'Algérie.

XVII

Le marabout tunisien Sidi-Fathallah.

Ce marabout, le plus en faveur à Tunis, il y a trente à quarante ans, avait la spécialité de rendre fécondes les femmes stériles. On a donné comme définition du nom qu'il avait pris ou qui, par une étrange ironie du sort, était peut-être réellement le sien, Sidi Fathallah « *Dieu ouvre les portes du bonheur.* »

Il est, nous croyons, plus rationnel, d'après les dictionnaires, de traduire : *Dieu accorde* la faveur (*F'tah*, faciliter, ouvrir, faire la faveur, — *Allah*, Dieu).

Mais le moyen apparent que ce saint homme avait imaginé pour arriver au but de la fécondité, était assez étrange.

A cent pas du village qu'il habitait, était un rocher de soixante pieds de haut, soit environ vingt mètres.

Les femmes qui voulaient obtenir de Dieu la faveur de devenir fécondes se laissaient glisser vingt-cinq fois du haut du rocher à terre et dans l'ordre suivant, savoir : cinq fois sur le ventre ; cinq fois sur le dos ; cinq fois sur le côté gauche ; cinq fois sur le côté droit, et enfin cinq fois la tête en bas. Puis, cette opération accomplie, les glisseuses passaient une heure en prières avec le marabout. Lorsqu'elles étaient jolies, il était rare, paraît-il, que le charme ne fût pas rompu et qu'elles ne rentrassent pas chez elles enceintes.

On comprendrait mieux, dès lors, que le mot *Fathallah* signifie : *Dieu ouvre les portes du bonheur*, et que le facétieux marabout l'ait choisi.

Il y avait également autrefois, à Alger, un marabout renommé pour opérer le miracle de la fécondité chez les femmes stériles; mais avec cette différence que c'était surtout quand il était devenu vieux, et qu'il ne pouvait plus guère se bouger, que le miracle réussissait.

Hâtons-nous de dire que ce marabout était un très saint homme et de très bonne foi. Il récitait consciencieusement les prières du Coran avec ses clientes et invoquait avec ferveur Allah et Mahomet.

La résidence du pieux personage était située au bord de la mer, près de l'ancienne porte Bab-Azoun, et dans un endroit assez solitaire.

La méthode de ce marabout, moins dangereuse et surtout moins follichonne que celle de Sidi-Fathallah, consistait à faire rester en prières dans sa chapelle, pendant trois jours pleins. Les femmes apportaient leurs provisions de bouche et le marabout remplissait honnêtement son devoir : c'est-à-dire que, pendant le jour, il récitait, comme nous avons dit, les prières en égrenant patiemment et méthodiquement son interminable chapelet.

Le soir venu, il enfermait les pèlerines qui, selon la coutume arabe, passaient la nuit sur des nattes ou des tapis.

Mais, quand il fut devenu vieux, notre marabout s'adjoignit un serviteur qui était chargé de veiller sur les invocatrices. Ce serviteur était un beau gars, fort et bien découplé, qui, pour mieux veiller sur les pénitentes, s'enfermait avec elles.

Pas n'est besoin d'expliquer davantage pourquoi le dit Marabout eut tant de vogue. Et cette vogue persista, après sa mort, jusqu'au jour où le zélé serviteur, qui avait été nommé *oukil*, c'est-à-dire gardien-administrateur du mausolée de son ancien maître, cessa d'être valide.

XVIII

Le Vœu oublié.

Non loin de la mer, à Bab-Azoun, vivait depuis quelque temps Sidi Abd-el-Kader[1] dans un petit ermitage à côté duquel s'élevait une modeste chapelle.

Dans la ville voisine, une Mauresque avait un fils déjà grand qu'elle aimait passionnément. Ce fils un jour tomba malade et en une semaine la maladie fit de tels progrès que la pauvre femme vit bien qu'il n'y avait plus d'espoir à garder.

« Si j'allais trouver Sultan Salhenn[2] ! Sa sainteté est si grande, que par son intercession j'obtiendrai peut-être de Dieu la guérison de mon fils. »

La mère courut à Bab-Azoun et trouva le saint ouali en prières dans sa chapelle. Quand il fut sorti de sa méditation, la Mauresque lui dit :

« Mon fils unique se meurt. Prie Dieu de m'accorder sa guérison ; je fais vœu d'entretenir une lampe dans cette chapelle aussitôt que mon enfant sera rétabli !

— Ton fils est-il pieux et respectueux ? T'aime-t-il comme tu l'aimes ? Est-il bon musulman ?

— Mon enfant est pieux ; il me chérit et il suit déjà de point en point la loi écrite.

— C'est bien, retourne chez toi ; ton fils est sauvé. Mais n'oublie pas d'accomplir ta promesse. »

La Mauresque rentra chez elle et trouva son enfant déjà en convalescence et presque entièrement rétabli.

Toute à son bonheur, la Mauresque ne songea plus à son vœu et la lampe promise ne brûla point au saint sanctuaire.

Un mois se passa. Sidi Abd-el-Kader se promenant un jour au bord de la mer rencontra la Mauresque.

---

(1) Sidi-Abd-el-Kader, le premier de tous les saints musulmans, enterré à Bagdad, a beaucoup voyagé en Algérie. On a élevé une mosquée au lieu de chacune de ses stations. (V. Bérard, *Légendes algériennes*, note de la page 39.)

(2) *Sultan Salhenn*, surnom de Sidi Abd-el-Kader.

« Eh bien ! ton fils est-il guéri ?

— Oui, grâces te soient rendues ! Et la bénédiction de Dieu sur toi !

— As-tu accompli ta promesse ?

— Ma promesse ? Je n'ai rien promis !

— Femme, tu as oublié ton vœu. Malheur à toi ! Malheur à toi ! »

Le saint continua son chemin, et, remplie de terreur, la femme courut à la maison. Sur le lit, le jeune homme était étendu sans vie et des vers hideux grouillaient déjà dans ses chairs.

Bonnes gens, n'oubliez jamais d'accomplir votre promesse !

XIX

L'âme de Sidi Mohammed M'ta Oued el Agar.

Près de Mahelma[1], en longeant l'Oued[2] el Agar, qui va se jeter à la mer au-dessus de Zeralda, on trouve le marabout de Sidi Mohammed M'ta Oued el Agar, autre saint qui a la spécialité de guérir les maux d'yeux. Les saints de ce genre ne sauraient être du reste assez nombreux ; car, avec la réverbération du soleil dans un pays *déboisé*, la poussière du désert et l'anémie qui prédomine chez les Orientaux, les Arabes contractent facilement des ophthalmies. Hâtons-nous d'ajouter que, depuis l'occupation française en Algérie, une grande et sérieuse concurrence est faite à ces saints par nos savants docteurs.

Toutefois, Sidi Mohammed essaye encore, de temps à autre, de guérir des maux d'yeux, — bien que son âme ne soit plus dans la source d'eau merveilleuse qui était située près de sa kouba, et qu'on ne sache plus ce qu'elle est devenue.

---

(1) Village situé à 34 kilomètres S.-O. d'Alger.

(2) *Oued* (rivière). Il y a en Algérie beaucoup d'Oueds qui ne sont en réalité que de petits ruisseaux que l'on traverse à sec en été et qui se convertissent en torrents impétueux pendant la saison des pluies. L'Oued El-Agar est de ce nombre.

Voici comment cette âme est partie de la source :

Un jour que M. Ausone de Chancel[1] était à la chasse[2] dans l'horrible ravin qui encaisse l'oued El-Agar, repaire de panthères et de sangliers, il se perdit. En cherchant un point élevé d'où il pût dominer les alentours pour s'orienter, M. de Chancel trouva un endroit habité par une famille arabe. Tout près du gourbi de ces indigènes, s'élevait un marabout que le chasseur égaré reconnut aussitôt : c'était celui de Sidi Mohammed M'ta Oued El-Agar.

M. de Chancel, qui avait soif, savait que près de ce marabout coulait une source excellente ; il courut à la source, mais elle était gardée par un serpent ; un coup de fusil envoya le serpent garder l'Achéron. A ce coup de fusil, une négresse apparut, et, apercevant un roumi qui buvait, tandis que le serpent, la tête brisée, achevait de mourir, elle poussa de grandes clameurs. « Ah ! s'écria-t-elle, malheureux giaour, tu as tué l'âme de Sidi Mohammed. »

— « Comment cela ? » demanda M. de Chancel.

— « Oui, Sidi Mohammed revient dans le corps de ce serpent. »

Le chasseur était désespéré d'avoir commis un pareil meurtre ; il paya son crime avec un douro[3]. La négresse ne cria plus, ce que voulait M. de Chancel ; mais elle continua de pleurer, ce qui lui était parfaitement indifférent. Puis, prenant religieusement le serpent, la négresse alla le porter dans l'intérieur du marabout, où elle le coucha sur un lit de fleurs d'oranger.

Depuis la mort de son saint gardien, la fontaine du marabout de Sidi Mohammed M'ta Oued El-Agar ne paraît avoir perdu de son efficacité qu'aux yeux des indigènes, habitants des villes, qui n'ayant pas le temps ou les moyens d'entreprendre un long voyage, préfèrent acheter des collyres chez les pharmaciens et consulter, dans les cas graves, les excellents médecins de colonisation, les

---

[1] M. Ausone de Chancel a été pendant longtemps sous-préfet en Algérie et racontait volontiers les détails de son aventure de chasse.
[2] En 1845.
[3] Une pièce de cinq francs.

chirurgiens civils ou militaires, les oculistes français ou étrangers, voire même les sœurs de charité et les pères du désert, qui, tous, sont en grand nombre aujourd'hui en Algérie.

XX

Sidi Omar.

Sidi Omar était un homme craignant Dieu, bon, hospitalier, très humble, et qui tenait en mépris tous les biens de ce monde. La bénédiction divine s'était étendue sur lui et le démon ne pouvait rien sur son cœur.

On raconte[1] qu'un jour le père des mauvaises œuvres alla trouver le Seigneur et lui dit :

— « Seigneur, Sidi Omar est un hypocrite, il affecte de mépriser les richesses par orgueil ; mais, s'il était riche, il aurait, comme un autre, de belles esclaves, des juments superbes et des lévriers de race, des armes brillantes et des habits de luxe ; il se plairait aux fêtes, aux chasses, aux fantasia, et se ferait mon serviteur.

— Méchant, répondit le Seigneur, tu calomnies mon esclave le plus fidèle ; Sidi Omar est un saint homme, et c'est là ce qui t'irrite contre lui.

— Laissez-moi donc le tenter, reprit Satan, et vous verrez si, dans le cœur, il vaut mieux qu'un autre homme.

— Je le livre à tes tentations, reprit Dieu, depuis le point du jour de demain jusqu'au lever du soleil ; mais s'il sort victorieux de tes maléfices, non seulement tu n'auras plus aucun pouvoir sur son âme ni sur sa personne, mais pour toute sa vie je te ferai son esclave. »

Le marché fut ainsi conclu, et, le lendemain au *fedjer*, point du jour, Sidi Omar, étant allé, selon son habitude, au puits commun pour y faire ses ablutions avant sa prière, il en retira le seau plein d'argent jusqu'aux bords.

---

(1) Ces légendes sont racontées dans *le Grand Désert*, par MM. le général Daumas et Ausone de Chancel.

« O mon Dieu, s'écria-t-il, ce n'est pas de l'argent que je te demande, mais seulement de l'eau pour faire mes ablutions. »

Et, après avoir vidé le seau sur le sable, il le redescendit dans le puits.

Cette fois il le retira plein d'or.

« O mon Dieu, s'écria-t-il encore, je ne veux aucune des impuretés de ce monde ; mais je te prie seulement de me donner de l'eau pour me purifier selon la loi. »

Et l'or alla s'entasser à terre sur l'argent.

A la troisième épreuve, le seau revint plein de pierres précieuses.

« O mon Dieu, s'écria le saint homme en les jetant sur l'or et sur l'argent amoncelés à ses pieds ; me faudra-t-il donc faire mes ablutions avec le sable du désert, comme le pèlerin en voyage ! »

Il avait fait cette invocation, la tête élevée vers le ciel, et quand il reporta les yeux vers la terre, il vit que le monceau d'argent, d'or et de pierreries s'était fondu en une eau claire qui s'écoulait selon la pente du terrain ; elle n'a pas cessé de couler depuis : c'est *Aïn el-Foukara*, la fontaine des pauvres.

« Dieu est le plus grand ! » s'écria Sidi Omar ; et se prosternant sur la source miraculeuse, il y puisa des deux mains et fit ses ablutions.

Comme il regagnait sa maison en récitant son deker[1], il vit de loin que deux filles du Soudan, assises devant sa porte, et un nègre inconnu, tenant par la bride un cheval magnifiquement enharnaché, semblaient l'attendre.

« Quel Sultan est donc venu me rendre visite, à moi pauvre anachorète ? » se demanda Sidi Omar ; et il hâta le pas pour ne point faire attendre son hôte.

Mais le nègre vint à la rencontre du saint homme, se

---

(1) Prière facultative en dehors des prières obligatoires. — Chaque marabout a son deker particulier. Ce n'est souvent qu'une phrase qu'il répète incessamment. (Cf. du reste, le livre V, *Confréries religieuses*.)

mit à genoux, le front incliné jusqu'à terre, s'aspergea la tête avec une poignée de sable, comme un esclave du Soudan devant son seigneur, et lui dit :

« Le Sultan de Fàss a entendu vanter tes vertus et parler de ta pauvreté ; — il t'envoie de grandes richesses, et je t'ai conduit de sa part les deux jeunes filles que voici, et le plus beau cheval de sa maison. — Je suis moi-même ton esclave.

— Je n'ai pas besoin d'esclaves, reprit le marabout ; retourne donc d'où tu viens, reporte au Sultan de Fàss le cadeau qu'il m'envoie, et dis-lui, après l'avoir remercié, qu'avec la grâce de Dieu je suis assez fort pour suffire à ma vie. »

A ce moment le soleil se levait ; un grand cri se fit entendre, les jeunes filles, le nègre et le cheval disparurent tout à coup sans laisser de traces.

Sidi Omar reconnut alors que la main de Dieu s'était étendue sur lui et l'avait préservé des maléfices du démon.

Ce miracle qui, paraît-il, avait eu des témoins, se répandit bientôt dans tout le Touàt ; et les hommes craignant Dieu accoururent de tous les pays pour voir le saint marabout et pour lui demander des amulettes et des prières.

Chaque année maintenant, à l'automne, on fait encore à sa zaouïa(1) le pèlerinage qu'on faisait à sa maison, de son vivant ; mais si l'on vante comme autrefois les vertus de Sidi Omar, on ne les imite plus guère, et sa fête, qui dure sept jours et sept nuits, est plutôt un rendez-vous pour le plaisir qu'un rendez-vous pour la prière.

— Tel est pourtant le respect religieux dont la zaouïa est entourée, que les étrangers eux-mêmes ne peuvent en approcher que les pieds nus.

---

(1) La zaouïa de Sidi Omar est située à peu près au centre du Touàt, entre les grands marchés de Timimoun, au Nord, et de Tidikeult, au Sud. C'est un des points les plus fréquentés de l'Ouest du Sahara et les dattes qu'on y récolte sont réputées excellentes.

LIVRE V

LES KHOUAN

OU LES CONFRÉRIES RELIGIEUSES EN ALGÉRIE

> La Ilah illa Allah, Mohammed rassoul Allah !

LES CONFRÉRIES RELIGIEUSES

Les confréries religieuses, comme le fait remarquer M. Brosselard, ont leur source dans les institutions nées dans l'Orient, à l'origine même de l'islamisme. Elles s'inspirent de la tradition des anciens *soufis* ou *fekirs* de la Mecque et de Médine aux premiers temps de l'hégire. Ces associations ont toujours eu pour but de donner la vie à la discipline monotone du mahométisme par des pratiques capables d'exciter l'enthousiasme et l'admiration des croyants. Les soufis eux-mêmes avaient dû prendre ces pratiques dans les doctrines secrètes de l'antiquité dont l'Orient fut le berceau et l'école d'Alexandrie le foyer. Dans cette dernière ville, centre du monde savant et du commerce des peuples, où, suivant l'expression de Sprengel (*Hist. de la Médec.*, t. II) — on échangeait avec les marchandises les opinions et les systèmes, le syncrétisme avait introduit tout à la fois les rêveries de Pythagore et de Platon, le dualisme de Zoroastre, le Talmud et la Cabale des Juifs, la magie des Brahmes et des Chaldéens. Toutes ces sectes ne vivaient que de mysticisme ; elles se résumèrent dans une sorte de théosophie occulte toute empreinte d'une fantasmagorie merveilleuse. Pour communiquer avec les génies et se rendre maître de ces habitants évoqués de l'empire des esprits, il fallait s'astreindre à la prière et à l'abstention des plaisirs des sens, et par l'extase et les pratiques secrètes obtenir la faveur de se rendre les génies favorables. Ces doctrines, repoussées par le Christianisme, admises par l'Islamisme et le Boudhisme, se développèrent chacune de leur côté jusqu'à produire les confréries religieuses de khouan, fekirs ou derviches qui peuplent les pays de l'Orient.

*_**

L'existence des confréries religieuses en Algérie a été longtemps ignorée et tenue cachée aux Européens. Et cependant il n'est guère de peuple où ces sortes d'associations se soient le plus développées. Fondées à l'origine dans un but religieux facile à poursuivre, la plupart se sont détournées de cette voie et se sont mêlées activement aux mouvements politiques qui de temps à autre ont désolé le nord de l'Afrique.

Toutes ces confréries religieuses ont chacune un patron, un marabout vénéré entre tous, le fondateur de l'ordre qui reçut du Prophète la vision des pratiques efficaces et la voie sainte à suivre dans cette vie pour arriver à la gloire céleste.

Les membres de ces associations portent le nom de *khouan* dont le sens est *frères*. Les règles à suivre, sans s'écarter de la loi musulmane, sont cependant assez tranchées; chacun des ordres a par exemple sa devise particulière nommée *deker*; elle est composée de certaines paroles que l'on récite sur le chapelet. La règle est encore dans le nombre des prières, l'heure à laquelle on les dit, la façon dont on les récite et aussi dans certaines pratiques de piété.

La direction spirituelle et temporelle de chacune de ces associations religieuses est confiée à un *khalifa* désigné d'avance par son prédécesseur. Le khalifa établit dans chaque ville des chefs nommés *mokaddem* ou *cheikh* qui lui transmettent des rapports sur les événements de nature à intéresser la confrérie.

Les confréries religieuses de l'islamisme, de même que les ordres chrétiens du moyen-âge possèdent un grand nombre de mosquées et de *zaouïas*. On ne trouve guère de ville en Algérie qui n'ait un temple particulier pour chaque secte de khouan. Dans la campagne, on trouve beaucoup de *koubbas* ou monuments votifs élevés à la mémoire des fondateurs d'ordres religieux.

Prendre la rose, c'est entrer dans une confrérie religieuse en qualité de khouan. Ainsi on *prend la rose* de Sidi Mohammed ben Aïssa quand on se fait admettre dans la confrérie des Aïssaoua.

Pour se faire recevoir khouan, il faut d'abord s'adresser à un frère qui vous présente au mokaddem de l'ordre. Celui-ci vous prend la main, ainsi que le font les francs-maçons, vous fait connaître vos devoirs, les prières à réciter, les formules à employer, la manière de dire le chapelet. Ces formalités accomplies, on est reçu dans la confrérie.

On pourrait croire que les ordres religieux des Arabes ressemblent à notre franc-maçonnerie. Il n'en est trop rien ; car sauf le titre de frère et quelques rites spéciaux, le reste est tout différent. Ils n'ont pas de signes mystiques et de mots de passe et ils n'admettent dans leur sein que les musulmans, tandis que pour être franc-maçon il suffit d'être honnête sans qu'on s'inquiète de votre culte ou de votre drapeau.

Les principales règles de ces sectes religieuses sont l'obéissance absolue aux chefs de l'ordre, le renoncement au monde, la retraite, la veille, l'oraison continue et l'obligation d'assister aux réunions périodiques du vendredi ; ce qui dans un catéchisme des khouan de Sidi Abd-el-Kader el-Djilani est énoncé dans ce qui suit :

« Rejeter les mauvaises paroles ; prononcer sans cesse le nom de Dieu ; mépriser les biens de la terre ; repousser les amours humaines et craindre le Dieu très-haut. »

Les ordres religieux de l'Algérie comprennent sept sectes différentes d'après le nom du marabout ou ouali qui les a fondées ; ce sont :

1° L'ordre de Sidi-Abd-el-Kader el-Djilani ;
2° De Mouleï-Taïeb ;
3° De Sidi-Mohammed ben-Aïssa ;
4° De Sidi-Youssef el-Hansali ;
5° De Sidi-Hamed-Tsidjani ;
6° De Sidi-Mohammed ben Abd-er-Rhaman Bouguebrin ;
7° De Sidi Mohammed Ben Ali Es-Senoûsi.

Tous ces ordres, à l'exception des Aïssaoua, admettent les femmes et leur donnent le titre de sœurs.

Comme chacun des marabouts fondateurs de ces ordres a sa légende spéciale, nous allons donner un aperçu rapide des croyances des Arabes à leur sujet[1].

---

(1) Cf. à ce propos : *Rev. polit. et litt.* du 29 mars 1884, article de M. E. Levasseur ; *Revue scientifique*, du 14 avril 1883 ; *Revue générale*, du 1ᵉʳ mai 1884 : *Le Mahdi et les associations religieuses musulmanes*, par H. Carnoy ; etc., etc.

I

Ordre de Sidi Abd-el-Kader el-Djilani.

Cet ordre, le plus ancien de l'Algérie, doit sa fondation à un marabout de Bagdad dont le nom est en grande vénération chez les Musulmans.

Il est une croyance populaire dans l'Islamisme que dans le mois de Safar il descend du ciel sur la terre 380,000 maux différents; pestes, fièvres, morts, blessures, coups, etc. On comprend que le genre humain en serait aussitôt accablé et ne tarderait pas à périr si la miséricorde divine n'était là pour venir en aide aux mortels. Dans cet instant lamentable, Dieu choisit un homme d'une piété austère et éprouvée, d'une vertu sans égale et le charge à lui seul des trois quarts du terrible fardeau.

Cet homme c'est le *Rout*. La moitié de ce qui reste est prise par vingt autres saints nommés *Aktab*, disséminés dans le reste de l'Islam. Le dernier huitième est réservé aux hommes.

Dès que le Rout a été frappé des 285,000 maladies, il ne lui reste plus que 40 jours à vivre, et ce temps, il le passe dans des souffrances horribles que l'on n'a pas de peine à comprendre ! Sidi-Abd-el-Kader el-Djilani dut à sa piété insigne d'être choisi pour Rout.

Maintenant, Sidi el-Djilani habite dans une sphère brillante entre le troisième et le quatrième ciel, où les anges ont porté son corps mortel; c'est de là qu'il protège tous ceux qui l'invoquent sincèrement, juifs, chrétiens ou musulmans, quoiqu'il réserve une plus grande part de faveurs aux khouan de l'ordre qu'il a institué autrefois.

II

Ordre de Mouléï-Taïeb.

Cet ordre religieux est surtout influent au Maroc. Il doit son origine à Mouléï ed-Dris de la famille des *cheurfa* (pl. de *chérif*) du Maroc. On sait peu de chose sur ce saint et sur Mouléï-Taïeb, homme pieux qui mérita plus tard de donner son nom à la confrérie.

Mouléï-Taïeb avait le don des miracles ; il rendait la parole aux muets, la vue aux aveugles, l'ouïe aux sourds, faisant marcher droit les boîteux et guérissant les paralytiques. Comme tous les grands marabouts, il jouissait de la faculté de se transformer en toutes sortes d'animaux, en oiseaux, en poissons, et de traverser l'espace avec une rapidité sans égale.

Les khouan de l'ordre de Mouléï-Taïeb doivent répéter deux cents fois par jour la formule suivante :

« *O Dieu ! la prière et le salut sur notre Seigneur Mohammed et sur lui et ses compagnons, et salut.* »

Les *Fakirs* ou frères de Mouléï-Taïeb forment une sorte de confrérie religieuse spéciale. Ils sont assez nombreux à Tlemcen et ils tiennent leurs assemblées dans une maison qui est la propriété de leur ordre. Chaque vendredi ils s'y réunissent et récitent en commun leur interminable rosaire. Ces Fakirs attendent leur Messie comme les Juifs. Le leur sera Moula-Saâ, le champion de la délivrance.

III

Ordre de Sidi Mohammed ben Aïssa.

Cet ordre est certainement le plus curieux de tous, celui qui a le plus de tout temps attiré l'attention générale et des Musulmans et des Chrétiens à cause de la singularité des pratiques de ses khouan.

Sidi Mohammed ben Aïssa vivait il y a trois ou quatre

cents ans à Meknès, une des villes du Maroc, alors que Mouleï-Ismaël en était le sultan. Sidi-Mohammed était un des plus pauvres de la ville, n'ayant absolument rien pour faire vivre sa nombreuse famille ; mais sa confiance en Dieu était très grande, et chaque jour il passait plusieurs heures dans la mosquée à invoquer le Tout-Puissant. Mais en rentrant chez lui il ne voyait que la misère la plus affreuse, sa femme et ses enfants lui demandant un peu de nourriture qu'il ne pouvait leur donner.

Un jour que le saint homme était en prières dans la mosquée et qu'il y restait plus qu'à l'ordinaire pour ne pas voir ses enfants qui depuis trois jours n'avaient pas mangé, un homme alla frapper à la porte de sa chétive demeure, appela sa femme et lui remit un panier de provisions, en disant : « Voici de la part de Sidi-Aïssa. » On juge de la joie du malheureux à son retour. Le jour d'après et ceux qui suivirent il en fut encore de même. Les cadeaux de l'envoyé mystérieux du Ciel se multiplièrent tellement que la fortune de Sidi-Mohammed ben Aïssa en arriva à porter ombrage au sultan. Mais Mouleï-Ismaël se tut en attendant le jour où il pourrait réellement nuire au saint homme.

Quelques années après, comme la femme de Sidi-Aïssa puisait de l'eau à la citerne, elle fut tout étonnée de trouver le seau tout rempli de beaux *sultani* d'or. Et à chaque fois qu'elle puisait il en était de même.

« O Seigneur ! s'écria le serviteur de Dieu, tu viens de nous combler de richesses, mais accède à nos vœux, permets-nous de te remercier, de nous incliner devant toi. Envoie-nous l'eau qui, nous lavant de toute impureté, de toute souillure, doit te rendre nos prières agréables. »

Après cette courte invocation, la femme du marabout puisa de nouveau dans la citerne, et cette fois amena l'eau pure et limpide nécessaire à leurs ablutions.

La nuit suivante, le Prophète apparut à Sidi-Aïssa et lui donna l'ordre de réunir des prosélytes et de leur enseigner la formule de prières qu'il devait adopter.

Le marabout sortit donc dans la ville, choisit parmi les

hommes sages et justes ceux qui pouvaient devenir ses disciples et ses frères. Et à chacun d'eux il disait :

« Veux-tu travailler avec moi ?

— Oui, répondait-on ; mais de quelle œuvre parles-tu ?

— Viens avec moi et je te l'apprendrai. »

Il en réunit cent, leur donna un chapelet et de l'argent et les nomma ses *khouan* ou frères après leur avoir donné ses ordres.

A la suite de la proposition qu'il leur fit de les tuer, il ne lui en resta que quarante, que le sultan chassa, ainsi que leur chef et sa famille, hors de la ville de Meknès. Les bannis s'établirent dans un lieu désert nommé Hameria, et c'est là qu'ils construisirent leurs gourbis. L'eau manquait ; le marabout n'eut qu'à frapper de son bâton le tronc d'un olivier pour qu'une source en sortît aussitôt.

Apprenant ce prodige, le sultan voulut le contraindre à sortir de ses Etats.

« La terre est à Dieu, lui fit répondre le marabout ; tu as des droits sur Meknès et ses environs, mais tu n'en as aucun sur Hameria. Si tu veux me vendre tout ce que tu possèdes, Meknès et les terres de ton empire, tu en auras le prix que tu me demanderas. »

Mouleï-Ismaël sourit de pitié à cette proposition si folle. Cependant, dans l'espoir de jouer un bon tour à Sidi Aïssa, il accepta la vente moyennant une énorme somme d'or. Au jour fixé pour la transaction, le sultan, les euléma et les grands personnages de la ville se rendirent à Hameria. Le marabout les reçut avec respect et les fit asseoir auprès du vieil olivier.

« Aïssa, dit le sultan, je te livre Meknès et ses environs, ainsi que nous en sommes convenus : voici l'acte de vente ; mais donne-moi le prix fixé pour cet achat.

— Tu vas le recevoir, répondit le saint. Vois si Dieu me protége et si mes prières lui sont agréables. »

En disant ces mots, Sidi Aïssa toucha l'arbre de la paume de sa main. Une pluie d'or tomba dans le cercle des gens de Meknès, et le tout compté donna trois fois la somme nécessaire au paiement de la vente. Qui fut étonné? Ce fut certainement le sultan et les grands de la ville. L'acte de vente était dans les règles ; il n'y avait rien à dire. Mouleï-Ismaël et les gens de Meknès se jetèrent aux pieds du marabout et implorèrent sa pitié. Sidi Aïssa leur rendit la ville et leurs biens à cette condition que chaque année, à partir du douzième jour du mois de *Maouled* (Rabi-el-Ououel), les habitants de Meknès resteraient chez eux sept jours sans sortir ; les Khouan de l'ordre seuls étant exceptés, les gens de la ville se mirent tous dans la confrérie, pour se soustraire à cette gênante disposition.

Satisfait de son triomphe, Sidi Mohammed ben Aïssa dédaigna de rentrer dans la ville et continua de vivre à Hameria où il mourut après avoir fait construire une magnifique mosquée dans laquelle on l'inhuma.

Les disciples de Sidi Aïssa se sont multipliés en Algérie et au Maroc où leur nom d'*Aïssaoua* est synonyme de jongleur et de bateleur.

A certains jours de fête, les *Aïssaoua* se réunissent et après des louanges et des prières adressées au fondateur de l'ordre, se livrent aux sons des instruments et aux cris des femmes, à une danse vertigineuse accompagnée d'invocations et de contorsions grotesques. Pendant que brûlent les parfums, que le rhythme de la musique et les cris des assistants s'accentuent et s'élèvent, il semble que les khouan arrivent à un degré d'exaltation extraordinaire. Ce ne sont plus des êtres humains, mais de véritables démons saisis de folie furieuse. En cet instant, si l'on apporte des moutons ou d'autres animaux vivants, les Aïssaoua se précipitent sur la bête, la déchirent et dévorent la chair pantelante avec les débris de toison et d'intestins. Les khouan saisissent ensuite les reptiles les plus hideux, des serpents venimeux, des crapauds, des scorpions, se jouent de leur venin et les dévorent vivants.

Tous ceux qui ont visité l'Algérie ont été témoins de ces faits, mais les opinions se sont partagées quand il s'est agi de les expliquer. Les uns n'y ont vu que jonglerie et momerie, tandis que d'autres y ont cru fermement. Si l'on réfléchit que les Aïssaoua ne se contentent pas de dévorer des serpents et des scorpions, et qu'ils mâchent et avalent au vu et au su de tout le monde des tessons de bouteilles, des clous, de la limaille de fer, des feuilles épineuses de cactus qui leur traversent les joues, qu'ils se brûlent impunément avec des barres de fer rouge et qu'ils se font de profondes plaies avec des instruments tranchants sans paraître ressentir la moindre souffrance, il faudra pourtant bien admettre qu'il n'y a pas que jonglerie dans ces cérémonies, et chercher ailleurs la clef du mystère.

Pour nous, nous croyons la trouver dans l'état d'exaltation et de mysticisme où arrivent les khouan de l'ordre d'Aïssa quand ils se livrent à de grands excès.

C'est là un des nombreux effets de l'imagination sur le corps, effets bien connus et auxquels il faut rapporter bien des cas aussi extraordinaires que celui qui nous occupe. Que le charlatanisme s'y trouve mêlé, c'est un fait certain, mais qui n'est pas suffisant pour expliquer les phénomènes que présentent les khouan Aïssaoua.

(Cf. à ce sujet, D*r* Lemprière, *Voyage autour du Monde*, édit. Charton, p. 212; *Ann. d'hyg. publique*, 2e série, t. XVI, p. 5; *les Khouan, ordre religieux* chez les Musulmans d'Algérie, 1 vol. in-8º, Paris, 1846; *Les Aïssaoua*, par Th. Gauthier, dans la *Revue de Paris*, t. I, p. 169; *Revue contemporaine*, 15 décembre 1858, art. de M. de Bellemare; *Les Khouan*, du même auteur, Alger, 1859; *Les Aïssaoua*, par le D*r* J. Davasse, Paris, 1862, Dentu; etc.

Ainsi qu'on vient de le voir, ce qui distingue particulièrement les Aïssaoua, ce sont leurs rapports familiers avec les serpents, animal mystérieux, reconnu en tout temps comme l'emblème de la ruse et le symbole de la magie, qui fascine les oiseaux et à son tour se laisse fasciner par le regard ou le chant de l'homme.

D'où peut donc venir cette croyance générale et cet art des enchantements qui de l'antiquité jusqu'à nos jours a pu se transmettre à travers des siècles?

Sprengel (*Hist. de la Médecine*, trad. Jordan, t. II, p. 148), rapporte que les Phéniciens et les Egyptiens regardaient le serpent comme d'une nature divine, parce qu'il se meut avec une extrême rapidité, formant par ses replis des figures représentant autant de cercles mystérieux, parce qu'il vit fort longtemps et qu'il a le pouvoir de se rajeunir en changeant d'enveloppe. Les Phéniciens l'appelaient le *bon démon* et les Egyptiens *kneph*. Ils lui donnaient une tête de vautour pour marquer qu'il est doué d'une âme intelligente. Les Egyptiens représentaient Osiris et Isis (le soleil et la lune) par deux serpents portant sur leur tête une fleur de lotus, en même temps qu'ils donnaient la figure du monde par un serpent renfermé dans un œuf, ce qui formait une figure assez semblable au Θ des Grecs. Dans les Indes, le dieu Fô était symbolisé par un dragon ou un serpent, et à Babylone les prêtres adoraient Baal, ou le soleil, sous la forme d'un grand serpent qu'ils nourrissaient dans les temples. Selon Macrobe (*Saturn.* liv. I, chap. 20), les Romains des premiers siècles représentaient aussi le soleil, appelé alors Janus, sous la forme d'un serpent. Ce reptile, roulé en cercle, et se mordant la queue, symbolisait à leurs yeux l'année et l'éternité. Il en était de même sur les monuments consacrés à Mithra, le dieu du soleil en Orient. Il est inutile de rappeler le rôle du serpent dans les mystères d'Eleusis (*Strabon*, liv. IX, p. 623), dans le culte de Bacchus (Euripid. *Bacch.*, v. 103), au temple de Delphes sous le trépied de la pythonisse (Lucian. *De Astrolog.*, p. 854), et enfin aux temples d'Esculape où, pour prédire l'issue des maladies, on se servait de serpents apprivoisés et instruits. Aux temps héroïques, alors que la médecine consistait dans l'art divinatoire et dans des conjurations et des formules magiques, les serpents étaient les oracles des devins. Des serpents qui lui mordirent les oreilles dans son enfance, avaient donné à Mélampe l'art de prophétiser, et d'interpréter le chant des oiseaux, fable qui tenait son origine dans la croyance où l'on était que les serpents pressentent les changements de l'atmosphère et même les maladies épidémiques (Œlian. *De nat. anim.*, lib. VI, cap. XVI). Les Argiens ne se seraient jamais permis de tuer un serpent, tant ils leur portaient de respect. Esculape porte un bâton noueux entouré d'un serpent, et après sa mort on lui consacra plusieurs espèces de ces reptiles.

Toutes ces croyances confirment le fait d'un culte rendu au serpent, culte dont certains hérésiarques suivaient les errements, — les Ophianiens (Origène, *Contra Cels*. lib. VI, cap. XXVIII, p. 632), et les Ophites (Saint-Augustin, *Catal. des Hérésies*, 17) — et qui, paraît-il, fleurit encore chez les nègres de la côte de Guinée et du centre de l'Afrique.

C'est de là que vient l'art des enchanteurs dont la Bible parle en nombre d'endroits, et qui fut pratiqué par des peuplades entières, les Ophiogènes dans l'Hellespont, les Marses d'Italie, les Psylles d'Afrique, les Oblogènes de Chypre. De nos jours on rencontre encore des enchanteurs dans les pays d'Orient, en Asie et en Amérique, sans compter bien entendu les charlatans et les jongleurs qui exploitent la crédulité publique en enlevant à l'avance les crochets venimeux des serpents(1).

Quant aux khouan de l'ordre de Sidi Aïssa, ils ont leur pendant dans les derviches et les fekirs de l'Inde ou même de Constantinople. On sait que les derviches hurleurs de cette dernière ville arrivent à la suite de cris et de danses à un état d'exaltation telle que les douleurs les plus vives ne peuvent avoir d'effet sur leur corps dominé par l'esprit, et qu'ils se brûlent ou se blessent impunément, sans en ressentir aucune souffrance. Les fakirs ou mendiants de l'Hindoustan se percent de longues aiguilles, de poignards ou d'épées, se tiennent dans les positions les plus hors nature, se suspendent par des crochets passés dans leurs chairs, se traversent la langue de barres de fer, toujours soutenus qu'ils sont par l'exaltation mystique.

IV

Ordre de Sidi Youssef-el-Hansali.

Cet ordre, fondé à Constantine même, ou mieux dans la montagne située près de là et nommée la Chettaba, compte dans la ville et aux environs à peu près deux mille khouan.

Le fondateur, Sidi-Youssef-Hansali vint de l'Ouest de Sétif, du côté de Zammoura. Il s'établit dans le Djebel-Zaouaoui, partie des monts Chettaba, à l'endroit que tous ses khalifa ont depuis habité.

Au temps des Deys, la maison du marabout était un lieu de refuge qu'aucun de ces souverains n'aurait osé violer. Tous ceux qui s'y retiraient recevaient d'abord une généreuse hospitalité, et plus tard ils trouvaient le pardon de leurs fautes dans la puissante intercession de Sidi-Hansali.

Les khouan Hansala récitent chaque jour un verset du Coran indiqué par le marabout ; ils le disent vingt fois à

---

(1) Cf. à propos des croyances sur les serpents, la *Faune populaire* (t. III) de M. E. Rolland, et *les Serpents et les Dragons dans les Trad. pop.*, par M. H. Carnoy, dans le numéro de janvier 1884, de la *Revue de l'Histoire des Religions*.

trois heures de l'après-midi, et vingt et une fois au coucher du soleil. A chaque heure de prière, ils y ajoutent deux cents fois la formule : *O Dieu ! le salut sur notre Seigneur et maître Mohammed, et salut !*

V

Ordre de Sidi Hamed-Tsidjani.

C'est un des plus récents des ordres religieux de l'Algérie, puisqu'il ne date que des premières années de ce siècle. Le fondateur, Sidi-Hamed-Tsidjani, était un des plus importants de la ville du Sahara algérien nommée Aïn-Madhi. Les vertus et les miracles de ce marabout lui acquirent une telle renommée que les Turcs, épouvantés par la puissance de Sidi-Tsidjani, réunirent une nombreuse armée et marchèrent contre Aïn-Madhi. Mais lorsque les Turcs voulurent envoyer leurs boulets contre la ville, le saint homme parla et les canons ne voulurent point partir. Les habitants sortirent et mirent en fuite les assiégeants. Le pacha d'Alger entra dans une violente colère lorsqu'il apprit cette défaite, et il fit mettre à mort le mokaddem des khouan de l'ordre établi dans la ville. Mais, la nuit suivante, le saint vint trouver le pacha dans son sommeil, le changea en femme et le laissa ainsi jusqu'à ce qu'il lui eût promis de bien traiter à l'avenir les frères de l'ordre. Puis Sidi-Hamed-Tsidjani alla se fixer à Fez où il eut à souffrir de l'envie du sultan et des euléma jusqu'au jour où il eut donné des preuves irrécusables de son savoir. Sidi-Hadj-Ali, de la ville de Temassin, le remplaça comme khalifa. Dans une lutte qu'il eut à soutenir contre ses ennemis, les dattiers se mirent à lancer des obus, des balles et des fusées contre des gens de Mouléï-Taïeb.

VI

Ordre de Sidi Mohammed-ben-Abd-er-Rhaman.

Sidi Mohammed ben-Abd-er-Rhaman, le fondateur de cet ordre, est né à Alger, sous le règne de Moustapha-Pacha. Il avait fait de nombreux disciples dans sa ville natale, lorsque, on ne sait trop pour quelles causes, il quitta Alger et se retira, avec sa famille, dans les montagnes de la Kabylie, au centre du Jurjura. Il y était à peine depuis six mois lorsqu'il mourut. Les Kabyles furent désolés et ils l'inhumèrent avec la plus grande cérémonie.

Lorsque les khouan d'Alger apprirent la mort du marabout, ils tinrent conseil et se demandèrent si l'on devait laisser le corps du saint homme aussi loin de sa ville natale. Les frères furent unanimes à penser qu'il fallait aller chercher la dépouille mortelle de l'ouali dans les monts du Jurjura. Comme ils pensaient ne pouvoir l'obtenir des Kabyles, ils eurent recours à la ruse. Arrivés non loin des montagnes, les khouan algériens se partagèrent en trois bandes : les deux premières se rendirent au village pour endormir la vigilance des montagnards, tandis que l'autre partie déterrait le corps et l'emportait à Alger sur un mulet. Les Kabyles apprirent bientôt que la sépulture du marabout avait été violée.

Ils s'en plaignirent vivement aux khouan d'Alger et les menacèrent de leur faire un mauvais parti.

Comme ces derniers soutenaient qu'ils ne savaient rien de cet enlèvement, on ouvrit à nouveau la fosse et l'on y trouva le corps du saint homme qui depuis eut sa mosquée en Kabylie et à Alger. C'est pour cela que Sidi-Mohammed-ben-Abd-er-Rhaman est surnommé *Bou-Korabin* ou *Bou-Guebrin*, c'est-à-dire *l'Homme aux deux tombeaux*.

La confrérie de Sidi-Abd-er-Rhaman est le véritable ordre national de l'Algérie, parce que, sous une bannière commune, elle réunit deux éléments bien divers, l'Arabe et le Kabyle, toujours opposés de caractère et d'intérêts.

La règle de cet ordre consiste à répéter au moins *trois mille fois par jour* la formule sacramentelle, profession de foi du Musulman : *La ilah illa Allah, Mohammed rassoul Allah !*

VII

Ordre de Sidi Mohammed Ben' Ali Es-Senoûsi.

Cette confrérie est de création moderne. Son fondateur, Sidi Mohammed Ben' Ali Es-Senoûsi, né en Algérie dans le voisinage de Mostaganem, était un jurisconsulte ; il fut initié de bonne heure à la philosophie mystique des Châdheliya ; adversaire des Français comme il l'avait été auparavant des Turcs, il partit pour l'Orient après notre conquête, et sur sa route séjourna quelque temps à Laghouât, au Caire, enseignant le droit et la théologie. A la Mecque, il se fit le disciple de Ahmed Ben-Edris, le grand docteur du Chadhélisme, et celui-ci, en mourant, le désigna en quelque sorte comme son successeur.

La doctrine dont Sidi Mohammed se fit l'apôtre consistait à ne rendre de culte qu'à Dieu seul, à honorer les saints pendant leur vie, mais sans continuer à les vénérer après leur mort, parce qu'ils ne sont que des mortels, sans excepter Mahomet, « la plus parfaite des créatures », à renoncer au monde, à ne permettre le luxe de la parure qu'aux femmes dont elle augmente la séduction, et à n'autoriser les hommes à avoir de recherche que pour leurs armes de guerre, à n'obéir qu'aux chefs qui suivent eux-mêmes scrupuleusement la loi religieuse dans l'exercice de leur double pouvoir spirituel et temporel, à n'entretenir aucune relation avec un chrétien ou avec un juif et même à considérer comme ennemis tous ceux qui ne sont pas *ra'aiya*, c'est-à-dire tributaires des fidèles. Pour propager plus sûrement cette doctrine, Sidi Mohammed fonda, dès 1837, une confrérie.

Il existe beaucoup de confréries religieuses parmi les musulmans. Celle des Senoûsîya n'a pas tardé à devenir, dans le nord de l'Afrique, la plus importante; elle a même absorbé ou subordonné à son influence une partie de celles qui dérivaient, comme elle, de la doctrine mystique du Chadhélisme. Les Senoûsîya ont des couvents, des *zaouia* (écoles), et comptent un très grand nombre de *khouân*, c'est-à-dire de frères.

Ces frères vivent mêlés à d'autres musulmans dans les tribus ou dans les villes, ne se distinguant pas de la foule par un costume particulier, mais astreints à dire chaque jour certaines prières, qu'ils doivent répéter jusqu'à cent fois, soumis à une obéissance passive à l'égard du *moquaddem*, préfet apostolique de leur district, portant leurs différends devant les juges de la confrérie, qui prononcent leurs arrêts conformément aux traités de jurisprudence de Sidi Mohammed, faisant à certaines époques des pèlerinages aux couvents et payant dans la caisse de la confrérie 2 1/2 pour 100 de leur capital ou venant cultiver les terres de la communauté quand ils sont trop pauvres pour faire une offrande en argent.

L'organisation est habilement conçue. Le chef des Senoûsîya a assuré sa propagande par ses écoles, son autorité morale par le rigorisme de sa doctrine qui surexcite le fanatisme musulman, son influence temporelle par ses tribunaux, par les biens de ses couvents, qui font de larges aumônes, sa propre autorité par la hiérarchie des *moquaddem* et par les synodes dans lesquels il les réunit pour leur communiquer l'inspiration de sa volonté souveraine. Il n'a pas dédaigné, malgré le renoncement dont la doctrine fait profession, de s'assurer pour lui-même une part des biens de ce monde et les dons des fidèles lui procurent les jouissances et la puissance que donne une grande richesse.

Le fondateur de la secte est mort. Son fils, Sidi Mohammed el Mahdi, lui a succédé, et la confrérie a continué de prospérer et de grandir sous sa direction. Il est peut-être plus respecté encore que n'était son prédécesseur:

les fidèles lui attribuent le don des miracles. Il réside à Yerhboûb où son père s'était établi et avait fondé un couvent en vertu d'un firman du sultan de Constantinople.

Avant lui, Yerhboûb, situé dans le désert de Libye, presque sur les confins de l'Egypte et de la Tripolitaine, était un lieu inhabité et inconnu des géographes. Sidi Mohammed s'y fixa en 1861 et avait bâti son couvent sur le bord d'un plateau qui domine le lac de Farêdgha; douze ans après, le couvent ne comptait encore qu'un petit nombre de résidents, maîtres, élèves ou esclaves. C'est aujourd'hui une cité dans le désert; en 1880, le nombre des Algériens qui figuraient parmi les gardes du prophète était évalué à quatre mille et le couvent seul renfermait, en 1883, sept cent cinquante personnes. Ce couvent est la zaouia métropolitaine. C'est là que le Mahdi tient ses synodes annuels, qu'il a sa cour, ses nombreux esclaves qui cultivent les jardins de l'oasis et qu'il reçoit les hommages et les présents des fidèles.

A Yerhboûb, le Madhi est à l'abri d'un coup de main : le désert lui fait un rempart. Autour de la capitale du Sénoûsisme, plusieurs autres couvents, dont la position n'est pas exactement connue, peuvent, au besoin, servir de refuges ou de postes avancés, et, plus loin, par delà le désert, le Ouddaï lui offre un asile où il serait en sûreté.

Aujourd'hui la confrérie des Senoûsîya compte, d'après l'opinion de M. Duveyrier[1], 1,500,000 à 3,000,000 d'adhérents et 121 couvents ou centres d'action; un écrivain anglais, M. Broadley, porte même le nombre à 300 ; mais le savant géographe français regarde cette évaluation comme exagérée. La confrérie domine souverainement dans le Barka, l'ancienne Cyrénaïque; c'est elle qui y a fondé la plupart des écoles et qui les dirige toutes aujourd'hui, qui rend la justice par ses tribunaux ; les autorités turques paraissent être sous sa dépendance. La Cyrénaïque, au sud-

---

[1] M. Henri Duveyrier a fait, il y a vingt ans, un voyage au pays des Touaregs et, depuis ce temps, n'a cessé de s'occuper de la géographie du Sahara et de l'étude des populations musulmanes de l'Afrique.

est de laquelle est située Yerhboûb, est aujourd'hui le centre de la domination senoûsienne.

Mais cette domination s'étend bien au delà.

La carte que M. Duveyrier a jointe à son mémoire nous fait voir que la confrérie domine dans le Fezzan, dans le Koufara, qu'elle a des écoles à Tripoli, à Ghadamès. Plus à l'ouest, quelques tribus du sud de la Tunisie, et un plus grand nombre de tribus algériennes, les Oulâd-Naïl, les Oulâd-sidi-ech-Cheïkh, des Berbers de l'Aourâs, des Arabes du Dahra et des environs de Mostaganem lui appartiennent en grande partie et elle étend ses ramifications jusque vers l'extrémité occidentale de l'Atlas marocain. Dans le Sahara occidental, les Cha'anba-el-Mâdi, les habitants d'In-Çalah, les Touaregs et, jusque sur les bords du Sénégal, les Trarzas, nos voisins, sont affiliés à la grande confrérie.

Dans la partie orientale du Sahara, les Toubou (ou Tibbou) paraissent lui être entièrement dévoués et, de ce côté, son influence s'étend jusque chez les Somali, sur les rives de l'océan Indien.

Elle s'est avancée jusque dans le Soudan, au bord du lac Tchad, et le Ouadaï, que l'humeur guerrière de ses habitants a rendu redoutable et qui a été, jusqu'à l'époque du voyage de Nachtigal, si fermé aux Européens, lui est aujourd'hui tout dévoué, depuis que le Mahdi a renvoyé au sultan de ce pays une caravane enlevée par les maraudeurs et surtout depuis qu'il a assuré par son influence l'avènement du souverain actuel.

La confrérie des Senoûsîya, qui s'est propagée aussi en Arabie et en Mésopotamie, est donc devenue une puissance considérable, surtout dans le nord de l'Afrique. Comme elle s'inspire du fanatisme religieux et de la haine des infidèles, elle est un danger permanent pour les Européens qui voyagent dans ces contrées ou qui y ont des établissements. M. Duveyrier n'hésite pas à attribuer à son influence les assassinats d'Européens qui ont eu lieu dans le Sahara depuis vingt ans, particulièrement celui du colonel Flatters, et la plupart des difficultés que d'autres Européens ont éprouvées pour se faire admettre dans certaines oasis, et qui semblent avoir augmenté à mesure que s'accroissait l'influence du Sénoûsisme.

L'Angleterre éprouve en ce moment ce que peut le fanatisme religieux sur la terre d'Afrique. Le Madhi de Dongola qui a soulevé contre elle le Soudan, est aussi un mystique relevant du Chadhélisme. Néammoins, entre les deux Mahdis, animés d'un même sentiment de haine contre les chrétiens, et jaloux de ramener les fidèles à la pureté de la vie musulmane, il paraît qu'il n'y a aucun concert pour l'action. M. Duveyrier incline même à penser qu'il y aurait une rivalité, secrète ou même déclarée, d'influence entre l'ancien et le nouveau prophète.

(Extrait du rapport de M. Emile Levasseur à l'Académie des Sciences, d'après la *Revue pol. et litt.* du 29 mars 1884.)

LIVRE VI

CROYANCES ET SUPERSTITIONS

> Recueillez-en les fragments afin qu'ils
> ne périssent point.
> (*Evang.* selon St-Jean.)

I

Le Langage des Animaux, pour les Arabes.

De tout temps les Arabes ont connu ou plutôt ont prétendu connaître le langage des oiseaux. En cela, du reste, ils étaient dans les idées des autres peuples de l'Orient. Les Arabes Scénites surtout avaient, au dire des anciens, poussé si loin ce don merveilleux qu'ils en étaient venus à pouvoir interpréter jusqu'aux cris des quadrupèdes. Leurs descendants possèdent aujourd'hui encore ce pouvoir.

Apollonius de Tyane, philosophe de l'école de Pythagore, si renommé en son temps comme thaumaturge, avait été auprès des Arabes Scénites apprendre à interpréter le langage des oiseaux ; au temps de Néron et de Domitien, on accourait de partout pour l'entendre[1].

---

[1] Porphirius, *de Vita Pythagoræ*.

Les Arabes de nos jours assurent que Salomon et la reine de Saba comprenaient le chant des oiseaux et qu'ils se servirent comme messagers de leurs amours d'un oiseau nommé *huddud* [1] auquel ils tenaient des discours que l'oiseau répétait fidèlement.

Du reste, nombre de philosophes ont autrefois pensé comme les Arabes. Lactance [2] les pense susceptibles de rire. Artephius, dans un de ses ouvrages, parle du chant des oiseaux. Dans la littérature populaire de tous les peuples, il est question de héros comprenant le langage des oiseaux ou des animaux, et parvenant ainsi à en obtenir aide et assistance. Partout aussi les paysans se sont appliqués à donner un sens au chant des oiseaux. Ainsi, au dire de M. Laisnel de la Salle [3] et de M. H. de la Villemarqué [4], l'alouette monte au ciel en chantant d'un air contrit, parce qu'elle désire l'entrée du Paradis. Saint-Pierre lui refuse cette faveur, et l'alouette furieuse descend en chantant :

J'fautr'ai ! J'fautr'ai ! J'fautr'ai !

C'est-à-dire : je pécherai ! je pécherai ! je pécherai !

Lorsque vient le moment des semailles jardinières du printemps, la gentille mésange avertit les cultivateurs et leur crie :

Plantez tout ! Plantez tout ! Plantez tout !

Au printemps aussi, le merle est préoccupé de sa couvée et exprime ses inquiétudes en chantant :

Laboureux ! Laboureux !
En cherchant tes bœufs,
Tu trouveras bien mes œufs ! [5]

Nous n'en finirions pas à citer le langage apparent attribué aux oiseaux par les gens du peuple.

---

[1] Le *huddud* serait la huppe au dire de dom Calmet : *Dictionn. de la Bible*. t. I, p. 474.
[2] *Inst. divin.*, III, 10.
[3] *Croyances et Légendes du Centre*, tome second, p. 224-225.
[4] H. de la Villemarqué, *Barzaz-Breiz*, t. I, p. 45, et t. II, p. 448.
[5] Laisnel de la Salle, *Op. cit.*, p. 223.

Mais des littérateurs et des savants se sont également mis de nos jours de la partie. Le docteur allemand Pfeil « qui a fait un séjour de douze années au milieu des marais de la Pologne, et qui est arrivé, dans son pays, au grade le plus élevé de la hiérarchie forestière, déclare qu'une des choses les plus intéressantes à étudier, c'est le langage des animaux. Ce savant docteur, après s'être mis, tous les jours, pendant plusieurs mois, en embuscade auprès d'un étang sur lequel venait s'abattre une bande de canards sauvages, est parvenu à deviner l'énigme de leurs discours peu harmonieux. Il affirme y avoir réussi au point de reconnaître à leur accent ceux qui venaient d'un pays étranger, et assure, ce que nous n'avons pas trop de peine à croire, que leur langage était devenu plus intelligible pour lui que celui des philosophes de sa patrie[1]. »

Du reste, Montaigne[2] ne dit-il pas : « La différence de langage qui se voit entre nous, selon la différence des contrées, elle se trouve aussi aux animaux de même espèce : Aristote[3] allègue à ce propos le chant divers des perdrix, selon la situation des lieux. »

Le célèbre naturaliste Agassiz a été bien plus loin encore. « Il a, dit M. de Quatrefages[4], assimilé les cris des animaux aux langues humaines, au point d'affirmer qu'il serait facile de faire dériver les grognements des diverses espèces d'ours, les uns des autres, de la même manière et par les mêmes procédés que les linguistes emploient pour démontrer les rapports du grec avec le sanscrit. »

On peut encore, au sujet du chant des oiseaux, consulter les essais de Dupont, de Nemours, et celui de M. Garcin de Tassy[5], analyse curieuse du poème persan d'Attar.

Les Arabes interprètent également le rugissement du

---

(1) J. Clavé, *Revue des Deux Mondes*, 15 août 1861, p. 939.
(2) Montaigne, *Essais*, liv. II, chap. XII.
(3) Aristote, *Hist. des Animaux*. liv. IV, chap. IX.
(4) De Quatrefages, de l'*Unité de l'Espèce humaine*.
(5) Garcin de Tassy, le *Langage des Oiseaux*.

lion. Voici ce qu'en dit le général Daumas, dans son ouvrage sur les *Mœurs et Coutumes de l'Algérie* :

« Une croyance populaire montre la grandeur du rôle que joue le lion dans la vie et l'imagination arabes. Quand le lion rugit, le peuple prétend que l'on peut facilement distinguer les paroles suivantes :

« *Ahna ou ben el mera* (moi et le fils de la femme). »

Or, comme il répète deux fois *ben el mera* (le fils de la femme), et ne dit *ahna* (moi) qu'une seule fois, on en conclut qu'il ne reconnaît au-dessus de lui que *le fils de la femme.* »

Philostrate rapporte qu'autrefois les Arabes acquéraient le talent de comprendre les animaux en mangeant, selon les uns, le cœur, selon les autres, le foie d'un dragon[1] » recette donnée également dans les Eddas Scandinaves[2].

De nos jours, les Arabes mangent la cervelle de l'animal même dont ils veulent comprendre le langage.

Nous trouvons dans les *Poèmes Algériens* déjà cités de M. V. Bérard, une légende algérienne dont nous n'avons pu nous procurer le texte arabe original et que néanmoins nous allons donner telle quelle, parce que le fonds en est populaire, et que nous n'avons pas osé diminuer par crainte de nous écarter de la version exacte arabe[3] :

La Cervelle du Chacal.

LÉGENDE DE COLÉA

C'est un grand avantage
Que de pouvoir, la nuit,
Comprendre le langage
Du chacal qui nous fuit.

Un soir, — j'étais à la mamelle, —
Mon père abattit de trois plombs,
A l'heure où sous l'œil tout se mêle,
Un chacal, ce loup à poils blonds.

---

(1) Philostrate, *Vie d'Apollonius de Tyane*, liv. I, § 20, trad. Chassang.
(2) Cf. le *Poème sur Rig*, dans les Eddas.
(3) V. Bérard, *Poèmes algériens*, un vol. in-8°, 272 p., Paris, Dentu, 1858.

Il prit sa tête, et me dit : — « Suce
» La cervelle de ce fripon !
» Tu seras son pareil d'astuce,
» Et tu comprendras son jargon. »

  C'est un grand avantage
  Que de pouvoir, la nuit,
  Comprendre le langage
  Du chacal qui nous fuit.

Je connais bien ce qui se passe
Dans la cervelle d'un chacal !
Flairer l'amour, la tête basse,
Et du vol se faire un régal ; —
Suivre la proie avec mystère, —
Du danger s'enfuir lâchement ;
Combien il est d'hommes, sur terre,
Qui ne pensent pas autrement !

  C'est un grand avantage
  Que de pouvoir, la nuit,
  Comprendre le langage
  Du chacal qui nous fuit.

Voilà que dans la nuit profonde
S'élèvent des cris discordants !
Il n'est de chien qui n'y réponde
Dans Coléa, grinçant des dents.
Ce sont des chacals à la file ;
Leur bruit fait le tour des remparts.
Il sort du ravin de la ville,
Et puis surgit de toutes parts.

  C'est un grand avantage
  Que de pouvoir, la nuit,
  Comprendre le langage
  Du chacal qui nous fuit.

Ce cri ressemblant à la plainte
D'un enfant qui pleure au berceau,
Dit que l'angélique et l'absinthe
Soupirent au bord du ruisseau ;
Qu'au milieu du feuillage sombre,
La lune — aux yeux creux — se levant,
Fait fuir en escadrons sans nombre
Les chacals plus prompts que le vent.

> C'est un grand avantage
> Que de pouvoir, la nuit,
> Comprendre le langage
> Du chacal qui nous fuit.

Ces cris sourds, imitant les râles
D'un homme qu'égorge un couteau,
M'annoncent des fantômes pâles
Se glissant le long du côteau.
Ces gémissements plus rapides
D'un Roumi chantant le trépas,
Non loin, sur les gazons humides....
Mais ça ne me regarde pas.

> C'est un grand avantage
> Que de pouvoir, la nuit,
> Comprendre le langage
> Du chacal qui nous fuit.

Pareils aux aboiements du dogue,
Ces cris ne partent pas de loin;
Nos chiens en font un dialogue
Où le sanglier met son groin.
Que disent-ils? Ils veulent dire
Qu'un brigand, rival du chacal,
Au clos voisin veut s'introduire....
Tant pis!... cela m'est bien égal.

> C'est un grand avantage
> Que de pouvoir, la nuit,
> Comprendre le langage
> Du chacal qui nous fuit.

Ce n'est pas un chat qui miaule....
C'est un chacal, — le fin renard ! —
Qui découvre, sous quelque saule,
Pour ses jambes un traquenard.
Auprès, il surprend une femme
Qui jabotte avec son amant.
Si c'était la mienne?... Ah ! l'infâme !
Elle n'est plus au lit, vraiment !

> C'est un grand avantage
> Que de pouvoir, la nuit,
> Comprendre le langage
> Du chacal qui nous fuit.

Hussein n'a rien qui le retienne,
Il saisit son arme, et descend
Au ravin; mais, est-ce une hyène
Qui le déchire et boit son sang !
Il hurle, appelle, en vain s'agite....
Et, sans courir aux cris d'Hussein,
Plus d'un indolent coléite
Sommeillant, dit à son coussin : (?)

« C'est un grand avantage
» Que de pouvoir, la nuit,
» Comprendre le langage
» Du chacal qui nous fuit. »

II

Le mauvais Œil.

Chez les Arabes, la corne aussi bien que les doigts d'une main ouverte passe pour avoir la propriété de neutraliser l'effet nuisible de l'œil d'un ennemi. On trouve souvent dans les oasis des têtes d'animaux cornus placées tout exprès par les Indigènes au-dessus de leurs portes.

Pour conjurer le *mauvais œil*, les Arabes se servent encore d'une sorte de dessin grossier représentant une main, les doigts allongés. Il n'est guère de maison indigène où on ne rencontre ce talisman soit à l'intérieur, soit à l'extérieur, au-dessus de la porte d'entrée. Ces signes cabalistiques sont la traduction matérielle de l'imprécation arabe si commune et si connue : *Khamsa fi aïnck !* (cinq doigts dans ton œil !) Les ménagères indigènes à qui revient la tâche d'exécuter ces sortes de peintures, ne sont pas de première force en dessin et pensent que cinq lignes — dont une plus courte que les autres pour le pouce — entées à angle droit sur une sixième, représentent la main d'une façon satisfaisante. Aussi leur main ouverte a-t-elle à peu près la forme d'un E majuscule ayant cinq traverses au lieu de trois (▤). Il est vrai de dire que quelques-unes, plus avisées, trempent tout bonnement la main dans le lait de chaux et l'appliquent sur la muraille, obtenant ainsi une empreinte qui défie la critique la plus exigeante.

Cette sorte de main ouverte se retrouve aussi grossièrement dessinée sur les tombeaux lybiens trouvés en Afrique, particulièrement ceux de *Ouled-Fayet* — conservés au Musée d'Alger, — de *Beni-Salah* — découverts par M. Considère, — etc.

Le *mauvais œil*, que les Arabes redoutent tant, est le fait voulu ou involontaire de certains sorciers dont le regard passe pour porter malheur. Ces sorciers ont beaucoup de ressemblance avec les *jettatori* napolitains. Au dire de Pline (liv. vii, chap. xiii), le regard des Illyriens était tel qu'il fascinait et même faisait mourir ceux sur lesquels il s'arrêtait trop longtemps. Cela rappelle Montaigne (*Essais*, liv. i. chap. xx) écrivant que « l'antiquité a dit de certaines femmes en Scythie, qu'animées et courroucées contre quelqu'un, elles le tuaient du seul regard. » Au moyen-âge, dans les procès de sorcellerie, il est souvent question de malheureux brûlés vifs comme convaincus d'avoir le mauvais œil. Cette croyance, retrouvée de nos jours chez les peuples les plus sauvages et les plus éloignés, est certainement d'une origine fort antique, puisqu'on trouve son préservatif, la main ouverte, sur les tombeaux phéniciens et lybiens, et même, paraît-il, sur les monuments dénommés celtiques de la Bretagne française. Les Grecs et les Romains la connaissaient également et pensaient que l'influence du mauvais œil se faisait sentir jusque sur les animaux, comme le montre ce vers de Virgile :

Nescio quis teneros oculus mihi fascinat agnos.

La main ouverte, avons-nous dit, préserve du mauvais œil.

On retrouve cette main sur la clef de voûte de la porte principale de l'Alhambra. Les cornes du cerf-volant (*lucanus cervus*) jouissent de la même propriété chez nos paysans français. Les Napolitains combattent la *jettatura* en portant sur eux un bijou, un objet quelconque façonné en corne. Pour les Juifs, le préservatif est une branche de rue. Les Hindous se ceignent la tête au moyen d'un cercle magique ou en déchirant en deux un morceau d'étoffe devant les yeux du maléficié.

Voici ce que nous trouvons dans l'ouvrage renommé de Lady Morgan, intitulé *The Wild Irish Girl* :

Sᵗ-Crysostom relating the bigotry of his own times, particularly mentions the superstitious horror which the Greeks entertained against "*the evil eye*". And an elegant modern traveller assures us, that, even in the present day, they « combine cloves of garlic, talismans, and other charms, which they hang about the neck of their infants, with the same intention of keeping away *the evil eye.* » It is supposed among the lower order of Irish, as among the Greeks, that some people are born with *an evil eye*, which injures every object on which it falls ; hence they will frequently go many miles out of their direct road, rather than pass by the house of one who has *an evil eye*. To frustrate its effects, the priest hangs a consecrated charm around the neck of their children, called *a gospel* ; and the fears of the parents are quieted by their faith.

III

Les Amulettes.

Dès la plus haute antiquité, les amulettes furent connues, et il arrive très souvent de nos jours d'en rencontrer dans les sépultures des âges préhistoriques. Les Israélites portaient aux temps mosaïstes la figure des mauvais esprits dont ils voulaient se préserver, et aujourd'hui ils portent dans une intention analogue des rouleaux de parchemin sur lesquels sont écrits des versets de la Bible. Qui ne connaît le mot cabalistique *abracadabra* dont tant on a fait usage au moyen-âge ? Les Arabes ont d'innombrables amulettes confectionnées par les lettrés ou *tolbas*, et qui préservent du mauvais œil, des accidents et de mille autres choses, tout en pouvant guérir la fièvre, la variole, les rhumatismes, les chutes, toutes les maladies enfin ! Certaines amulettes vous feront aimer de la cruelle qui vous dédaigne et l'obligeront à venir se jeter vaincue dans vos bras ! Et cela grâce à ces paroles :

« Allouch ! allouch ! archich ! archich ! archich ! min tafouch ! min tafouch ! nécherou ! nécherou ! ratouch ! ratouch !

« Viens, ô Mimoun (un djinn des plus puissants), daigne être favorablement disposé. Viens, ô Maratha (une diablesse), fille d'El-Aretz, dont les yeux sont à l'extrémité des ailes. Changez le cœur de Fathma, faites disparaître le bandeau de haine qui existe entre elle et Mohammed ; qu'elle devienne comme la chienne haletante, qu'on la batte ou qu'on la caresse. »

Si vous aimez la femme de votre voisin, vous pourrez l'épouser si vous possédez la formulette suivante écrite le dernier mercredi du mois, après la prière de quatre heures, en encre bleue et avec une plume du bois de l'arbre mâle du laurier rose :

« Nsiati, kerken, caron, etc., aktiou, tafaren, min hallidinn, kafaro, kafarom, etc....!!! »

Il est bien entendu que c'est tout nu que le taleb l'aura écrite.

Les amulettes sont de mille formes diverses.

Ordinairement ce sont des versets du Coran, écrits dans un sens et ensuite dans le sens perpendiculaire au premier, les lettres se croisant.

Ces amulettes sont renfermées dans des sachets de peau que l'on suspend au cou des hommes ou des animaux, et qui souvent arrivent à former de véritables colliers.

Contre la fièvre, écrire sur un œuf de poule :

« Qouch, maquach, chelmouch, cheqmouch, qoïch itnakla, itnak ! »

puis faire cuire l'œuf, le manger, conserver la coquille et la renfermer dans un chiffon bleu que l'on portera sur soi.

Contre le mauvais œil : une patte de porc-épic dans un fourreau d'argent.

Contre la morsure du scorpion : des cheveux d'un enfant de quatre mois et dix jours, renfermés dans un chiffon et portés au cou.

Contre la fièvre tierce : mettre sur le feu, trois jours durant, à l'heure des accès, un carré de papier contenant ce qui suit :

« Il a parlé, le Dieu qui te soulage et qui seul peut connaître ce qui est à toi. Il te pardonne trois fois et il te rend le mal. Il a dit : « Je te préserve du froid ; le salut sur...... (Ici le nom du fiévreux)... »

Si vous voulez être aimé d'une jeune fille, le taleb vous écrira l'amulette que vous suspendrez à l'arbre d'espérance. A chaque frémissement du papier, la jeune fille sentira frémir son cœur et elle cherchera votre image chérie ; elle vous aimera.

Pour préserver ou guérir du mal de tête, la forme de l'amulette sera la suivante :

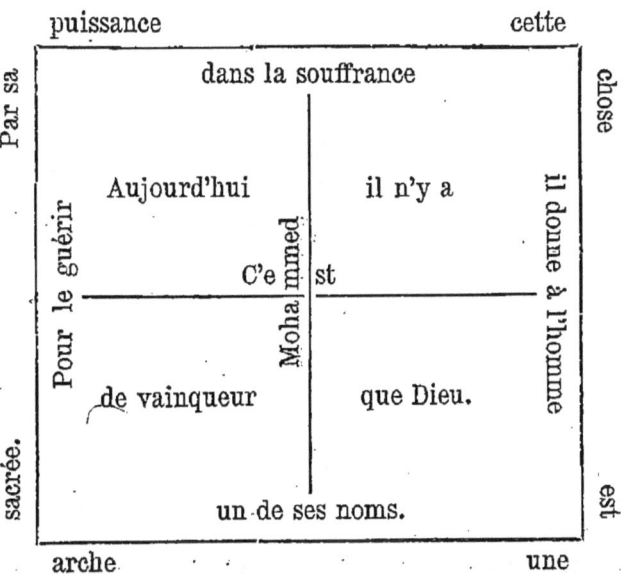

C'est-à-dire, premier grand carré : « *Pour le guérir dans la souffrance, il* (Dieu) *a donné à l'homme un de ses noms.* »

A l'intersection des deux perpendiculaires médianes : « *C'est Mohammed.* »

Pour les petits carrés intérieurs : « *Aujourd'hui il n'y a de vainqueur que Dieu.* »

Aux quatre angles de la figure : « *Par sa puissance, cette chose est une arche sacrée.* »

Pour se préserver d'une grave maladie :

« La vie de tous les hommes est dans les mains de Dieu ; lorsque le moment est venu, il faut qu'il meure. »

Pour éviter les pertes utérines, porter dans sa ceinture une petite plaque de fer-blanc sur laquelle on aura écrit :

« Daça li raha adjaha alaoua maghal la la ahm lahou ahar lahou. » (Ces mots n'ont aucun sens.)

Les six premiers mots sont disposés sur une ligne verticale que coupent ensuite à angle droit, vers ses deux tiers supérieurs, les autres mots inscrits en courbe comme suit :

Daça li raha adjaha alaoua maghal.

La la ahm la   hou ahar lahou

Contre la fièvre intermittente, écrire, en lignes toutes égales, sur un papier carré :

« El Hamdoulellah ! Ouassal Allah ou Ala Sidi Mohammed ou Hammadi Maëktebou lheumma biasmillah chafi biṣmillahi lafi bismillahelladi lahia droh maha asmihi chehi filhard oua la fissameï ou ahoua samia laalim lahoum iachafih ia aff chefi amel hadi ouarqata min el heumma. »

Ce qui signifie :

« Grâces à Dieu ! le salut de Dieu sur Mohammed ou Hammadi (le nom du malade). Cet écrit est pour la fièvre ; au nom de Dieu qui guérit, au nom de Dieu qui bénit, au nom de Dieu, celui qui n'aurait point fait de mal n'aura point de mal avec son nom. Sur terre, dans le ciel, dans l'air, il sait tout et devine tout ; il donne à tous la santé et la paix ; il guérit de la fièvre celui qui porte cette feuille. »

Pour se préserver de toute maladie, porter sur soi un papier d'abord passé dans la fumée de cascarille (*haoud el komari*) et sur lequel on écrira ensuite un *khatem*, c'est-à-dire un talisman n'ayant aucun sens, et composé de dix signes disposés dans un tableau carré, dont voici la forme :

1	5	7
2		8
3		9
4	6	10

Les chiffres donnés ici sont remplacés dans le talisman arabe par des signes qui n'ont même pas la forme de lettres.

Talisman contre la fièvre intermittente :

Le prophète Mohammed — sur qui soit le salut ! — a dit :

« Prenez cent feuilles fraîches d'olivier (*zitoun*) ; écrivez sur chacune ces mots :

« Au nom de Dieu, tout ce qui existe, existe par sa volonté : il guérit de la fièvre quand il veut, celui qui l'adorera. »

Placez ensuite toutes ces feuilles dans un linge bien propre et attachez-le autour de la tête ; la guérison sera prompte. »

Le prophète a dit encore :

« Le jour où vient l'accès de fièvre, prenez trois feuilles d'oignons (*beçol*) ; dans la première, écrivez : « Grâce à Dieu ! » Dans la seconde : « Mon Dieu est le Tout-Puissant ! » Dans la troisième : « Il est bon et miséricordieux ! » Puis mettez ces trois feuilles dans l'eau, écrasez-les ; buvez-en une gorgée au moment où la fièvre se déclare, et ablutionnez-vous le corps avec le reste du liquide. »

Pour se guérir de la fièvre intermittente quotidienne :

« Prendre trois noyaux de dattes (*tamr*) de *qsebba* (?); écrire sur le premier : « *Karoun !* »; sur le second : « *Aroun !* »; sur le troisième : « *Haroun !* »; en jeter un tous les jours dans le feu au moment où la fièvre doit venir. »

Celui qui a la fièvre quarte s'en guérira en portant sur le corps, et suspendu à un fil, un os (*adcum*) de coq (*diq*), ou bien en s'attachant au cou une noix muscade (*djouz et taïeb*).

Nous n'en citerons pas davantage sur les amulettes; contentons-nous de dire que les Grecs avaient des amulettes médicales nommées *bascama*, les Romains leurs phallus, leurs priapes, leurs lares et leurs mânes ; les Persans portent toujours sur eux des fragments du Coran; et les Musulmans de l'Inde, un charme, un nom *(esm)* pour chaque âge, chaque sexe, chaque maladie. A Ceylan, les parties malades sont couvertes de figurines de démons; les Chinois, les Boudhistes, les Tartares, tous les peuples ont des talismans, les chrétiens autant que les autres peut-être : médailles bénites, chapelets, rosaires, scapulaires, images, etc.

Voici quelques notes sur les amulettes arabes :

Les amulettes sont, en général, des maximes tirées de versets du Coran. Ces maximes sont écrites sur papier ou sur parchemin et forment des carrés ou losanges fort compliqués. Les femmes arabes les renferment entre deux morceaux d'étoffe et les portent, ainsi que les hommes, suspendues au cou comme les scapulaires; les femmes, qui en ont les moyens, font enfermer les maximes dans des médaillons ou bijoux de formes spéciales et variées, dénommés eux-mêmes amulettes, et qu'elles portent attachés à des colliers, des bracelets, des diadèmes ou des boucles d'oreilles.

Les marabouts délivrent les sentences des amulettes selon la position sociale de ceux qui les implorent et en rapport avec la nature de leur demande. A un marchand ils donneront une maxime dans le genre de celle-ci :

« Dieu a permis le commerce mais a proscrit l'usure. »

A une femme stérile :

« Que Dieu répande en toi la source de vie. »

Un homme indécis ayant consulté le marabout Si Ali bou Rhama, pour savoir s'il devait se marier, celui-ci lui remit un aphorisme dont voici la traduction :

« Le mariage est comme une forteresse assiégée : ceux qui sont dehors veulent y entrer, ceux qui sont dedans veulent en sortir. »

L'indigène qui nous a montré cette amulette était resté célibataire.

Il y a quelque quarante ans, un grand et fécond écrivain français, après avoir complimenté le savant taleb Mohamed ben Khodja, au sujet de sa science du Coran et de ses écrits, lui demanda une amulette. Le marabout lui donna cette sentence hyperbolique aussi poétique qu'imagée :

« Quand tous les arbres de la terre seraient des plumes, quand la mer serait d'encre et aurait sept fois plus d'étendue, plumes et encre ne suffiraient point à décrire les louanges de Dieu. »

A certain haut fonctionnaire, orgueilleux et vaniteux, qui était allé le consulter, un vieux marabout remit la sentence suivante :

« Si le Coran, au lieu de descendre dans la main de Mahomet, était descendu sur une montagne, vous eussiez vu cette montagne s'affaisser par la crainte du Seigneur. »

Un homme intelligent, fabricant de bijoux artistiques à Alger, M. Dorez, propagateur et inventeur, croyons-nous, des bracelets orientaux, dits porte-bonheur, qui ont eu tant de succès, a eu l'heureuse idée de faire confectionner dans ses ateliers un modèle de bracelet, d'après le genre arabe, sur lequel est gravée une devise, maxime ou sentence du Coran. Ce bijou, élégant, confortable et de bon goût, est en argent massif ouvragé avec une large bande en or sur laquelle ressort l'inscription en caractères arabes. Malgré tout son mérite artistique ce genre de bracelet est relativement peu connu et, par conséquent, peu répandu ; il est vrai que son prix, qui varie de 65 à 200 fr., n'est pas à la portée de toutes les bourses.

Voici les principales devises ou sentences que M. Dorez a recueillies et qu'il offre au choix des amateurs :

« Les trésors de la terre voilent ses misères. »
« L'état de l'homme c'est son trésor. »
« Tout arrive, tout passe, Dieu seul reste. »
« La connaissance de soi-même est chose difficile. »
« Qui sème le bien récolte la paix — le salut. »

« Fais le moins de visites possible, tu n'en seras que plus estimé. »
 (Cette devise doit convenir aux maris jaloux).
« L'activité fait naître le bien-être. »
« Le cœur conduit, le pied le suit. »
« Quiconque s'adresse à Dieu n'est jamais déçu. »
« Que cet anneau te préserve de tous maux. »

La devise suivante doit toujours être bien accueillie :
« Vous êtes comme la rose, si elle est déplacée son parfum reste. »

Mais nous ne pensons pas que la suivante le soit aussi bien :
« Consulte toujours ta femme et fais ensuite à ta tête. »
« Le riche est partout dans son pays ;
« Le pauvre dans le sien n'est qu'un étranger. »

Enfin la dernière, quoique la plus modeste, est la plus choisie :
« Peu d'un ami, c'est beaucoup. »

Talismans.

Les Arabes ont encore adopté d'autres talismans tirés des dépouilles des animaux féroces. Ainsi les peaux de lion avaient le privilége d'éloigner les animaux nuisibles[1] et les démons ; nos orientaux les étalaient sur leurs tentes ou devant leurs demeures.

Les guerriers portaient sur eux des griffes de lion, de tigre, de panthère et en ornaient les brides de leurs chevaux pour leur communiquer la force, le courage et l'agilité. Les femmes en attachaient aussi à leurs colliers pour se préserver des maléfices.

Seulement, depuis la conquête, les peaux des fauves ont trouvé un autre placement ; elles ornent l'intérieur de nos demeures et, par reconnaissance, nous sommes allés en Algérie remplacer l'effet du talisman avec nos armes à feu perfectionnées.

Par suite, les griffes des fauves sont passées du cou des indigènes à celui de nos belles mondaines, sous forme de parures : colliers, broches, boucles d'oreilles ; on voit même des griffes de lions du désert attachées aux épingles de cravate des lions de nos boulevards.

---

(1) On comprend facilement que les peaux de lion étalées sur les tentes devaient effrayer les autres animaux, surtout la nuit, peut-être même les malfaiteurs.

IV

Sorcellerie.

Parmi les marabouts, il en est qui font profession de sorcellerie ; si on leur demande un remède, aussitôt ils jettent des sorts, font des conjurations et prétendent user de moyens tirés de la magie et de la nécromancie. Certains disent la bonne aventure, bénissent avec des paroles, des reliques, amulettes ou petits papiers qu'ils écrivent, ou font écrire avec des caractères et des paroles extraordinaires, avec les noms de Satan et des démons ; ces amulettes sont placées au cou des enfants, des nouvelles accouchées, des femmes abandonnées, etc. Ils composent des drogues avec des grenouilles, des dents de chien, des yeux de chat, des ongles de loup, des dents de porc, absolument comme les sorcières de Macbeth.

Les marabouts se disent inspirés par les esprits et affirment qu'ils ont de ces esprits familiers qui leur entrent dans la tête et qu'ils appellent *Djenoun*, qui leur révèlent les choses les plus cachées.

Les femmes arabes passent pour fort expertes en sorcellerie. Beaucoup d'entre elles n'emploient leur temps qu'à cette occupation.

Elles vont trouver les marabouts sorciers ou d'autres femmes également expertes et ne discontinuent pas de jeter des sorts, de faire des conjurations, de piler des dents, de dépecer des insectes, des grenouilles ou des serpents, de faire des fumigations, de brûler des papiers, d'enfoncer des clous, d'invoquer les démons, dans le but d'être aimées, d'avoir quelque heureuse aventure, de marier leurs filles avantageusement, d'avoir des nouvelles des absents, de connaître l'avenir, de guérir des maladies, etc., etc.

Comme les marabouts elles ont un *Djin* (sing. de *Djenoun*) qui leur entre dans la tête à certains moments et leur révèle tout ce qu'elles veulent savoir. Elles sont dans l'usage de se réunir les unes chez les autres, ou de se rendre chez les personnes qui réclament leur assistance.

Elles enlèvent alors leurs vêtements d'usage journalier et en revêtent de spéciaux faits de soie ou de drap. On leur donne un repas, et lorsque le festin est terminé, elles se groupent en un cercle dont sort celle que l'on choisit pour danser au son du *tarr* (tambour de basque). Celle-ci danse courbée, la figure contournée, regardant un peu en haut, et la main gauche placée en arrière sur l'épaule. Lorsqu'elle a ainsi dansé quelques instants, elle tombe sans sentiment, les yeux retournés, l'écume à la bouche, la tête tordue, faisant des grimaces, des contorsions. On lui demande ce que l'on veut savoir, et elle répond d'une voix très différente de la sienne propre. Quand elle est revenue à elle, elle ne sait rien de ce qu'elle a fait, dit et entendu. Certaines vieilles négresses qui portent le nom de *Arifa* (devineresse, sorcière) passent pour être les plus habiles en ce genre et sont excessivement recherchées.

V

Les devins.

Les devins, *aârrafat*, jetaient des sorts, expliquaient les songes, pronostiquaient les événements et prédisaient l'avenir.

Un chef ayant un jour consulté un aârrafat pour savoir si l'un de ses amis, qui était prisonnier, serait mis en liberté, le devin traça des figures sur le sable avec son bâton, se recueillit un moment et dit :

« Je jure par la lune brillante, par l'étoile étincelante, par le nuage orageux, par tout ce qui vole dans les cieux, par l'expérience qu'acquiert le voyageur, que non-seulement ton ami sera renvoyé libre, mais qu'il reviendra comblé de présents.

— Et comment savez-vous cela ? demanda le chef.

— Quand vous m'avez interrogé, répondit l'aârrafat, j'ai vu un homme portant une outre pleine d'eau, la vider et la recharger sur ses épaules. L'eau, c'est le prisonnier; elle a été vidée, il sera relâché; l'homme a remis l'outre sur ses épaules, c'est un signe que des honneurs seront rendus à votre ami. »

On raconte que Rabiaâ ben Medar-el-Khemi eut un songe qui l'inquiéta. Pour se le faire expliquer, et sur l'avis de ses courtisans, il fit venir un devin fameux nommé Chak ou Satihh, qui lui dit :

« Seigneur, je connais votre songe. Vous avez vu une cervelle lumineuse qui a roulé sur une terre féconde, et toutes les créatures portant cervelle en ont mangé.

— Cela est vrai, répondit le prince, tel est mon songe; expliquez-le moi. »

Et le devin reprit :

« Un prophète inspiré de Dieu sera envoyé; toutes les nations se nourriront de sa parole, et ses descendants commanderont jusqu'à la fin des siècles. »

« C'est ainsi, disent les Arabes, qu'a été prédite, par la volonté de Dieu, la venue de notre seigneur Mohammed. »

VI

Croyances relatives aux Morts.

Les Arabes de toutes les tribus croient aux revenants et aux fantômes ainsi qu'à tous les mauvais génies inventés par l'imagination des Orientaux. Aussi, pour chasser ces apparitions lugubres, ont-ils recours à toutes sortes de cérémonies dans lesquelles ne manquent pas d'intervenir les *taleb* qui y trouvent la source d'assez jolis bénéfices. Pour empêcher les morts de revenir, le taleb place dans la main du défunt une bande de papier ou de parchemin sur lequel il inscrit certains versets du Coran, connus de lui seul pour leur efficacité.

Quand un cadavre a été inhumé, les Arabes aplanissent

avec soin les terres qui entourent la tombe ; puis le lendemain ils viennent examiner si cette terre s'est fendillée ou si elle porte les empreintes de quelque animal. S'il arrive que le sol soit resté intact, c'est que Dieu accorde sa miséricorde au défunt. Si le contraire a lieu, ils font des aumônes et renouvellent leurs prières.

Comme les Arabes ont la mauvaise habitude de mettre leurs cadavres dans des fosses d'à peine un demi-mètre de profondeur, il arrive souvent qu'au bout de quelques jours le mort se trouve à découvert. Ils disent alors que la terre a *craché* le défunt parce qu'il est maudit et qu'elle ne veut pas être brûlée avec lui.

VII

Croyances populaires des Arabes au sujet du Lion.

Autrefois, le grand sujet de causerie, sous la tente, c'était le lion, que les Arabes appelaient *Sid* (Seigneur).

Voici comment Alexandre Dumas a raconté quelques-unes des croyances populaires des Arabes relatives au lion, dans une lettre datée de Bône et adressée au duc de Montpensier, en 1849[1].

— Les Arabes sont essentiellement chasseurs ; ils chassent le lion, la panthère, le sanglier, la hyène, le renard, le chacal et la gazelle. Il va sans dire que le lion est le premier, le plus dangereux et le plus noble de leurs adversaires. Lorsqu'ils parlent de lui, ils l'appellent Monseigneur Johan-ben-el-Johan, c'est-à-dire Monseigneur Jean fils de Jean.

— Pourquoi lui ont-ils à la fois donné un titre et un nom d'homme ? C'est que, selon eux, le lion a les plus nobles qualités de l'homme le plus noble, c'est qu'il est le plus brave, c'est qu'il est généreux, c'est qu'il comprend la parole humaine, quelque langue qu'on lui parle. C'est

---

[1] *Le Véloce* — Tanger, Alger et Tunis — par Alexandre Dumas. Paris, Alex. Cadot, édit., 1853.

qu'il respecte les braves, qu'il honore les femmes, qu'il est sans pitié pour les lâches.

— Si un Arabe rencontre un lion, il arrête son cheval, qui tremble sous lui, et adresse la parole à son terrible antagoniste :

« Ah ! c'est toi Monseigneur Jean, fils de Jean, — lui
« dit-il. — Crois-tu m'effrayer, moi, un tel, fils de un tel.
« Tu es noble, je suis noble, tu es brave, je suis brave,
« laisse-moi donc passer comme un frère, car je suis un
« homme de poudre, un homme des jours noirs. »

— Alors, il met le sabre à la main, fait craquer ses étriers, pique droit sur le lion qui se dérange et le laisse passer.

— S'il a peur, s'il rebrousse chemin, il est perdu, le lion bondit sur lui et le déchire.

— De son côté, le lion sonde son adversaire, le regarde en face, lit ce qu'il éprouve sur son visage ; si l'homme a peur, le lion le pousse avec l'épaule, le jette hors du chemin avec ce rauquement cruel qui annonce la mort, puis il bave, s'écarte, forme des cercles autour de la victime, tout en cassant dans les broussailles des tiges de jeunes arbres avec sa queue, quelquefois même il disparaît. Alors l'homme se ranime, il croit avoir échappé, il fuit ; mais, au bout de cent pas, il trouve le lion en face de lui et lui barrant le chemin ; alors il lui pose une patte sur l'épaule, puis l'autre, lui lèche la figure avec sa langue sanglante et cela jusqu'à ce qu'un faux pas le fasse tomber, ou que l'effroi le fasse s'évanouir. Alors le lion quitte encore l'homme et va boire à un quart de lieue parfois ; de ce moment l'homme est à lui, il peut revenir quand il voudra. Il boit et revient, lèche encore l'homme un instant, puis commence son repas.

— Si la victime est un homme, ce sont les organes de la génération qu'il mange d'abord ; si c'est une femme, ce sont les seins[1]. Il emporte le reste ; puis, plus tard,

---

[1] Les Arabes ne devaient guère être spectateurs des repas des lions ; nous croyons que quelques détails leur ont été transmis par la tradition. Dans les cirques romains, par exemple, — et il y en avait beaucoup dans l'ancienne Numidie, — on avait été à même d'observer les faits et gestes des lions à l'égard des malheureux martyrs qui leur étaient livrés en pâture. (Note des auteurs.)

on retrouve dans quelque fourré les pieds et les mains qu'il ne mange jamais.

— Quelques Arabes, évanouis et gisants, tandis que le lion était allé boire, ont été sauvés, soit par une caravane, soit par des chasseurs, soit par un autre Arabe plus brave et plus instruit des mœurs du lion qu'ils ne l'étaient eux-mêmes.

Dans ce cas l'Arabe brave, au lieu d'aider l'Arabe poltron à fuir, ce qui les perdrait l'un et l'autre, attendu que le lion les rejoindrait tous deux, l'Arabe brave attend le retour du lion.

— Le lion reparaît et s'arrête en voyant deux hommes au lieu d'un. Alors l'Arabe brave s'avance au-devant du lion et lui dit :

« Celui qui est là couché, Monseigneur Jean, fils de
» Jean, est un lâche ; mais moi je suis un tel, fils de un
» tel, et je ne te crains pas. Cependant je te demande
» grâce pour ce misérable qui n'est pas digne d'être
» mangé par toi, je lui lie les mains et l'emmène pour en
» faire un esclave. »

— Alors le lion rauque.

« Oh ! sois tranquille, dit le brave, il sera puni sévèrement. »

— Et, en disant cela, il lie les mains du lâche avec sa corde de chameau.

— Alors le lion, satisfait, s'éloigne et disparaît cette fois pour ne plus revenir.

— Quelquefois des Arabes ont fait semblant d'avoir peur et, au moment où le lion leur mettait les deux pattes sur les deux épaules, lui ouvraient le ventre avec leur poignard. Ceux-là étaient vraiment *cuirassés*.

— Si un lion fuit devant une troupe de chasseurs, les Arabes ont un moyen infaillible d'arrêter sa course, c'est de l'insulter.

« Ah ! lâche ! Ah ! misérable ! tu fuis, — lui crient-ils,

« tu prétends que tu es le plus brave des animaux et tu
« fuis comme une femme ! Nous ne t'appellerons plus
« seigneur, nous t'appellerons esclave. »

— A ces mots, le lion se retourne et attend les chasseurs.

*
* *

Il faut que le lion soit tout à fait affamé pour ne pas respecter la femme; les Arabes prétendent même qu'il la craint. Des Arabes m'ont assuré (c'est M. Alex. Dumas qui parle)[1], avoir vu des femmes courir après le lion emportant quelque brebis ou quelque génisse, ou même des enfants, le saisir par la queue et frapper dessus à coups de bâton.

*
* *

« Quand les chasseurs ont été prévenus qu'un lion s'est avancé dans le pays, on envoie des batteurs d'estrade qui relèvent ses traces et reconnaissent l'endroit où il se tient d'habitude, ordinairement un buisson assez peu épineux pour que le lion puisse y entrer sans se piquer la face. — Le lion craint de se piquer le visage, cette face mobile qui ressemble à celle de Jupiter Olympien.
— Alors les batteurs reviennent, font leur rapport, les chasseurs montent à cheval et enveloppent le buisson.

Le premier qui aperçoit l'animal crie en le montrant du doigt : « *Rahe-hena.* » — Il n'est pas là. S'il criait : « *Ra-hena,* » ce qui voudrait dire : il est là, le lion, *qui comprend toutes les langues,* ne manquerait pas de dévorer son dénonciateur.

Alors tout le monde s'éloigne à la distance d'une soixantaine de mètres, afin d'échapper aux trois premiers bonds et afin d'avoir l'air d'avoir fait buisson creux. Ils s'arrêtent alors et font feu sur l'endroit désigné.

Si le lion n'a pas été atteint mortellement, il sort du buisson ; les Arabes s'éloignent ventre à terre, rechargent

---

[1] *Le Véloce*, tome III, p. 125,

leurs fusils et, si le lion fuit, ils le rappellent en l'insultant.

Mais rarement une chasse se termine sans qu'on ait à regretter la perte de trois ou quatre chasseurs. »

* * *

Longtemps après notre arrivée en Algérie, les Arabes prétendaient encore que le lion changeait de nourriture quatre fois par an.

« Pendant le premier trimestre de l'année il mangeait les démons ; pendant le second il mangeait de la chair humaine ; pendant le troisième de la terre glaise, et pendant le quatrième des animaux. »

« Les Arabes avaient remarqué, disaient-ils, que le lion qui enlève un cheval ou un chameau, en le jetant hardiment sur son épaule, et qui saute avec ce fardeau des haies de trois ou quatre pieds, ne pouvait que traîner misérablement un mouton. »

Voici, d'après leur poétique imagination, comment les Arabes expliquaient cette anomalie :

« Un jour, dans une assemblée d'animaux, le lion disait, vantant sa force : « J'emporterai sur mon épaule « le taureau, s'il plaît à Dieu ; le chameau, s'il plaît à « Dieu ; le cheval, s'il plaît à Dieu, et ainsi de suite. » Arrivé au mouton, il trouva la chose si facile, qu'il négligea d'invoquer le Seigneur. »

« Le Seigneur l'en punit, le roi de la force est obligé de traîner le mouton qu'il ne peut jeter sur son épaule. »

VIII

Le Lion Sidi Djelih ben Djelad [1].

Avant Gérard et Bombonel [2], les fameux tueurs de lions, il y eut un Arabe courageux que Hamed-Bey, mameluck, et Braham-Bey employaient pour la chasse du roi des animaux. Il s'appelait Hassein.

---

(1) *Sidi*, Monseigneur ; *Djelih*, le courageux ; *ben*, fils ; *Djelad*, du courage.
(2) Depuis Gérard et Bombonel les lions sont devenus très rares.

Hassein chassait le lion à l'aide d'affûts en pierres recouverts de troncs d'arbre et de terre ; il tua aussi plusieurs lions perché sur des arbres ; ses armes consistaient en un fusil, deux pistolets et un yatagan. Après avoir chassé pendant onze ans et tué un grand nombre de fauves, il tomba sur son champ d'honneur, dévoré par un lion.

On dit qu'Hassein respecta toujours un lion qu'il avait appelé Sidi Djelih ben Djelad et que, de son côté, ce lion ne l'attaqua jamais. A leur première rencontre, Hassein, qui n'avait pas ses armes, ne craignit pas de s'avancer et de crier au lion : « Sidi Djelih ben Djelad, tu es noble et moi aussi, tu es brave et moi aussi, etc. » Le lion, surpris à la vue d'un si grand courage, le laissa passer[1].

Après la mort d'Hassein, le lion Sidi Djelih ben Djelad disparut.

IX

Quelques croyances arabes.

Pour les Arabes, les escargots et les cigognes sont des animaux réputés saints ou, comme parfois ils disent, marabouts.

C'est un très grand péché que de les toucher ou de leur faire mal, à plus forte raison de les tuer. Pour la cigogne, les Indigènes n'ont un tel respect pour elle que parce que lorsqu'elle s'éveille le matin et d'autres fois pendant la journée, elle loue Dieu, haussant le col et le baissant en poussant les cris qu'elle fait entendre alors.

Pour l'escargot, le pourquoi de ce respect s'est perdu dans la mémoire des Arabes qui seulement peuvent dire

---

(1) Il y a quelques années les journaux d'Algérie ont inséré un fait divers rapportant que, sur la route de Sétif à Bordj-bou-Arréridj, dans la province de Constantine, deux lions étaient couchés en travers de la route. Au moment où la diligence arrivait près d'eux ils se levèrent et descendirent dans le ravin. Il était temps, car les chevaux commençaient à être effrayés ; le conducteur les enleva vigoureusement et la diligence continua son chemin sans encombre. Des faits à peu près semblables ont été du reste plusieurs fois signalés.

que cette vénération vient de ce que l'escargot n'a jamais fait mal à personne.

* * *

Les personnes pieuses, qui font le voyage de la Mecque trois fois, sont regardées comme des saints et portent le nom de *Hadji* (pèlerin). Autrefois, au dire de l'écrivain du XVI° siècle, Haedo, quelques-uns de ces pèlerins s'arrachaient volontairement un œil lorsqu'ils étaient à la Mecque, au tombeau de Mahomet, en disant que celui qui avait vu pareille chose n'avait plus besoin de rien admirer en ce monde.

A propos du tombeau du Prophète, à la Mecque, il est une légende ou croyance générale dans les pays chrétiens, c'est que Mahomet serait enterré dans un cercueil d'acier suspendu entre la coupole et le sol de la Caaba, grâce à deux aimants énormes dont les forces s'équilibreraient. Et pourtant les voyageurs sont là pour affirmer que Mahomet fut inhumé dans un sépulcre et sans doute enlevé par les schismatiques musulmans qui, à une certaine époque, s'emparèrent de la Mecque. Quoiqu'il en soit, cette légende qui avait déjà cours au Moyen-Age, se retrouve plus tard dans Haedo (1560) qui la réfute. De nos jours encore, les paysans et même les écrivains redisent cette tradition importée on ne sait trop comment, sans doute par le récit fantaisiste de quelque croisé ou de quelque voyageur.

Voici du reste ce que dit Claude Malingre, historiographe de France, dans son rarissime travail : *Description des Ouvrages plus excellents et magnifiques des Anciens* (Paris, MDCXVIII) :

« Car iustement au milieu de ce temple, il y a vn grand lieu tout découuert, où se voit vne tour large de cinq ou six pas recouuerte d'vn beau drap de soye, de la hauteur de quatre brasses, auec vne porte toute d'argent de la hauteur d'vn homme, qui donne entree en ceste tour. Icelle fut construite expresemêt pour y mettre et loger le corps de Mahomet, qui repose en icelle dans vn sépulchre tout de fer éleué en l'air par la force et vertu de quatre grosses pierres d'aymād qui sont aux quatre coings de ladicte tour : ce qui cause vne grande admiratiô aux pauures idiots et idolastres, reputâs pour merueille ce qui doit estre attribué à la propriété de l'aymand qui est d'attirer le fer. D'auantage ceste tour est garnie, côme ils disent, de grans vaisseaux pleins de pur baume desquels on a la veuë seulement le iour de la Pentecoste : et afferment aussi les habitans, auoit esté en icelle mis la pluspart des tresors du Soldan d'Arabie.... »

***

Parmi les musulmans non mariés et même ceux qui le sont, il en est beaucoup qui portent au sommet de la tête une touffe de cheveux qu'ils ne coupent jamais, mais qu'ils laissent pousser très longs afin qu'à leur mort les anges puissent les prendre par là et plus facilement les enlever au ciel. Cette touffe de cheveux est communément appelée par les Européens le *Mahomet*.

***

Les Arabes disent que leurs tuniques ne sont si longues qu'afin que lorsqu'ils entreront en paradis, les Chrétiens qui en seront dignes puissent s'accrocher aux pans de ces tuniques et entrer avec eux sans répugnance.

***

La viande de porc pourrait être mangée si l'on connaissait quel quartier de cet animal a été maudit par le Prophète lorsqu'il lui arriva de salir le vêtement neuf de l'envoyé d'Allah.

***

Les Arabes expliquent ainsi leur abstention du vin que Mahomet trouva bon et loua d'abord :

Un jour le Prophète vit en passant des jeunes gens qui buvaient en compagnie, avaient le teint animé et paraissaient très joyeux. Il les bénit et leur dit : « Buvez à votre aise et avec la bénédiction de Dieu. » Cependant au bout de quelque temps repassant par là, il trouva qu'ils avaient vomi, que le vin les avait amenés à se disputer entre eux et que quelques-uns avaient été tués. Alors il maudit le vin et décida que quiconque en boirait désormais n'entrerait pas dans le ciel.

Aujourd'hui beaucoup d'indigènes font exception pour le vin blanc et particulièrement pour le vin de Champagne.

***

Autrefois on rencontrait souvent à Alger des hommes qui se vantaient d'être vaillants et forts et qui ne marchaient que recouverts d'une peau de fauve tué par eux. Souvent ils se faisaient de profondes blessures au bras et à la poitrine, ou se brûlaient le bras avec du coton imbibé d'huile. Ceux qui ainsi se brûlaient étaient assurés de leur salut éternel et ne pouvaient brûler dans l'autre monde.

On rencontre peu maintenant de ces gens.

*
* *

Un moyen de médication assez employé par les Arabes consiste à se brûler avec un fer rouge le membre qui leur cause une douleur quelconque.

*
* *

Pour se débarrasser des puces (*braghit*), il faut prendre une branche de palmier (*djerid*), la frotter avec de la graisse de chèvre (*mâza*) sans sel (*messous*), et la piquer dans le mur ; on répète ensuite trois fois ou sept fois une prière, et, pendant ce temps, les puces s'assemblent sur le bâton. Il ne reste plus qu'à brûler ce dernier dès qu'il est suffisamment garni.

*
* *

Un jeudi, avant que le soleil ne paraisse à l'horizon, placez dans l'endroit où sont les punaises (*beqq*) trois feuilles d'olivier (*zitoun*) sur lesquelles vous aurez écrit : « Dieu n'écoute personne ; il n'y a que ce qu'il a dit ; et celui qui le reconnaît en lisant le *Fatha* (premier verset du Coran), chasse, par son pouvoir, les punaises. » Effectivement, disent les Arabes avec leur impassibilité ordinaire, les insectes disparaissent de suite et ne se montrent jamais plus [1].

*
* *

La piqûre des fourmis est souvent fort désagréable, surtout pour des individus obligés de coucher sur le sol, sous

---

[1] D' E. L. Bertherand, *Médec. des Arabes*, p. 350.

les tentes, etc. On conseille, pour s'en débarrasser, de jeter dans les trous qu'elles habitent un mélange d'eau, d'huile et de sel, et d'arroser avec ce liquide un assez grand espace du terrain sur lequel on doit reposer.

*
* *

Pour faire disparaître les tâches de rousseur, usez de ce remède : Prenez un corbeau (*grâab*), incisez-lui la tête et recueillez-en le sang dont vous vous frotterez le visage.

*
* *

Celui qui a perdu la mémoire doit boire le matin du bouillon de *Dzcubb* (agame) mêlé avec de la bile de coq (*mourarat el diq*); et « *Allah ou Anahou anesiane* (Dieu lui donnera un commandement sur son oubli). »

*
* *

Lorsque les jeunes enfants, tourmentés par l'agitation nerveuse pendant le sommeil, se lèvent en sursaut la nuit, il convient, avant qu'ils ne s'endorment, de mettre dans leurs vêtements, du côté droit, des excréments de *faqt* (animal ?); il est bon aussi de placer sous leur tête une dent canine de chacal (*nab eddib*).

*
* *

Pour guérir la migraine, faire comme le Prophète — sur lequel soit le salut ! — Prendre de la chair de chat (*lehhame el qatt*) d'Inde (*henedi*), la piler avec du beurre et du lait ; l'introduction d'un peu de cette composition dans le nez vous soulage à l'instant.

*
* *

Quand une ophthalmie dure depuis longtemps, les Arabes conseillent de prendre le *premier* ou le *dernier jeudi* du mois d'*avril*, un *qatt* (chat), de lui brûler la tête, de recueillir les cendres, et de s'en introduire un peu dans l'œil à l'aide d'un pinceau mouillé.

***

Contre la surdité : boire quotidiennement de l'eau dans laquelle aura séjourné une tête de *ganfout* (hérisson).

***

Le végétal le plus estimé est le *harmel* (ruta graveolens). Le Prophète a dit que cette plante fournissait soixante-treize médecines, et qu'on l'employait avec avantage dans toutes les indispositions, mal de cœur, maladies de foie, douleurs dans les membres, toux opiniâtre, céphalalgies, etc., etc. Rien ne peut résister à l'action curative de cette infecte panacée.

***

Mohammed a dit que tous les os de cadavre sont consumés dans la terre, à l'exception d'un seul, le coccyx. Cet os, le premier créé par Dieu pour la construction de chaque squelette, est également le seul qui résiste à toutes les causes de destruction, afin de servir, au jugement dernier, à la réédification de chaque corps. Les pluies de quarante jours qui précèderont ce grand jour, fertiliseront tous ces coccyx, sortes de germes osseux destinés à la reproduction de toutes les autres parties du corps, comme le grain qui contient en lui tous les éléments de la plante à laquelle il doit donner naissance.

Cette idée est prise, du reste, aux croyances hébraïques, d'après lesquelles cet os prétendu inaltérable s'appellerait *luz*.

***

Les Arabes sont convaincus que le cadavre devra se tenir debout à l'heure du dernier jugement, et que l'âme souffre horriblement quand on porte le couteau sur les chairs vivantes ou inanimées.

***

Les Egyptiens attribuent à l'une des cinq comètes de

1825 la terrible épizootie qui, cette même année, leur enleva bestiaux, chevaux, ânes, mulets, etc.

***

Toutes les mauvaises odeurs, les gaz infects, sont pour les Arabes des diables mâles et femelles : aussi dès qu'ils pénètrent dans des endroits secrets, par exemple, ils prient Dieu de les protéger contre les démons.

***

Les maladies nerveuses (convulsions, épilepsie, syncopes, etc.) résultent des émotions produites par l'union des *djnouns* mâles avec les filles des hommes, et celle des *djnouns* femelles avec les fils des hommes.

***

Les taches blanches cutanées sont attribuées à des coups de lune (*boqlat el quemar*).

***

Voici ce que dit le Coran, concernant l'origine des maladies :

Ch. II, v. 150. « Nous vous éprouverons par la terreur et par la faim, par les pertes dans vos biens et dans vos hommes, par les dégâts dans vos récoltes ; mais toi, ô Mohammed, annonce d'heureuses nouvelles à ceux qui souffrent avec patience. »

Ch. III, v. 139. « L'homme ne meurt que par la volonté de Dieu, d'après le livre qui fixe le terme de la vie. »

Ch. IV, v. 81. « S'il t'arrive quelque bien, il t'arrive de Dieu. Le mal vient de toi. »

Ch. VI, v. 2. « C'est Lui qui vous a créés du limon de la terre et fixé un terme à votre vie. »

Ch. VI, v. 17. « Si Dieu t'atteint d'un mal, lui seul pourra t'en délivrer ; s'il t'accorde un bien, c'est qu'il est le tout puissant. »

Ch. VI, v. 42. « Nous avions déjà envoyé des apôtres

vers les peuples ; nous les avions visités par des maux et des adversités, afin qu'ils s'humiliassent. »

Ch. VI, v. 46. « Si Dieu vous privait de l'ouïe et de la vue, quelle autre divinité que Dieu vous les rendrait ? »

Ch. VI, v. 61. « Dieu est le maître absolu de ses serviteurs ; il envoie des anges qui vous surveillent, lorsque la mort s'approche de l'un d'entre vous, les messagers reçoivent leur souffle.... »

Ch. VII, v. 188. « Dis-leur : Je n'ai aucun pouvoir soit de me procurer ce qui m'est utile, soit d'éloigner ce qui m'est nuisible qu'autant que Dieu le veut. »

Ch. X, v. 13. « Qu'un mal atteigne l'homme, il nous invoque couché de côté, ou assis, ou debout ; mais aussitôt que nous l'en avons délivré, le voilà qu'il marche à son aise, comme s'il ne nous avait pas appelé pendant le mal. »

Ch. X, v. 32. « Dis-leur : Qui est-ce qui dispose de la vue et de l'ouïe ? qui est-ce qui produit l'être vivant de l'être mort ? qui est-ce qui gouverne tout ? Ils répondront: C'est Dieu..., etc. »

Ch. X, v. 107. « Si Dieu te visite d'un mal, nul autre que Lui ne peut t'en délivrer. »

Ch. XI, v. 59. « J'ai mis ma confiance en Dieu ; il n'est pas une seule créature qu'Il ne retienne par le bout de la chevelure. »

Ch. XIII, v. 9. Dieu sait ce que la femme porte dans son sein, de combien l'espace générateur se rétrécit ou s'élargit. »

Ch. XXVI, v. 80. « Il n'y a qu'un Dieu qui me guérit quand je suis malade. »

Ch. XXXV, v. 12. « Rien n'est ajouté à l'âge d'un être qui vit longtemps, et rien n'est retranché qui ne soit consigné dans le Livre ; ce n'est facile et possible qu'à Dieu seul. »

Ch. III, v. 183. « Vous serez éprouvés dans vos biens et dans vos personnes, toutes ces choses sont dans les décrets éternels. »

**

Les prophètes, les marabouts, les ouali, les apôtres jouissent du privilège de ne jamais être atteints par les maléfices des *djnouns*, des affections graves, cutanées ou autres. De là leur grand pouvoir de donner des talismans préservateurs et curatifs.

*
* *

Avant de commencer un voyage, d'entreprendre la construction d'une maison, de s'engager dans une entreprise importante, de marier quelqu'un des siens, etc., on voit souvent les Arabes faire le sacrifice d'un mouton pour porter bonheur à l'entreprise.

*
* *

C'est un très grand péché pour les Arabes de dessiner avec de l'encre ou du charbon de terre la figure d'un être animé (on sait, du reste, que cette prescription est conforme au Coran). On assure qu'à l'heure de la résurrection finale, celui qui a fait une pareille image sera contraint par Dieu de lui donner une âme pour qu'elle ressuscite.

Or, comme il n'est du pouvoir de personne de donner une âme, Dieu s'indignera et condamnera le malheureux artiste à perdre la sienne et à la donner à son œuvre.

*
* *

Ibn Batouta raconte que le Désert est rempli de démons qui, si quelqu'un marche seul, se jouent de lui et le fascinent afin de le détourner de la route qu'il doit suivre : « Les *Djinn*[1] sous la forme de voyageurs, passent à l'horizon devant celui qu'ils veulent perdre, et lui font voir de l'eau, des bois et des villages vers lesquels il marche sans cesse, pendant qu'ils font souffler le vent derrière lui pour effacer ses traces[2]. »

---

(1) *Djinn* — génie, lutin.
(2) C'est le mirage, si commun dans le Sahara, et qui a causé tant de fois la perte de caravanes entières.

*
* *

Lorsqu'un homme se marie, le démon jette un cri terrible ; tous les siens accourent. — Qu'avez-vous, seigneur? lui disent-ils. — Un mortel vient encore de m'échapper, répond Satan au désespoir.

*
* *

Azraïl est l'ange de la mort. Aussitôt qu'un homme a rendu le dernier soupir, Azraïl est envoyé par Dieu pour établir la balance des bonnes et des mauvaises actions du défunt.

*
* *

L'homme qui aura été charitable passera le *Sirât*, ce pont fin comme un cheveu et tranchant comme un sabre qui s'étend de l'enfer au paradis.

*
* *

L'aumône faite avec foi, sans ostentation, en secret, éteint la colère de Dieu et préserve des morts violentes.
Elle éteint le péché comme l'eau le feu.
Elle ferme soixante et dix portes du mal[1].

*
* *

Les marabouts, au dire des indigènes, jouissent des pouvoirs les plus merveilleux. Ils peuvent confectionner des talismans qui rendent invulnérables, éloignent les maladies ou rendent heureux en amour. Ces amulettes ont également la propriété de conjurer l'influence du mauvais œil.

Si les chiens aboient la nuit d'une manière lugubre, ou que les corbeaux, en nombre impair, s'envolent du côté gauche, il n'en faut pas davantage pour tirer des augures néfastes, faire renoncer à un projet, suspendre ou différer un voyage.

---

(1) Ces sentences étaient la règle de conduite de Sidi Mohammed Moul El-Gandouz ; il les a recueillies dans les hadits du Prophète et il les a commentées dans son livre sur l'*Aumône*.

Les Kabyles orientaux sont forcés, pour pouvoir vivre, de se rendre de temps en temps dans le pays arabe où ils travaillent comme moissonneurs, jardiniers ou manœuvres. Au moment de quitter les bois qui couvrent leurs montatagnes pour descendre vers les régions arides et dénudées, ils font un vœu au principal marabout de leur patrie, pour qu'il leur soit propice et favorise leur voyage. Ceux du Zouara, Oulad Asker, par exemple, s'adressent à leur marabout, Sidi Ouchenak, dont la *mezara* est sur la montagne, entre Fedj-el-Arbâ et Fedj-el-Fdoulès. Voici textuellement leur prière telle que l'a donnée un taleb de l'endroit :

O Sidi Ouchenak ! je me rends dans le Sud,
Sous ta protection ; si je reviens bien portant
Et en paix, je te donnerai une offrande.
Un petit pain d'orge (bou maraf),
Une petite chandelle et deux sous d'encens.

Le texte arabe de cette prière populaire a été donné par M. l'interprète L. Féraud, en 1862, dans la *Revue Africaine*.

☆
☆ ☆

Les Arabes pensent que le *mal du pays* est le plus grand de tous les maux et que dans les voyages lointains le chagrin tue plus d'hommes que la fièvre ; seulement il y a dans la création dix choses toutes plus fortes les unes que les autres, et de ces dix la plus forte est le chagrin. Ils les ont classées ainsi graduellement :

1º Les montagnes.
2º Le fer qui les aplanit.
3º Le feu qui fond le fer.
4º L'eau qui éteint le feu.
5º Les nuages qui absorbent l'eau.
6º Le vent qui chasse les nuages.
7º L'homme qui brave le vent.
8º L'ivresse qui étourdit l'homme.
9º Le sommeil qui dissipe l'ivresse.
10º Le chagrin qui détruit le sommeil.

Le chagrin est donc ce qu'il y a de plus puissant dans la nature : Dieu nous en préserve ! disent-ils[1].

X

Antiques croyances arabes.

Annonçait-on à l'un de ces païens la naissance d'une fille, sa figure se rembrunissait et, pour lui éviter les malheurs attachés à la condition des femmes, le plus souvent il la sacrifiait, à moins qu'elle ne fût rachetée par le sacrifice de deux chamelles pleines et d'un chameau. Les Koraïches faisaient ces immolations sur le mont Ben Dalmate, auprès de la Mekke.

Quand ils se mettaient en voyage, ils nouaient une branche d'arbre appelé *ratem*, et s'ils retrouvaient, au retour, la branche dénouée, ils croyaient que leur femme était infidèle.

Lorsqu'ils partaient au point du jour, ils prenaient par la droite ou bien par la gauche, selon l'indication du vol des oiseaux, et s'ils s'égaraient, ils pensaient qu'en mettant leurs habits à l'envers, ils retrouveraient leur chemin.

Pour que la chasse fût heureuse, ils oignaient de sang le poitrail du cheval qui marchait, au départ, en tête des cavaliers, et pour quelque motif qu'ils se missent en marche, ils ne regardaient point derrière eux. Dans leur esprit, ce mouvement leur eût porté malheur ; ils n'auraient point réussi ou peut-être même ils n'auraient point revu leurs tentes.

---

(1) A comparer avec nos *randonnées* populaires.

Un homme avait-il mille chameaux, pour les garder du mauvais œil, il éborgnait le plus vieux du troupeau, et le faisait aveugle quand le nombre s'était accru.

*
* *

Pour guérir un chameau malade du *enser*, espèce de gale, ils mettaient le feu aux jambes d'un chameau sain.

*
* *

Si le troupeau refusait de boire, ils s'en prenaient aux mâles et les frappaient à coups de bâton sur le dos pour en chasser les *djinn* qui, pensaient-ils, les chevauchaient et faisaient frayeur aux femelles.

*
* *

Ils nommaient *bayra* la chamelle qui, ayant mis bas cinq fois, avait eu un mâle pour dernier né. — On lui fendait l'oreille et désormais on ne pouvait plus l'immoler ; elle était libre d'aller paître où bon lui semblait.

*
* *

Quand une brebis mettait bas une femelle, ce fruit de son ventre appartenait au maître du troupeau ; quand elle mettait bas un mâle, on le réservait pour les dieux ; mais, donnait-elle à la fois deux jumeaux, l'un femelle et l'autre mâle, on disait : « Cette dernière a racheté son frère » et l'agneau n'était pas immolé, et la mère était appelée *ousila*.

*
* *

Ils nommaient *Saaïba* l'esclave que son maître avait affranchi en lui disant : « Va-t'en, tu es libre ! » — et même tout animal à qui ils donnaient la liberté en l'honneur de leurs idoles.

*
* *

Lorsqu'un chameau avait servi dix années de suite à la production, on disait de lui : *Hamy daharo* — son dos est protégé. — Il prenait le nom de *ham*, et de ce moment tous les pâturages étaient à lui ; on ne pouvait plus le charger de fardeaux ni l'employer à quelque usage que ce fût [1].

* *

Toute leur existence était soumise aux pratiques les plus étranges de la superstition.

Pour éviter les maladies contagieuses qui peuvent régner dans un camp, il fallait, avant d'y entrer, s'arrêter un moment et braire comme un âne [2].

* *

Le jus d'une herbe, appelée *selouane*, bu par un amoureux, le rendait tout à fait indifférent.

* *

L'osselet d'un lièvre, porté en amulette, préservait du mauvais œil et des sortilèges.

* *

Pour avoir de belles dents, ils s'arrachaient les mauvaises et les jetaient vers le soleil, en lui disant : Donne-m'en de plus belles.

* *

Quand l'un d'eux était mort, on conduisait sur son tombeau l'une de ses chamelles, on l'y laissait attachée, les yeux bandés, jusqu'à ce que la faim l'eût tuée. — Elle devait servir de monture au trépassé.

* *

Les femmes ne pouvaient point pleurer un homme assassiné, avant qu'il eût été vengé ; et du crâne de ce cadavre il sortait, disait-il, un hibou qui criait d'une voix lugubre :

---

[1] Tous ces usages relatifs aux troupeaux, dit M. le général Daumas, ont été très diversement définis par de nombreux auteurs qu'il serait superflu de discuter ici.
[2] Général Daumas « *Le grand Désert.* »

« Désaltérez-moi ! désaltérez-moi ! » jusqu'à ce qu'il eût bu du sang de l'assassin.

* * *

Selon les uns, l'âme résidait dans le sang ; ils en trouvaient la preuve en cela qu'il n'y a point de sang dans un cadavre, tandis qu'on le voit humide et chaud dans un être vivant. Selon d'autres, l'âme, c'était la respiration ; et quelques-uns prétendaient qu'au moment où l'homme expirait, son âme s'envolait sous la forme d'un oiseau invisible, qui revenait la nuit sur la tombe du mort gémir de leur séparation.

* * *

Ils affirmaient entendre souvent dans l'air causer entre elles ou chanter des voix inconnues appartenant à des corps invisibles.

* * *

Le corbeau, qu'ils appelaient *hatem*, et encore *el-aaoueur*, le borgne, parce qu'il ne prend pas son essor comme les autres animaux, et qu'il n'ouvre les yeux qu'après avoir assuré son vol, était pour eux le symbole d'une séparation inévitable.

Un poète a dit de lui :

Si le corbeau de la séparation allait gémir, dites-lui :
Que Dieu vous éloigne de nous !
Vous êtes pour les amoureux ce qu'il y a de plus hideux ;
Vous êtes plus hideux que l'aspect de la tombe ;
Vous annoncez le chagrin, vous marchez en chancelant,
Et secouez votre vêtement plus noir que le deuil ;
Lorsque vous criez la séparation, il n'est plus d'espoir :
Vous êtes d'accord avec son jour.

* * *

Ils croyaient aux ogres mâles et femelles, qu'ils appelaient *el-guilou* et *el-tagououl*. — Ces monstres, qui tenaient de l'homme et de la bête, habitaient les solitudes. — On les avait vus ; on avait causé avec eux. — Dans l'Yamen et dans le sud de l'Egypte, vivaient ceux appelés *Katrabe*, les plus dangereux de tous.

* * *

Voulaient-ils entreprendre une affaire importante, ils jetaient en l'air une espèce de sabre sur lequel était écrit, d'un côté : Dieu l'a défendu ; de l'autre : Dieu l'a ordonné ; et, selon qu'il retombait sur l'une ou l'autre face, ils faisaient ou ne faisaient pas...

* * *

Dieu a dit :

« El-Khams, El-Miter, El-Ansab et El-Aglane sont des inventions du démon. Abstenez-vous-en. »

El-Khams est tout ce qui étant bu peut troubler la raison ;

El-Miter, sont les jeux de hasard ;

El-Ansab, les pierres ou les stations des Djahelia ;

El-Aglane est la consultation du sort par le sabre.

XI

Croyances par les songes.

Avant de partir en voyage ou d'aller en pèlerinage, les Arabes consultent le sort par *El-Istikhrara*[1].

El-Istikhrara met l'homme de la terre en communication, par les songes, avec Dieu lui-même ou avec les saints du Paradis.

— Pour obtenir cette grâce, un homme de foi qui veut entreprendre une chose importante fait ses ablutions,

---

[1] El-Aïachi et Moula Ahmed, en partant pour la Mecque, consultent El-Istikhrara (voir leurs voyages traduits par M. A. Berbrugger et publiés par ordre du Gouvernement).

Il est curieux, dit le général Daumas, de retrouver dans Hérodote que les Nasamons, peuple de la Syrte, avaient le même usage :

« Pour exercer la divination, ils vont au tombeau de leurs ancêtres, ils y font leur prière et y dorment ensuite ; si pendant leur sommeil ils ont quelques songes, ils en font usage dans leur conduite. » Hérodote, liv. IV, chap. CLXXII).

comme pour la prière, dans la première moitié de la nuit du jeudi, et, dans la seconde moitié, deux *rekaa* (génuflexion à deux genoux), pendant lesquelles il dit des oraisons consacrées et celle-ci ensuite :

« Dieu de l'univers, j'implore de ta bonté que cette nuit tu me
» montres en rêve ce qu'il est bon que je sache.
» Par la grandeur du Prophète, — que la prière et le salut
» soient sur lui, — s'il y a du bien ou du mal, fais-le moi voir.
» O mon Dieu ! lorsque tu dis d'une chose *koun* (sois), elle est ;
» ton ordre est entre le *kaf* et le *noun* (entre le K et le N(1)).
» Je te supplie, par ton nom sublime et révéré, par le livre
» des destinées que tu as écrit, par tes prophètes, par tes apôtres,
» par le saint marabout *un tel*, de me manifester ta volonté.
» Je te le demande par les sept cieux et tous les anges qu'ils
» renferment, par les sept pierres et tous les animaux et les oiseaux
» qu'elles nourrissent, par la mer, par les fleuves et tout ce qu'ils
» contiennent de plus précieux et de merveilleux ; car tu as le
» pouvoir sur toutes choses. »

Ainsi préparé, celui qui veut savoir se couche sur le côté droit, auprès de la Kouba du saint au nom duquel il a fait l'invocation, et Dieu lui montre en songe ce qu'il a demandé, bien ou malheur, et il agit selon ce qu'il a vu.

**
* **

Si vous voyez des sauterelles en songe, le lendemain vous verrez de mauvaises gens.

Si vous rêvez que vous en mangez, c'est un bon augure.

Que vous en entassez dans un vase, vous gagnerez beaucoup d'argent.

Qu'il pleut et qu'elles sont d'or, Dieu vous rendra ce que vous avez perdu.

---

(1) On ne peut pas traduire cela en français, *koun* — sois — s'écrit par un *kaf*, qui répond à notre *k*, et par un *noun*, qui répond à notre *n*. La phrase arabe a donc ce sens : « Ton ordre est dans ce simple mot, *sois*. » C'est la phrase de la Genèse.

XII

Maximes et sentences du Coran [1].

(Extrait de l'ouvrage du célèbre auteur arabe l'imam Essiyouthi [2]).

Celui qui va en pèlerinage sur une monture, n'a pour son compte que soixante bonnes actions par chaque pas de sa monture ; mais celui qui y va à pied, a pour son compte sept cents bonnes actions par chaque pas qu'il fait.

**

Lorsque l'un de vous a dégaîné un sabre pour le regarder, il doit le remettre dans le fourreau, avant de le présenter à son compagnon.

**

Faites parvenir à sa destination la demande de l'homme sans crédit : Dieu, au jour dernier, affermira sur le Sirath les pas de celui qui aura fait parvenir auprès d'un sultan la demande de cet homme.

**

Quand une femme dit à son mari : « Je n'ai jamais reçu de toi un seul bienfait », tout le bien qu'a fait cette femme perd son prix.

[1] Le Coran, comme on sait, est le livre sacré que Dieu a révélé aux Arabes par la bouche de son envoyé Mahomet. C'est dans ce livre que se trouvent les principes qui règlent tout à la fois la vie religieuse, la vie sociale, la vie privée et la vie politique des Musulmans. Le Coran est chez eux la loi unique et suprême.
La tradition est venue suppléer à ce qu'il y a d'insuffisant et d'obscur dans le Coran. Par tradition, les Arabes entendent ce qui est rapporté touchant les paroles et les actions de Mahomet. La tradition est, pour ainsi dire, le commentaire du livre de Dieu, l'interprétation faite de ce livre, par celui qui avait été choisi pour en faire la révélation.

[2] Ce mot signifie originaire de Siyouth, endroit situé sur les bords du Nil, en Egypte. Le nom de l'auteur est Abderraman-Djellal-Eddin-Essiyouthi.
Voy. *Civilité musulmane* ou recueil de sentences et de maximes extraites de l'ouvrage du célèbre auteur arabe l'imam Essyouthi et traduite par François Cadoz. — Alger, 1851. F. Bernard, éditeur, n° 19, rue Bab-el-Oued. — 1 broch. petit in-12 ; prix 1 fr. 50.

Quand un homme vicieux est l'objet de louanges, Dieu se met en courroux, et le trône céleste en est ébranlé.

* *

Dieu déteste celui qui a un air rigide en présence de ses compagnons.

* *

La bénédiction de Dieu est avec vos chefs.

* *

Lorsque l'un de vous se prosterne devant Dieu, qu'il ne s'agenouille pas comme le chameau, mais qu'il place ses mains au devant de ses genoux.

* *

Répétez souvent la formule : *Il n'y a de force et de puissance qu'en Dieu.* Elle ferme quatre-vingt-dix-neuf issues au mal. La moindre de ces issues fermées par la formule précitée, est celle d'où vient le souci.

* *

Allez à un mille pour voir un malade, à deux milles pour réconcilier deux personnes, et à trois mille pour visiter un Musulman.

* *

Lorsque vous voulez rappeler les défauts de votre prochain, commencez par rappeler les vôtres.

* *

Quand vous désirez obtenir un bienfait, adressez-vous aux personnes dont la figure est aimable.

* *

Les novateurs sont les chiens des hommes.

*
* *

Caressez de la main l'orphelin sur le front, et l'enfant qui a encore son père, derrière la tête.

*
* *

Lorsque l'un de vous demande une chose à Dieu, qu'il la lui demande avec assurance, et qu'il ne dise pas : « O mon Dieu ! s'il te plaît, accorde-moi tes dons ! » car il n'y a rien qui puisse être refusé par Dieu.

*
* *

Lorsque vous invoquez Dieu, invoquez-le en lui montrant l'intérieur de vos mains, et non pas l'extérieur ; et lorsque vous avez fini, passez les deux mains sur votre visage.

*
* *

Celui qui salue le premier est exempt de fierté.

*
* *

Lorsque vous passez auprès de gens enclins au mal, saluez-les : leur méchanceté et leur fureur s'éteindront à votre égard.

*
* *

Le repentir est un retour à Dieu. Celui qui se repent de la faute qu'il a commise, est comme celui qui n'a pas péché.

*
* *

La foi religieuse de l'homme ignorant ne va pas au-delà de ses clavicules.

*
* *

Dieu hait la malpropreté et le désordre [1].

---

[1] Les Arabes devraient bien faire un peu plus cas de ce précepte du Coran, car s'ils font leurs ablutions plus ou moins bien, en revanche leurs vêtements sont généralement sales et pleins de vermine.

L'Hospitalité et la Charité.

Quelles vilaines gens que ceux qui refusent l'hospitalité !

* * *

Efforcez-vous de faire de bonnes œuvres, d'exalter Dieu, de le louer, de l'adorer, de proclamer sa grandeur, et de répéter souvent la formule : « Il n'y a de force et de puissance qu'en Dieu. »

* * *

Tout Musulman qui habillera un Musulman dépourvu de vêtements, sera vêtu par Dieu, en l'autre monde, des habits verts du Paradis.

* * *

Dieu, qu'il soit exalté ! nourrira des aliments réservés aux élus, le Musulman qui aura apaisé la faim d'un Musulman.

* * *

Tout Musulman qui habillera un Musulman, dépourvu de vêtements, sera sous la garde de Dieu, tant qu'il restera un morceau des vêtements donnés sur le corps de celui qui les aura reçus.

Maximes et Sentences relatives à la Justice.

Epargnez le châtiment aux personnes de considération, à moins qu'il ne s'agisse des peines prononcées par la loi de Dieu.

* * *

Passez à l'homme généreux la faute qu'il commet ; au savant, l'erreur qu'il fait ; et au sultan juste, un mouvement de colère ; car Dieu les relève toutes les fois qu'ils tombent.

Lorsque l'un de vous est appelé à rendre la justice parmi les Musulmans, il doit s'abstenir de juger étant en colère.

La preuve est imposée à celui qui demande, et le serment déféré à celui qui nie.

Maximes et sentences concernant la colère, la médisance, l'envie.

Lorsque l'un de vous se met en colère, qu'il se taise.

Lorsque l'un de vous se met en colère étant debout, qu'il s'asseye ; et si la colère ne le quitte pas, qu'il se mette à rire.

Lorsqu'une personne vous injurie en s'attaquant à votre conduite, ne l'injuriez pas en vous attaquant à la sienne : l'avantage sera pour vous.

Quand l'homme qui se met en colère dit : « Je me réfugie en Dieu, » sa colère se calme.

Les plus grandes fureurs sont provoquées par les femmes.

Gardez-vous de médire des absents, car la médisance est pire que la fornication. Dieu pardonne à l'homme qui, après avoir forniqué, se repent ; mais il ne pardonne à l'homme qui a médit d'un absent qu'autant que cet absent lui a pardonné.

*
* *

Gardez-vous de l'envie, car elle anéantit les bonnes œuvres, ainsi que le feu anéantit le bois en le consumant.

*
* *

Gardez-vous de forniquer, car la fornication a quatre résultats : elle fait disparaître la beauté du visage, elle prive des moyens de vivre, elle irrite le Très-Clément (Dieu), et entraîne au feu éternel.

*
* *

Gardez-vous de l'envie, car l'un des fils d'Adam n'a tué son frère que par envie ; elle est l'origine de toute faute.

*
* *

Gardez-vous de la fierté, car elle a porté Eblis à ne pas se prosterner devant Dieu.

*
* *

Gardez-vous de la cupidité : elle est la misère présente.

Préceptes concernant les repas.

Le melon, avant le repas, lave le ventre et se digère très bien.

*
* *

Lorsque le repas est servi, que ce soit le chef des convives qui commence par se servir, ou bien le maître de la maison, ou bien le plus honorable des convives.

*
* *

Lorsque la nourriture est servie, prenez autour du plat et laissez-en le milieu, car la bénédiction du Ciel y descendra.

*
* *

Celui qui boit ne doit pas respirer dans la tasse où est la boisson. Il doit l'ôter de ses lèvres pour reprendre haleine, et ensuite il peut recommencer à boire.

*\
* *

Lorsque vous buvez de l'eau, buvez-la à petits traits. Lorsque vous vous nettoyez les dents (avec un *mizouak*), nettoyez-les vous en large.

*\
* *

Il est du devoir de celui qui visite une personne malade de ne pas manger chez elle.

*\
* *

Quelle triste nourriture que celle qui est servie aux repas de noces des riches, et dont on empêche les pauvres de profiter[1] !

Maximes relatives à l'éternuement.

Le récit le plus vrai est celui que l'on rapporte en éternuant.

*\
* *

Lorsque l'un de vous éternue, qu'il pose les deux mains sur son visage, et qu'il étouffe sa voix.

*\
* *

Lorsque l'un de vous remercie Dieu après avoir éternué, souhaitez-lui du bien, mais s'il ne remercie pas Dieu, ne lui souhaitez pas de bien.

*\
* *

Lorsque l'un de vous éternue, qu'il dise : « Louange à Dieu, maître des mondes ! » et qu'on lui réponde : « Que

---

[1] Que pensent de ce précepte du Coran les riches mondains des nations civilisées ?

Dieu te fasse miséricorde ! » Celui qui a éternué doit répondre à son tour : « Que Dieu pardonne à nous et à vous ! »

*
* *

Lorsque l'un de vous, après avoir éternué, dit : « Louange à Dieu ! » les Anges lui répondent : « Maître des mondes ! » Et s'il a dit : « Maître des mondes ! » les Anges lui répondent : « Que Dieu te fasse miséricorde ! »

*
* *

Lorsque l'un de vous éternue, son compagnon doit lui souhaiter du bien ; mais après trois éternuements, il ne doit plus rien lui souhaiter, parce que celui qui a éternué est présumé avoir le rhume de cerveau.

Maximes et sentences concernant les malades.

Lorsque le serviteur de Dieu est malade, ou lorsqu'il est en voyage, Dieu, qu'il soit exalté ! lui garde une récompense proportionnée aux bonnes actions qu'il a faites étant bien portant ou fixé chez lui.

*
* *

Lorsque l'homme est malade pendant trois jours, il est déchargé de ses fautes et il redevient pur, comme au jour où sa mère le mit au monde.

*
* *

Lorsque l'homme est malade, Dieu dit à l'Ange de la gauche : « Cesse d'écrire ses mauvaises actions. » Et il dit à l'Ange de la droite : « Ecris ses actions plus belles qu'elles ne sont. Sa conduite ne m'en sera pas moins bien connue ; je l'ai déjà écrite. »

*
* *

Quand vous entrez auprès d'un malade, recommandez-lui d'invoquer Dieu pour vous, car ses vœux sont exaucés comme ceux des anges.

Maximes et sentences concernant la mort.

Lorsque l'homme meurt, ce qui vient de lui périt avec lui, trois choses exceptées : l'aumône qu'il a faite, sa science dont on retire de l'utilité, et un enfant vertueux pour lequel on adresse des vœux à Dieu.

* *
*

Le courroux céleste sera terrible contre l'homme qui aura été injuste envers celui qui n'a d'autre défenseur que Dieu.

* *
*

Celui-là meurt avec gloire celui qui périt en combattant pour ses droits.

* *
*

Ayez beaucoup de frères en religion, car chaque croyant aura droit d'intercéder pour vous au jour dernier.

* *
*

Le plus fort châtiment des hommes à l'égard des hommes est en ce monde ; le plus fort châtiment de Dieu à l'égard des hommes méchants sera au jour dernier.

* *
*

Celui qui aura été un chef injuste subira un châtiment terrible au jour dernier.

* *
*

Celui qui passe pour un homme de bien et qui ne l'est pas, subira un châtiment terrible au jour dernier.

* *
*

Lorsque, devant vous, on cite les bonnes actions de vos morts, taisez leurs mauvaises.

Maximes et sentences du Coran relatives aux animaux et aux choses.

Lorsque l'âne brait, cherchez un refuge en Dieu contre les embuches de Satan, le lapidable.

* * *

Lorsque vous entendez les cris de la poule, recourez à la bonté de Dieu, car la poule a vu un ange ; et lorsque vous entendez les braiements de l'âne, réfugiez-vous en Dieu contre les attaques du démon, le lapidable, car l'âne a vu le Diable.

* * *

Lorsque vous entendez le tonnerre, dites : Gloire à Dieu ! et non pas : Dieu est le plus grand !

* * *

Lorsqu'une mouche tombe dans votre boisson, il faut l'y plonger tout entière, puis l'en retirer, car dans l'une de ses ailes, il y a du mal, et dans l'autre il y a le remède.

* * *

Lorque le soleil se couche, cachez vos enfants, parce qu'à ce moment les démons se répandent sur la terre.

* * *

Lorsque le démon vous circonvient pendant la nuit, ne le dites à personne.

* * *

L'anneau ne doit être mis qu'aux doigts auriculaire et annulaire.

Maximes et sentences relatives à la science.

Recherchez la science, serait-ce même en Chine : *la recherche de la science est une obligation imposée à tout Musulman.*

*
* *

Livrez-vous à l'étude de la science, le lundi : c'est un jour favorable pour l'étudiant.

*
* *

Quel beau don que celui qui consiste à faire connaître une vérité que vous avez entendue !

*
* *

Celui qui, ayant pu se livrer à l'étude de la science, ne s'y sera pas livré, et celui qui aura enseigné une science dont ses auditeurs auront profité, lui excepté, gémiront au jour dernier.

Il nous semble que les Arabes auraient bien dû méditer sérieusement ces sentences du Coran, relatives à la science, et ne pas se montrer aussi rebelles pour envoyer leurs enfants dans les établissements d'instruction publique que le Gouvernement français avait mis à leur disposition. Nous leur conseillons fortement d'entrer dans la voie indiquée par leur prophète lui-même, et de conduire leurs enfants à l'école.

« *Mieux vaut tard que jamais.* »

LIVRE VII

COUTUMES ET USAGES

Nil novi sub sole !
Ecclésiast.

COUTUMES ET USAGES

Les coutumes et les usages particuliers des peuples forment une partie du Folk-Lore qui n'est certainement pas la moins intéressante et qui est une des plus fécondes en rapprochements curieux donnant bien souvent la clef de nombre de problèmes qui au premier abord sembleraient insolubles.

Quand on étudie les mœurs et coutumes d'un peuple, on les trouve tout singuliers et sortant presque absolument de ce qu'il est donné d'observer dans nos nations policées. Mais dès qu'on en arrive à rechercher ce qui s'est passé ou se passe encore chez d'autres nations, tout semble changer. On retrouve de partout de ces airs de parenté qui tant se précisent et s'accentuent jusque dans les détails les plus minutieux, que le doute n'est plus possible et qu'il faut attribuer une commune origine à ces usages et à ces coutumes. Nous aurions aimé nous étendre sur ces particularités qu'il est donné de remarquer chez les Arabes. Le cadre de ce volume ne nous le permet pas, mais nous y reviendrons plus en détail dans la suite de cet ouvrage. Du reste le général Daumas et d'autres écrivains en ont formé déjà la matière d'intéressants volumes auxquels nous ne pouvons que renvoyer le lecteur. Nous n'avons conservé ici que les usages relatifs à la naissance, la circoncision, le mariage et la mort, les diverses étapes que franchit l'Arabe dans sa vie, et nous les avons accompagnés autant qu'il nous a été possible de rapprochements entre les mœurs arabes et celles des autres peuples.

I

Naissance et élevage de l'enfant.

Dans les villes, dès qu'une femme est en couches, elle est très visitée par ses parentes et amies qui l'encouragent, la réconfortent et la servent avec une notable diligence. Dans cette période, elles invoquent plusieurs marabouts, leur font des vœux et brûlent des parfums en leur honneur. Si tout cela ne suffit pas pour amener l'enfantement, elles prennent un drap et appellent des garçons de l'école qui en saisissent chacun un coin, et, mettant au milieu un œuf de poule, vont par les rues chantant des oraisons, se répondant les uns aux autres comme en chœur. Les femmes qui entendent ces chants prennent des jarres remplies d'eau qu'elles jettent subitement sur l'œuf, dans la croyance qu'en le cassant avec cette eau la femme en travail accouchera tout à coup.

Enfin, l'enfantement a eu lieu ; si c'est un garçon, les femmes font le *ouilouil* deux ou trois fois, à plein gosier ; si c'est une fille, elles ne le font qu'une seule fois.

S'il arrive que la femme soit primipare, le lendemain de la délivrance, on fait de grands bals, avec tambours de basque, et *sonajas*, et l'on invite les parents et les amis.

Au repas, l'on mange des beignets, de la viande, du riz, du couscous, et d'autres plats de la cuisine arabe. Si l'accouchée a des parents riches, ceux-ci lui envoient du mouton, des *sfendj* (beignets ou *asfinges*), dénommés alors *thoummina*, et des espèces de pains d'épices en lui faisant compliment de sa délivrance. Les femmes seules, parentes ou amies, peuvent visiter les accouchées.

Sept jours après l'accouchement, la famille et les amies sont invitées à un repas à la suite duquel l'accouchée est menée au bain, et l'enfant avec elle, si c'est une fille, toujours à grand bruit de tambours de basque et de *sonajas* devant le cortége. La petite, richement habillée, est portée dans les bras de quelque négresse qui marche au milieu de la procession. Après le bain, a lieu un nouveau repas, suivi de danses.

L'élevage des garçons a lieu avec grand apparat ; jusqu'à l'âge de un an, on ne leur donne que du lait du sein. On les mène en pélerinage chez les marabouts vivants ou dans les chapelles ou koubas qui renferment les cendres de ces saints.

Il arrive souvent que, par dévotion, des mères prennent leurs enfants et les enterrent jusqu'au cou dans le sable de la mer, elles les y laissent plusieurs heures parfois dans la croyance que celui qui échappe à cette épreuve aura une longue existence toute remplie de joie et de bonheur.

Les mères musulmanes mettent au cou de leurs enfants des amulettes que vendent les marabouts, et où sont écrits des versets du Koran avec des noms de démons. Ou bien on leur place sur le corps des amulettes grotesques comme des épaules de hérisson, des os de tortue, des défenses de sangliers, etc.

Les plus efficaces pour les garçons sont d'abord des becs d'aigles garnis d'or et d'argent, puis des coquillages de mer, une plaque d'argent portant quelques mots du Coran, une main ouverte en métal précieux — pour garantir du mauvais œil — et une infinité d'autres objets qu'il serait trop long d'énumérer, mais que l'on voit souvent sur un seul garçon.

Les Arabes n'enseignent ordinairement pas à leurs enfants les règles de la politesse et du savoir vivre. On ne les châtie pas ; à peine si on les reprend.

Vers l'âge de dix ans, les garçons riches sont envoyés chez un maître ou *taleb* qui leur apprend à lire et à écrire et à connaître le Coran.

L'âge auquel s'opère la circoncision varie beaucoup ; certains font circoncire leurs enfants lorsque ceux-ci sont encore tout petits, tandis que d'autres attendent qu'ils aient douze ou quatorze ans.

Les hommes seuls en Algérie sont circoncis. En Egypte, les filles y sont aussi soumises.

Lorsqu'une fille est grande et nubile, on la lave bien, on lui rase les cheveux de la nuque, on lui rogne ceux du front et on lui fait faire la prière, bien qu'elle ne puisse aller à la mosquée prier, les femmes en étant exclues sous peine de péché très grave.

Les garçons, dès qu'ils sont adultes, suivent ordinairement le métier de leur père. En général, ces enfants sont fort libertins et enclins à toutes sortes de vices, particulièrement la luxure et l'ivrognerie.

II

Naissance et Circoncision chez les Oulad Abd-en-Nour.

Chez les Oulad Abd-en-Nour, de la province de Constantine, dès qu'une femme est accouchée, on s'empresse d'en donner connaissance aux parents et aux amis. Si le nouveau né est un garçon, on s'empresse d'aller féliciter le père ; mais si c'est une fille, c'est la mère seule qui reçoit les félicitations de ses voisines.

La circoncision de l'enfant a lieu habituellement lorsqu'il a atteint l'âge de six à huit ans. C'est alors l'occasion de grandes fêtes. Le moment venu, lorsque tout est préparé pour la solennité, on place sur la tente qui abrite la famille une perche au bout de laquelle flotte un linge quelconque nommé *raia*, c'est-à-dire un *signe*, un *drapeau* qui tient lieu de lettre de convocation. Dès que le *raia* est arboré, les amis s'empressent d'apporter leur offrande à l'enfant et de venir prendre leur part du festin. Les femmes se réunissent et vont à quelque distance du douar remplir de terre un plat dans lequel couleront les quelques gouttes de sang que fera couler la circoncision de l'enfant. L'opération terminée, cette terre est reportée dans le trou où elle a été prise. Lorsque tout le monde est arrivé, une vieille femme décroche le drapeau et se place à quelques pas de la tente. Les courses à cheval commencent ; chaque cavalier passe successivement près de la vieille et essaie d'enlever avec le canon de son fusil, qu'il décharge en même temps, le drapeau que la vieille femme agite constamment avec la perche.

III

Le Mariage.

LES QUATRE FEMMES LÉGITIMES PERMISES PAR LE CORAN.

On raconte qu'El-Hadjadj écrivit un jour à son ami El-Hakem ben Ayoubi :

« Cherchez et trouvez une femme pour mon fils. Je la veux belle de loin, agréable de près, noble parmi ses compagnes, de bon caractère pour tous, aimante pour son mari. »

— « Je l'ai trouvée ; lui répondit El-Hakem, mais elle a la gorge très prononcée. »

Et voici la réponse d'El-Hadjadj :

« Envoyez-la moi sans retard ; une femme n'est accomplie que si sa gorge est ainsi : elle réchauffe son mari et rassasie ses enfants. »

Dieu a dit : « Contractez mariage avec celles des femmes qui sont portées vers vous, et prenez jusqu'à quatre femmes ; vous pourrez les choisir entre celles qui sont sous votre dépendance et même entre vos esclaves, pourvu que les conditions voulues soient en elles. »

Le prophète, un jour qu'il était entouré de jeunes gens, expliqua la parole de Dieu par ces paroles :

« Que ceux d'entre vous qui sont assez riches pour nourrir une ou plusieurs femmes se marient : le mariage dompte le regard de l'homme et règle la conduite de la femme.

« Que les autres jeûnent souvent : le jeûne mortifie les sens et réprime leurs dérèglements.

« Lorsqu'un homme se marie, le démon jette un cri

terrible ; tous les siens accourent. — Qu'avez-vous, Seigneur ? lui disent-ils. — Un mortel vient encore de m'échapper, répond Satan au désespoir.

« Préférez la femme à peau brune, car elle est féconde, à la femme trop blanche qui est stérile. — Je veux qu'au dernier jour mes fidèles soient nombreux.

« Protégez la femme, car elle est faible.

« Mariez-vous jeunes : la femme fuit la barbe blanche comme la brebis le chacal. »

IV

Le Mariage dans les villes.

Le mariage a lieu comme dans beaucoup de pays musulmans par des entremetteuses qui font métier d'aller de maison en maison examiner les jeunes filles pour indiquer les plus jolies à ceux qui ont l'intention de se marier.

L'homme règle, avec le père ou les parents les plus proches de la fille, la dot qu'il promet à celle-ci ; acte en est dressé devant le cadi. Ceci fait, le marié envoie un présent de *sfendj* (beignets) et de *hahda* (gâteaux de miel) à sa future.

Les plus riches y ajoutent un ou deux paniers de cosmétiques, de fard, de henné, pour indiquer leur choix et leur complète acceptation de l'épouse.

Cinq ou six jours avant le mariage, les parents et les amies de la jeune fille font de grands bals et fêtes auxquels sont invitées toutes les parentes et amies, connaissances et voisines, et les principales dames de la ville. Le bal se fait aux sons de la *sonaja* (tambour de basque sans peau) et du tambour de basque touchés par des Mauresques *(msama)* qui font profession de ce métier et qui sont payées par les assistants. On danse tout le jour et toute la nuit.

Les cinq ou six derniers jours, le temps est employé à laver, masser, savonner, farder, peindre la fiancée, de sorte qu'après ce long travail, elle est presque toujours ou jolie ou sortable.

Le jour venu de la remettre au mari, on donne un très grand repas dans la soirée ; le marié, chez lui, à ses parents et amis ; les parents de la mariée à ceux de leur famille et de leurs relations, en ayant soin de mettre à part les hommes et les femmes.

Le repas terminé et la dernière inspection de la fiancée terminée, les hommes et les femmes sortent dans la rue et se forment en procession sur deux rangs. Les hommes marchent devant, accompagnés de batteurs de tambourin et de joueurs de cornemuse ; derrière viennent les femmes voilées, puis la mariée que l'on porte cachée aux regards indiscrets. Tous dans cet ordre, portant une bougie blanche allumée, promènent la future par les rues de la ville.

Le marié reste à la maison avec le surplus des gens de la noce ; avant le retour de la fiancée, il s'enferme dans la chambre nuptiale et s'assied sur des coussins. Quand la mariée est arrivée, le cortège se retire, à l'exception des parents et des amis qui conduisent la jeune fille dans une chambre, lui enlèvent sa mante, lui retournent les manches jusqu'aux coudes, laissant nus ses bras teints de henné, puis elles lui font mettre les deux mains en anses sur les flancs et lui jettent sur la figure un voile fin et transparent. Au son des tambours de basques elles arrivent à la porte de la chambre où se tient le mari. Celui-ci vient ouvrir, prend la jeune fille par les mains, referme la porte et fait asseoir sa femme sur les coussins où il se tenait.

La mariée étant assise, le mari lui ôte son voile et la voit pour la première fois. La femme ne répond aux paroles que lui adresse son mari que lorsqu'il lui a fait son cadeau : bracelets, anneaux ou pièces d'or.

Le mariage consommé, le mari prend les vêtements de sa femme, il ouvre la porte de la chambre et jette ces vêtements aux femmes qui sont restées dehors pour attendre cette remise.

Les assistants poussent de nombreuses acclamations

accompagnées du son des *sonajas* et des tambours. La mère ou la plus proche parente montre à tous le témoignage de l'honnêteté et de la vertu de la mariée.

Le lendemain matin on fait à la maison beaucoup de beignets que l'on envoie en présent chez tous les parents et amis. Le mari va au bain s'ablutionner tout le corps ainsi que doivent le faire, chaque fois, tous les musulmans, selon les préceptes du Coran. La mariée reste sept jours sans prendre de bain, parce que, disent les savants, elle est alors au Paradis et sans péchés. Au bout de cette période, elle est astreinte aux ablutions légales comme tout le monde.

V

Le Mariage chez les Kabyles.

Avant la création de nos circonscriptions militaires et des cadis dans les tribus, les Kabyles se mariaient selon l'*ada* ou coutume des ancêtres. Ces mariages étaient de deux sortes : le *Zouadj el-Djedi* et le *Zouadj el-Maâti'à*.

D'après les Kabyles, le premier de ces mariages remonterait chez eux à une très grande antiquité. On le célébrait en égorgeant un chevreau, de là son nom de *mariage au chevreau*. Ce sacrifice avait lieu pour sceller les conditions acceptées par les familles. Le père de la jeune fille devait recevoir de son gendre une dot qui variait entre 70 à 90 *bacetta*, c'est-à-dire 175 à 225 francs. Le marié ne possédait cette somme que bien rarement, mais ses amis l'aidaient pour la réaliser. En effet, au jour indiqué pour la noce, les amis accouraient suivis de leurs femmes et de leurs enfants, apportant chacun son offrande pour le nouveau couple. Les *teboul* et les *zerma* (tambourins, clarinettes) retentissaient, et quelques guerriers de la troupe, leur fusil à la main, dansaient ou plutôt exécutaient toutes sortes de gambades en chantant et faisant *parler la poudre*.

Il arrivait aussi que le nouveau ménage n'avait pas de maison ; alors les amis venaient encore à son aide en coupant les perches, pétrissant le torchis, apportant du *dis*⁽¹⁾ ou des planches de liège pour couvrir la nouvelle habitation.

Le mariage *Djedi* était le plus assujettissant pour la femme kabyle ; tant que son mari vivait, elle était entièrement sous sa dépendance, et à sa mort, elle ne retrouvait pas sa liberté. Elle devenait l'objet, la chose du premier héritier qui lui avait recouvert la tête d'un voile, d'un linge ou d'un burnous. Si elle avait des enfants, son nouveau maître les élevait jusqu'à l'âge viril et gérait leurs biens.

S'il arrivait au mari d'avoir à se plaindre de sa femme, fût-ce même pour une cause futile, il pouvait la renvoyer à ses parents et se faire rembourser par eux la dot qu'autrefois il leur avait donnée. Cette restitution était intégrale, mais les enfants restaient à la charge du mari.

Le *mariage de la femme donnée (Zouadj Maâti'à)* avait lieu ainsi :

Lorsqu'un meurtre avait été commis, la *djemaâ* condamnait le meurtrier à payer une amende, *dia* ou prix du sang, assez élevée puisqu'elle montait à mille francs environ.

Il arrivait souvent que le meurtrier ne pouvait payer ; il se libérait alors en donnant une fille de sa famille ainsi que 50 *bacetta*, dites *Hak-el-Kefen*, prix du linceul du défunt.

Cette malheureuse devenait l'esclave absolue de son mari ; on lui faisait accomplir les travaux les plus rudes et elle n'était vue qu'avec mépris. Elle devait vivre et mourir dans sa nouvelle famille : le sang payait le sang !

Les cas d'adultère étaient excessivement rares dans la Kabylie orientale, parce que le mari, sur le moindre soupçon, s'empressait de couper la gorge de sa femme sans qu'il eût à craindre les poursuites de la famille. La jus-

---

(1) *Dis*, espèce de plante de la famille des graminées : *stipa tenacissima*.

tice de la djemaâ considérait le meurtrier suffisamment puni par la perte des *bacetta* que la femme lui avait coûté.

Cependant, parfois il arrivait qu'une femme se mît à aimer un autre que son mari. Voulant quitter le toit conjugal, elle se servait du moyen de la *guerba*, l'outre.

A son habitude, elle se rendait à la fontaine pour y faire sa provision d'eau. Mais là, elle remplissait la guerba avec de l'air et la laissait auprès de la fontaine. Elle allait rejoindre son amant et se retirait chez lui.

Le mari, prévenu par l'outre trouvée à la fontaine, réunissait ses parents et ses amis et se rendait en armes devant la maison du ravisseur. Ce dernier devait restituer la dot sinon on l'eût aussitôt tué. La dette payée, l'honneur était satisfait et la femme restait chez son amant.

Il pouvait arriver qu'après avoir promis une fille à un jeune Kabyle, les parents la donnaient à un autre qui la payait plus cher. C'était alors une insulte excessivement grave pour le jeune homme, sa famille et ses amis. On prenait les armes et toujours il s'en suivait des luttes acharnées, des alternatives de revers et de succès de part et d'autre jusqu'à ce que l'un des partis lâchât pied et abandonnât ses prétentions sur la femme en litige.

« C'était le bon temps ! disent les vieux Kabyles. Nous étions libres, chacun était son maître (*Soultan ras-ou*, sultan de sa tête) ; l'homme courageux ne craignait personne ; il tuait son ennemi sans pitié ; la vie d'un homme n'était pas plus appréciée que celle d'une mouche ! »

Dans le cas où une jeune fille demandée en mariage était refusée pour une raison quelconque, il fallait, dès que ce refus avait été prononcé, que sa famille veillât avec la plus grande vigilance autour de sa demeure pour prévenir les tentatives de l'amoureux repoussé. En effet, si ce dernier persistait dans ses projets matrimoniaux, il rôdait sans cesse autour de l'habitation dans l'espérance de voir les parents s'éloigner pour une cause ou pour une autre. Dès que cette occasion se présentait, il accourait avec quelques amis et, si on leur en laissait le temps, ils égorgeaient un chevreau sur le seuil de la porte. Dès lors, le sang du chevreau avait souillé le sol et le lien du *zouadj-el-djedi* était bon et valable ; il fallait se soumettre à la coutume et fiancer la jeune fille à son amoureux. Et nul autre ne l'aurait épousée sans froisser les idées d'honneur des montagnards aussi bien que le prétendant qui, tôt ou tard, s'en serait vengé d'une façon éclatante.

VI

Cérémonies du Mariage chez les Kabyles.

Chez les Kabyles, la nouvelle mariée, avant d'être conduite dans la maison de son époux, est promenée dans les villages voisins sur un mulet qu'escortent en poussant des cris de joie et en brûlant de la poudre tous les parents ou amis conviés à la noce. Le maître de la maison devant laquelle passe le cortége présente à la mariée un tamis plein de fèves, de noix ou de figues sèches. Elle en prend une poignée, la baise et la remet dans le tamis ; ces denrées sont versées dans des sacs portés par de vieilles femmes qui font ainsi une collecte pour approvisionner le nouveau ménage.

Au moment où le cortége arrive à la nouvelle demeure, les femmes entourent la mariée et lui font tremper les mains dans du beurre liquide. Puis elles lui donnent des œufs frais qu'elle doit casser en les frappant sur la tête et entre les oreilles du mulet. Cette coutume a pour effet de rompre tout sortilége, tout charme contre les nouveaux époux.

Dès que la mariée a mis pied à terre pour pénétrer dans la nouvelle maison, elle boit du lait frais, du *leben* (lait aigre) et de l'eau ; puis on lui donne une poignée de blé, d'orge et de sel qu'elle jette à droite et à gauche par-dessus ses épaules pour faire descendre la bénédiction et l'abondance dans la famille. Le mari s'approche à son tour, et lui tire à la hauteur de la tête et presque à bout portant un coup de fusil ou de pistolet qui met souvent le feu à sa coiffure. Ce coup de fusil est le symbôle de l'assujettissement de la femme et lui montre qu'à dater de cet instant, l'homme a sur elle droit de vie et de mort. Malgré cet état d'abnégation de la femme, il ne faut pas croire que l'amour soit inconnu de ces farouches montagnards. Leurs chants populaires et certains de leurs usages montrent qu'il n'en est rien.

Après tous ces préliminaires que nous venons de détailler et auxquels la croyance superstitieuse de ces populations attribue le pouvoir de conjurer tout maléfice et d'accorder la prospérité au nouveau ménage, la mariée pénètre, enfin, dans la maison, en posant le pied droit sur le seuil de la porte. Son mari l'enlève alors dans ses bras et la dépose dans l'intérieur, tandis que les parents et les invités attendent au dehors. Aussitôt que l'acte du mariage est consommé, le mari tire un coup de pistolet dans la chambre où il se trouve ; à ce signal les cris de joie, les chants et le bruit de la poudre recommencent avec plus d'entrain.

On apporte la *kemidja* de la mariée, où sont empreintes les marques de sa virginité ; la mariée paraît elle-même, et danse au milieu des invités en agitant cette *kemidja* dans les mains. Le tour des hommes arrive ; la fête se continue par des chants et des repas auxquels tous les invités prennent part.

Les cadeaux qu'on est dans l'usage d'offrir chez les Kabyles aux nouveaux mariés se retrouvent chez presque tous les peuples. En France, dans la région du Nord, ce sont des œufs, du beurre ou de l'argent que les invités offrent au nouveau couple ; dans le Berry, ce présent se nomme *cochelin* et consiste en argent ou en ustensiles de ménage ; en d'autres endroits, c'était une écuelle d'étain à couvercle rappelant la *cuppa amatoria* (coupe d'amour) que les fiancés offraient en Italie, au XVe siècle, à leur fiancée. Ces présents étaient désignés dans les anciennes chartes sous le nom d'*oscleum*, *osculum* (baiser) parce qu'on les présentait en les accompagnant d'un baiser. Chez les Romains, les cadeaux de noces consistaient surtout en objets de fantaisie, tandis que les Germains, au dire de Tacite, n'offraient que des choses d'usage journalier.

Les Kabyles tirent force coups de fusil et de pistolet en accompagnant la mariée. Il en est de même en France ; en Languedoc, on dit que cette cérémonie a pour but d'éloigner les mauvais génies. Les Chinois, les Arabes, les Grecs modernes brûlent aussi beaucoup de poudre dans ces sortes de fêtes. Les montagnards du Jurjura poussent en même temps le cri *you! you! you!* qui rappelle l'exclamation *Io!* que les Romains faisaient entendre dans les fêtes consacrées à l'hymen ; dans les *Nuées* d'Aristophane, dans les fêtes de Bacchus, il en était de même encore. Les paysans du centre de la France crient *Iou! Iou!* en accompagnant les fiancés à l'église du village.

Quant à l'usage d'offrir à manger à la mariée avant de franchir le seuil, nous retrouvons la cérémonie romaine de la *confarreatio* qui tirait son nom du gâteau de froment présenté aux nouveaux époux en signe d'union. De même, chez les Chinois, les Juifs et nos paysans français on observe pareil usage.

Comme les Kabyles, les anciens Hébreux répandaient des poignées d'orge, de blé ou de chènevis sur la tête des fiancés. A Carthage il en était de même ; chez les Athéniens, c'étaient des figues que l'on jetait sur le nouveau couple. Quant au geste de jeter une poignée par dessus l'épaule, c'est une cérémonie qui a pour but de chasser les esprits et d'éloigner les sortilèges employée déjà à Rome dans les Lémurales. Ainsi Pline (*Hist. nat.*, liv. XXII, ch. 72) dit que pour faire disparaître les verrues, on doit prendre des pois, en toucher chaque excroissance, puis les enfermer dans un nouet de linge, et les jeter par dessus son épaule. Virgile (*Eglog.* VIII) nous montre Amaryllis jetant des cendres derrière elle quand elle procède à l'enchantement qui doit lui ramener son volage amant.

Fer cineres, Amarylli, foras, rivoque fluenti
Transque caput jace; ne respexeris...

Ovide (*Metam.* liv., I) parle des pierres que jettent par dessus leur tête Deucalion et Pyrrha, dans le but de repeupler le monde. Dans les funérailles des Juifs, aussitôt après l'inhumation du mort, il est d'usage d'arracher du sol trois poignées de gazon et de les jeter derrière soi en répétant ce verset des *Psaumes* (*Ps.* LXXII) :

Et ils fleuriront dans la vie comme l'herbe fleurira sur la terre.

Dans nombre d'opérations magiques on peut encore de nos jours retrouver cette superstition toujours destinée à chasser les sortilèges.

VII

Les Funérailles.

Lorsque quelqu'un est près de mourir, si c'est un homme, les hommes l'assistent, si c'est une femme, les femmes seules l'entourent. Dès que le moribond a rendu le dernier soupir, les invocations à Mahomet cessent aussitôt ; le défunt est étendu sur le sol ; on le place nu sur des planches, et avec de l'eau chaude et du savon on lui lave tout le corps ; avec un couteau, on ratine la plante des pieds pour qu'il y reste à peine de la peau.

Le défunt, quel que soit son sexe, est revêtu d'une chemise et d'une culotte blanches, et ensuite enveloppé dans un drap qui doit dépasser les pieds et la tête. Cet office est exercé par des hommes ou par des femmes qui font profession de ce travail funèbre.

Les parents et les amis arrivent alors et placent le corps sur une civière spéciale que louent les marabouts ; puis le tout est couvert d'un large et long drap de soie de couleur. Si le défunt avait coutume de porter un turban, cette coiffure est mise sur le drap funéraire.

On sort alors le mort dans la rue où attendent les invités, les parents éloignés et les amis, à l'exception des femmes qui, quelle que soit leur parenté avec le défunt, ne peuvent suivre le convoi. Les gens riches invitent trois ou quatre marabouts qui suivent l'enterrement en criant : *Allah ! Allah ! Allah !*

Dans une marche aussi accélérée que possible, le défunt est emporté la tête en avant et les pieds en arrière, au contraire de ce qui se pratique chez les Juifs et les Chrétiens.

Le lieu où l'on enterre est ordinairement hors de la ville ; cependant nombre d'indigènes sont inhumés dans leur champ ou jardin. Servant ainsi de sépulture, les produits de ces champs et de ces jardins sont à tout le monde, chacun pouvant cueillir les fruits qui y poussent.

Si le défunt meurt un vendredi (*djemâa*), on ne le mène en terre qu'à midi, à l'heure de la prière. On passe par quelque mosquée où l'on fait entrer le mort et où chacun prie pour lui. En sortant de la ville, le corps est placé quelques instants sur la tombe d'un marabout célèbre afin, dit-on, d'obtenir pour le mort une plus grande légèreté pour aller soit au Paradis, soit en Enfer.

Arrivés à l'endroit de la sépulture, on prend le turban du défunt et par trois fois on le jette sur le sol en appelant Mahomet. La fosse est ouverte et avec des précautions infinies on y descend le corps qui ne doit butter contre rien, car c'est un péché très grave, dit-on, de faire souffrir un mort. On donne du pain et des figues aux pauvres qui ne manquent jamais d'accourir, et on assure que par chaque pépin de figue — et Dieu sait s'ils sont nombreux ! — c'est une année de pardon qu'on vient de gagner. Les gens sans fortune sont doucement recouverts de terre, tandis qu'au-dessus des riches on forme une voûte de pierres, de chaux et de plâtre. Sur la tombe on met de grandes pierres bien travaillées avec deux autres plus petites et rondes, dont l'une, nommée *m'chabad*, est placée à la tête, et l'autre aux pieds.

Les sépultures sont élevées de un mètre au-dessus du sol par des degrés en briques, en carreaux de faïence ou en pierres blanches.

Les marabouts et les personnages célèbres sont enterrés dans des *koubba*, rondes comme des chapelles et bâties en voûtes et souvent fort joliment travaillées. Une porte étroite fermée au cadenas y donne accès. A l'intérieur est le tombeau, bâti tout au milieu, avec des degrés de pierre, de carreaux ou de briques, ainsi que nous le disions tout à l'heure. Sur la pierre ronde de tête (*m'chabad*) est gravée une épitaphe très courte, le plus souvent donnant un ou deux des versets du Coran avec le nom et l'âge du défunt.

Quelques-uns aussi, parmi les riches, font établir sur la sépulture une sorte de tente de campagne, dans laquelle vient s'enfermer pour sept ou huit jours un marabout vénéré qui, nuit et jour, doit prier pour le défunt, et auquel on apporte sur place à boire et à manger.

Le lendemain des obsèques, les parents et les amis viennent prier sur le tombeau ; puis, lorsqu'ils sont partis, c'est le tour des femmes. Elle s'asseyent là pour faire la conversation. Elles font apporter du rivage de petites pierres blanches et menues comme des fèves, qu'elles passent de la main droite dans la main gauche en répétant pour chacune les mots *Sbah Allah*, c'est-à-dire *matinée de Dieu*.

Ces pierres sont laissées sur la sépulture et sont employées sans doute pour remplacer le chapelet. Cette cérémonie doit être répétée trois jours après.

Toute l'année, le lundi et surtout le vendredi matin, l'usage veut que les femmes se rendent au tombeau pour y prier. Quelques hommes le font aussi, mais ils vont au cimetière bien plus matin pour ne pas les rencontrer.

Quand on passe près d'un tombeau, qu'il soit même à un inconnu, on doit s'y arrêter pour prier et y laisser les petites pierres blanches dont on s'est servi.

Les Arabes sont persuadés que lorsqu'ils visitent les tombes des défunts, les âmes de ceux-ci en sortent pour se tenir avec eux, que celles des hommes et des femmes s'assoient sur les stèles rondes placées à la tête des sépultures, et que les âmes des enfants s'assoient sur les haïks de leurs mères, de leurs sœurs, ou de leurs aïeules. Aussi les femmes, quand elles se lèvent pour retourner chez elles, ont soin de le faire très doucement dans la crainte de blesser les pauvres petites âmes des enfants.

Dès que quelqu'un est mort, on ne doit pas allumer de feu dans la maison pendant trois jours, et il est défendu de toucher à de la viande rôtie, grillée ou bouillie, à moins qu'elle ne vienne de quelqu'un de dehors.

Aussi, ces trois jours, on donne aux pauvres la somme d'aliments qui était nécessaire au défunt.

Le deuil est presque inconnu ; les femmes seules, à la mort d'un mari, d'un père ou d'un fils portent pendant quelques jours et chez elles un voile jaune ou noir.

VIII

Pratiques funéraires.

L'enterrement a toujours lieu peu de temps après le dernier soupir. « Il est de convenance religieuse de se hâter de tout disposer pour l'inhumation[1]. » Les Musulmans croient, en effet, que sitôt la cessation de la vie, le corps souffre d'autant plus qu'il tarde à être déposé dans la tombe où l'attendent les deux anges de la mort pour l'interroger sur ses actions dans ce monde ! Pendant les maladies épidémiques, c'est à peine si les Arabes donnent au cadavre le temps de tiédir. Ainsi en 1837, époque à laquelle le choléra fit de grands ravages en Algérie, des médecins français, chargés de constater la réalité des décès, furent contraints de recourir à l'autorité indigène locale pour visiter des cadavres que les Maures avaient confiés à la terre quelques heures à peine après la mort. Dieu a dit :

« Hâtez-vous d'inhumer vos morts, afin qu'ils jouissent promptement de la félicité éternelle, s'ils sont morts vertueux, et afin d'éloigner de vous des créatures condamnées au feu, si leur vie a fini dans le mal et dans le péché.... »

« Inhumez les martyrs, comme ils sont morts, avec leurs vêtements, leurs blessures et leur sang : ne les lavez pas, car leurs blessures, au jour du jugement dernier, auront l'odeur du musc. »

C'est vraisemblablement à la température propre au climat et à l'ignorance des moyens propres à prévenir ou à dissiper les miasmes putrides, si facilement et si promptement produits, qu'il faut rapporter l'habitude des inhumations précipitées. On peut toutefois s'étonner, avec quelque raison, que l'incinération ne soit point venue à l'idée du peuple arabe, car les Juifs, auxquels ils ont emprunté tant de coutumes, la mettaient en pratique.

Chaque cadavre, à moins de circonstances majeures, possède sa fosse isolée. Dans les villes, presque tous les

---

[1] *Sidi Khelil*, t. I, sect. 20, p. 285.

tombeaux sont recouverts par une plaque de marbre et souvent entourés de fleurs et d'arbustes. Chez les Arabes, un simple tertre s'élève à quarante centimètres environ du sol ; sa longueur représente exactement celle de la fosse, et une ou deux petites éminences couronnent la partie la plus élevée du tumulus, selon que l'inhumé appartient au sexe mâle ou féminin. Les marabouts ont le privilége d'une maçonnerie extérieure, assez vaste, comprenant une sorte de chambre surmontée d'une *koubba* (coupole). Toujours la fosse a juste les dimensions du corps qu'elle recevra : à la tête existe généralement une ouverture assez large destinée à permettre au mort d'entendre les sanglots de ceux qui viendront lui donner quelques larmes de regrets. Ce trou, dont le grave inconvénient est de laisser les gaz de la putréfaction se répandre au dehors, se trouve presque continuellement exploité la nuit par les chacals et autres animaux qui usent largement de la faculté de pénétrer. Si vous demandez à un Arabe pourquoi il n'inhume pas plus profondément ses morts[1], il vous expliquera qu'il a un avantage à suivre sa coutume; car si, au bout de quelque temps, le linceul paraît à la surface du sol, c'est un signe que Dieu indique le défunt comme un homme bien accueilli par lui et digne de l'estime et du regret de tous ceux qu'il a laissés sur terre !... Voici les pratiques funéraires recommandées par la législation :

Beaucoup de légistes les plus distingués établissent l'obligation, les uns comme canonique, les autres comme imitative : 1° de laver le corps du musulman mort avec une eau sans impureté ; 2° de l'enterrer et aussi de l'ensevelir. Pour la lotion, on commence par laver les mains du mort, puis on enlève les souillures, s'il y en a, puis on opère l'ablution, ensuite on lave la tête ; après cela, on verse à grands flots de l'eau sur le côté droit du corps qu'on a tourné sur le côté gauche ; ensuite, de la même manière sur le côté gauche, après l'avoir retourné sur le

---

(1) Depuis l'occupation française, les Arabes sont obligés d'enterrer leurs morts à une profondeur *minimum* de 1 m. 50.

côté droit. On pratiquerait la lustration pulvérale si l'on n'avait pas d'eau, si l'on craignait qu'en versant l'eau ou en lavant il se détachât quelque lambeau de chair ou de peau (cadavre déjà déchiré ou en partie écrasé, etc.) On verse l'eau doucement et avec précaution, sans frotter, sur un cadavre qui présente des plaies, des blessures, quand on peut verser ainsi l'eau sans crainte de détacher des chairs ou de la peau, mais non lorsqu'on a à craindre ces inconvénients, comme dans le cas de mort par la variole, par écrasement, par la chute d'un mur sur l'individu, etc. ; on remplace alors l'affusion par la lustration pulvérale. Le fidèle sera enseveli dans des vêtements tels que ceux dont il s'habillait ordinairement pour la prière solennelle du vendredi. Pour le malheureux dénué de toutes ressources, les dépenses de ses funérailles (lotion, transport, etc.) seront aux frais du trésor public. Il est de convenance religieuse de fermer les yeux au fidèle qui expire, de lui soutenir le menton par un bandeau, un mouchoir que l'on noue sur la tête ; de lui assouplir, par des flexions et extensions modérées, les articulations des membres, afin qu'il soit plus facile de procéder à la lotion ; d'éloigner du sol le corps en le plaçant sur quelque chose d'élevé, afin que les insectes n'aillent pas le trouver ; de lui poser sur le ventre quelque chose de pesant, afin de prévenir le gonflement. Pour pratiquer la lotion d'un mort, il est dans les convenances religieuses d'employer la décoction de feuilles de *Sedra* (zizyphus), lorsqu'on peut se procurer de ces feuilles ; on se sert aussi, pour la lotion, d'une décoction de feuilles de zizyphus *nabeca,* et, le plus ordinairement, d'eau pure, d'eau mêlée de natron, d'une décoction de roses trémières. Le nombre préféré, pour les lotions, est de trois à cinq ; on ne pratique jamais au-delà de sept. Il est licite de débarrasser et nettoyer les dents et le nez du mort avec un linge mouillé ; d'aromatiser le corps avec du camphre, afin de retarder la décomposition et de prévenir ainsi les émanations désagréables pour ceux qui vont accompagner les funérailles. Enfin, le laveur doit prendre un bain général, avec la simple intention de se nettoyer, immédiatement après qu'il a terminé les lotions du mort. Il est dans l'esprit de la religion de brûler des parfums ou aromates (bois d'aloès, ambre, myrrhe), d'en parfumer les linceuls. Il faut : 1° mettre au mort une chemise ; 2° envelopper la tête de quelques tours d'un turban ; 3° placer autour des reins du mort un *izra* ou *meïzar*, pièce de toile qui couvre depuis les flancs jusqu'à mi-jambes ; 4° l'envelopper dans deux *lefafeh'* (suaires), des pieds à la tête, et nouer les deux bouts. On répand des aromates ou substances d'odeur forte et agréable (musc, ambre, plantes odorantes, etc.) entre les *lefafeh'* et sur le coton que l'on applique sur les ouvertures naturelles du corps. Aux aromates cités, il convient d'ajouter du camphre, « le meilleur des aromates conservateurs. » On met aussi des aromates sur les autres organes des sens, aux aisselles, aux plis des coudes, aux jarrets, etc. Par convenance religieuse, on ne doit pas conduire le convoi à pas trop ralentis, et couvrir la bière d'un couvercle bombé, afin de mieux cacher le cadavre. On établit une construction murée pour y déposer le corps du défunt, ce qui est préférable à la simple fosse. On ferme l'ouverture du tombeau avec des briques crues ou avec des planches, ou avec des tuiles à forme mi-cylindrique, ou, à défaut, avec des briques cuites, ou enfin des pierres, des tiges de plantes arundinées ; enfin, en l'absence de tout cela, on comble la fosse, ou bien on ferme l'ouverture du tombeau en y jetant ou amassant de la terre. Ces manières de procéder sont préférables à l'emploi du cercueil. Il est permis de se dispenser de frotter les corps lorsqu'il y a un grand nombre de morts ; c'est-à-dire que l'on se borne, dans les grandes mortalités, dans une épidémie, à onder les cadavres, et, dès lors, on les enterre immédiatement. Il est permis d'ensevelir les morts dans une étoffe teinte avec le safran ou avec le *ouars* (orobancha tinctoria), parce que ces substances colorantes sont aussi dans la catégorie des aromates. Il est blâmable aux yeux de la loi de raser au mort les cheveux et les poils, d'enlever les escarres, ou de presser les bords des plaies ou des blessures[1].

Lorsque les Arabes n'ont à leur disposition ni parfums ni aromates, ils pilent des feuilles de *sedra* (jujubier sauvage) avec du *hennah* (*lausonia inermis*), et répandent cette poudre composée sur la surface du corps. Généralement, une fois que l'individu a rendu le dernier soupir, ils le lavent à l'eau tiède, lui mettent dans les ouvertures naturelles du coton et du camphre, et l'enferment dans une pièce de coton, un haïk ou des morceaux de burnous. On a pu remarquer ci-dessus que les Arabes ne se servent point de cercueils ; de même chez les Kabyles, qui se bornent à laver les morts, les enveloppent dans un haïk en laine et les confient ensuite à la terre, placés sur le côté droit. Des bières de diverses natures ont cependant été en usage dans l'Afrique septentrionale. Ainsi, à Djidjelli, à Ténès, à Tiaret, on trouve des cercueils taillés dans le roc. Les anciens occupants de ces pays cherchaient-ils, par ce moyen, à se conserver une plus grande étendue de terrains cultivables, déjà restreints naturellement par l'abondance d'un sol très calcaire ? Ou bien était-ce là une mesure hygiénique en cas d'épidémie ? Le Dr Guyon a également vu à Stora (province de Constantine), un cimetière où les cadavres étaient disposés dans de grandes jarres toutes juxta-placées. A Philippeville, des poteries semblables ont été découvertes, renfermant des ossements. La pratique de l'embaumement n'est pas usitée chez les Arabes. Au Darfour, les Indigènes enlèvent les intestins et les remplacent par des paquets d'aloès.

Au Sénégal, les Nègres musulmans entourent les cimetières d'épines mortes, y entretiennent beaucoup d'arbres à feuillages épais, en interdisent l'entrée aux Européens, n'indiquent la place des morts que par un tracé rectangulaire sur le sable ou la terre, allument des feux sur chaque tombe les premiers jours de la sépulture, et placent ensuite sur le lieu de l'inhumation des morceaux d'étoffe pour éloigner les oiseaux de proie[2].

(1) *Sidi-Khelil*, ch. II, sect. 20, p. 285 et suiv.
(2) Dr E.-L. Bertherand, *Médec. et Hyg. des Arabes*, p. 260.

La profonde vénération des Nègres musulmans pour leurs morts, et les soins excessifs qu'ils prennent des restes humains, tant pour les parer avant l'inhumation que pour les conserver après, prouvent que le respect des tombeaux et des dépouilles des morts n'est pas toujours en raison directe du développement de la civilisation [1]. N'y a-t-il pas là un sujet de bien sérieuses méditations ? Du reste, dans toutes les contrées de l'Inde ou du Sind où il se trouve des musulmans, ceux-ci ensevelissent leurs morts secrètement, de nuit et dans leurs maisons ; mais ils ne se livrent pas à de longues lamentations [2].

IX

Les Funérailles chez les Kabyles.

Chez les Arabes de la province de Constantine, dès qu'un malade a rendu le dernier soupir, des cris déchirants se font entendre. La cour de la mechta se remplit de monde, hommes et femmes confondus, se lamentant et frappant à coups redoublés sur des plateaux en tôle ou en cuivre. Etonnés de ce vacarme, il arrive presque toujours que les chiens, les bœufs et les autres animaux des environs prennent part, à leur façon, à ce lugubre concert. Le défunt est étendu sur son lit (des nattes, des tapis et des matelas) et près de lui on allume un grand réchaud où brûle le benjoin. De nombreuses bougies éclairent la chambre mortuaire.

Les lamentations durent toute la nuit. Au point du jour arrivent les gens de la tribu qui viennent prendre part au *Nedab*, c'est-à-dire pleurer le mort et faire son éloge. Les serviteurs, s'il y en a, déchirent leurs vêtements, se serrent la poitrine avec une corde et se maculent la figure avec de la boue et de la suie après s'être recouvert la tête d'un sac ou d'autres guenilles. Les femmes surtout mon-

---

(1) Raffenel, *Voyage dans l'Afrique occidentale*, p. 234.
(2) Edrisi, *Géogr.*, t. I., p. 178.

trent leur affliction en s'égratignant le front et les joues.

Puis le cadavre est transporté au cimetière. Un homme, monté sur un mulet, tient devant lui le corps ficelé sur deux perches en guise de civière : de nombreux cavaliers suivent silencieusement le convoi funèbre. Le lendemain, le cheval du défunt, harnaché et équipé, portant les armes et les vêtements de luxe de son ancien maître, est promené dans le douar. Une danse macabre s'organise ; la plupart des assistants forment un grand cercle marchant comme dans une ronde dont le centre est occupé par le cheval. C'est ce moment que choisit un improvisateur pour entonner un chant funèbre en l'honneur du défunt que l'on pleure.

Après chaque strophe, la ronde, qui s'était arrêtée, se remet en mouvement et l'on répète en chœur le refrain qu'un tambour lugubre ne manque pas de cadencer. Voici la traduction de l'un de ces chants funèbres d'après M. L. Féraud, interprète de l'armée, qui le recueillit chez les Oulad Abd-en-Nour, l'une des plus importantes tribus du département de Constantine :

> O vous qui montez de grands chevaux,
> Où allez-vous si pressés ?
> Marcheriez-vous à l'ennemi ?
> Par Dieu, je vais me renseigner.
> Est-il vrai que l'homme aimé n'est plus ?
> Quelle est la cause des cris que j'entends ?
> Verse des larmes, ô toi qui te lamentes,
> Sur cet homme bien aimé,
> L'illustre parmi les guerriers.

Cette cérémonie se répète pendant huit jours, pendant lesquels tous ceux qui se présentent pour faire leurs compliments de condoléances sont nourris et hébergés *gratis pro Deo*. Ce temps passé, les taleb, au nombre d'une quarantaine, se réunissent dans la maison mortuaire pour prier et lire le Coran qu'ils se partagent entre tous, ce qui demande à peu près une demi-heure. Cette cérémonie, nommée *Fedoua*, a pour but de racheter les fautes du défunt.

X

La Vendetta des Kabyles.

Quelques auteurs affirment que la nature du sol et du climat sont parmi les causes qui influent le plus sur les mœurs et les usages des peuples. A ce compte, il faudrait attribuer le caractère farouche des montagnards kabyles au pays difficile, âpre et sauvage qu'ils habitent tout autant qu'aux luttes intestines et continuelles qui de tout temps ont désolé ce pays. Pour les montagnards de la Kabylie, il nous semble que ce sont là les causes dominantes de leur caractère particulier. Interrogez un Kabyle et parlez-lui du passé de sa famille ou de sa tribu et vous l'entendrez toujours vous dire : Il y a du sang entre moi et telles gens. — La *vendetta* était et est encore souvent considérée comme un devoir ; celui qui ne se soumettait pas à cette coutume ne jouissait d'aucune estime ; on le montrait du doigt et chacun le voyant disait : Un tel est un lâche ! Aussi, poussés par le point d'honneur, il était rare qu'un crime restât impuni ; on se faisait justice et, comme cela se fait en Corse, des tribus entières étaient décimées par les *vendette* successives de famille à famille.

Chez certaines tribus telles que les Beni-Toufout, les Beni-Fergan et toutes celles du massif formant le promontoire de Séba-Rous, les choses se passaient ainsi :

Dès qu'un crime venait d'être commis, les parents du meurtrier se réunissaient et allaient demander pardon à la famille de la victime. On offrait la « dia » — prix du sang — qui s'élevait environ à cent baceta, et on l'acceptait presque toujours.

La somme était religieusement conservée intacte et déposée dans une corne de bœuf, enfouie ensuite dans un coin de l'habitation jusqu'à ce qu'un membre de la famille eût vengé le parent assassiné. Les cent baceta étaient alors sorties de la cachette et restituées aux proches du premier meurtrier comme nouvelle « dia. »

Tant que cette restitution n'avait pas eu lieu, on disait dans la tribu : « Telle famille a encore sa corne pleine ; elle attend un homme de cœur pour la vider. »

Chez les Arabes de la province de Constantine, quand un homme avait été assassiné, les membres de sa famille ne se lavaient, ne lavaient leurs vêtements et ne coupaient leur barbe et leurs cheveux que lorsque le meurtre avait été vengé. Les jeunes gens s'entouraient la tête avec une corde enduite de goudron, afin de se rappeler sans cesse qu'ils avaient une *vendetta* à exercer.

En principe, il appartenait au fils seul de venger la mort de son père ; à son défaut, c'était au plus proche parent de la victime. Mais il pouvait arriver aussi que le coupable vînt à mourir autrement que par la main de ceux qui avaient à satisfaire à la vendetta. Alors la vengeance devenait transversale ; elle atteignait le frère ou les plus proches parents.

XI

Le prix du Sang.

Les montagnards kabyles orientaux qui n'étaient pas réunis en confédérations comme les Zouaoua, avaient organisé par tribu une sorte de tribunal formé des plus sages de l'endroit, qui était nommé *djemâa* et qui connaissait de tous les crimes et délits commis par les habitants.

Afin de régulariser le plus possible la justice qu'elle rendait, la djemâa avait institué une sorte de charte nommée *khanoun* réglant les peines et les amendes à infliger à ceux qui sortaient du droit commun.

D'après les souvenirs des anciens Kabyles et quelques-unes de ces *khanoun* qu'on a pu retrouver, il a été possible de reconstituer le fonds de la justice de ces montagnards et s'apercevoir que, presque partout, elle repose sur la compensation pécuniaire du dommage causé, analogue à la coutume bien connue des Germains, nommée *wehrgeld* (prix de la guerre), ou *wergeld* (valeur d'argent). Chez les Kabyles, le meurtrier pouvait composer avec les parents de la victime, en leur payant le prix du sang ou *dia*, plus ou moins élevé, suivant les personnes et suivant la cause du crime.

Voici, d'après la *khanoun* des Kabyles du Zouara, les compensations adoptées en cas de meurtre :

Pour meurtre avec préméditation, la maison de l'assassin est démolie, on lui égorge 20 bœufs et il doit payer la *dia* complète, ou sa fille, ou sa sœur à l'un des parents de la victime ;

Le meurtrier pris sur le fait est conduit aux parents du mort qui, cette fois, ont le choix entre le prix du sang ou le sang lui-même ;

Pour un voleur tué dans l'enceinte d'une maison, celui qui l'a tué paie comme *dia* 20 douros et la *djemâa* également 20 aux parents du mort ;

Pour un homme tué par le mari au moment où le premier embrasse sa femme, il n'y a acune punition et les parents ne peuvent réclamer de *dia*, etc...

Lorsque le prix du sang et les amendes infligées par la *djemâa* avaient été payés, le meurtrier ne pouvait plus être inquiété, et s'il s'était enfui de la tribu, il pouvait y revenir en toute sûreté ; le dommage causé avait été compensé par la *dia*, conséquemment on ne pouvait plus lui en vouloir de son crime.

Ces usages, qui sont généralement ceux de peuples barbares, existent bien ailleurs que chez les Kabyles. Nous avons nommé le *wergeld* des Germains qui surtout tenait compte de la qualité de la victime pour la fixation de la composition pécuniaire, et qui ainsi attribuait 1800 sous d'or pour le meurtre d'un compagnon du roi et ne donnait que 100 sous pour celui d'un esclave. Nous pouvons y ajouter la coutume analogue des habitants de la Tchernagora, des montagnards monténégrins. Dans la charte octroyée vers 1860 par le Vladika Danielo, on fut obligé d'admettre encore la composition pécuniaire et de se borner à poser des limites pour la vendetta, sous peine de voir la loi sans aucun effet sur ces montagnards belliqueux.

Avant l'Islamisme déjà, la vendetta était dans les mœurs des habitants de la Péninsule arabique. Selon eux, l'âme, en se séparant du corps, s'envolait sous la forme d'un oiseau nommé *hâma* ou *sada*, sorte de chouette qui ne cessait de voltiger autour de la tombe du défunt en poussant des cris plaintifs et en annonçant au mort ce que faisaient ses enfants. S'il arrivait que le défunt fût mort assassiné et que ses enfants ou ses parents ne l'eussent pas vengé sur le meurtrier ou ses responsables, l'oiseau *hâma* ne cessait de répéter : « *Escouni ! Escouni !* donnez-moi à boire ! » jusqu'à ce que le sang du meurtrier eût apaisé la soif de l'oiseau funèbre. (Cf. Caussin de Perceval, *Hist. des Arabes.*)

XII

La Médecine en Algérie.

Voici, à titre de curiosité, une liste des principaux médicaments usités par les Arabes et les Kabyles pour la guérison des diverses maladies qui peuvent les attaquer.

Il est bon de dire que ces divers remèdes sont offerts à la fiancée qui va se marier, et qu'ils forment ce que l'on appelle le *panier de la fiancée*, en kabyle le *thakoufets-en-teslith*.

Benjoin *(Djaouï)*, pour incantations ;
Camphre *(kafour)*, employé pour empêcher les femmes de concevoir ;
Galène *(tazoult)*, pour les yeux ;
Gomme de cerisier *(habb el-melouk')*, incantations ;
Bitume *(bekhour el-Soudan)*, incantations ;
Staphisaigre *(habb-el-ras)*, contre les poux ;
Argile jaune *(el-fasoukh)*, contre les sortilèges ;
Habbala, pour philtres d'amour ;
Tsabtil, contre les philtres amoureux ;
Aloès socotrin *(lemeri ouseber)*, collyre ;
Sucre candi *(soukker el-kandid)*, pour les yeux ;
Soufre *(kebrit)*, contre la gale ;
Assa-fœtida *(el-h'entith)*, contre les coliques ;
Salsepareille *(achaba)*, contre la syphilis ;
Bichlorure de mercure *(chelimou)*, contre les ulcères ;
Pilules de Paris ? *(habb el-Baris)*, contre la syphilis ;
Cantharides *(izan el-Hend)*, contre la gonorrhée ;
Noix vomique *(bou zaka)*, contre les rhumatismes ;

Vermillon *(el-bekem)*, dans la circoncision ;
Styrax *(el-maïa)*, antidote contre les génies ;
Caméléons *(tata)*, contre les maléfices.

Si quelques-uns de ces remèdes ont leur efficacité dans quelques cas particuliers, il n'en est pas de même la plupart du temps. Du reste, médecins et chirurgiens sont à la hauteur de leurs remèdes, et l'on se demande comment un peuple qui compte des Rhazès, des Averroès, des Avicenne, si dignes successeurs des Hippocrate et des Galien, peut être descendu jusqu'à ne plus connaître comme praticiens que les *toubibes* ignorants, barbiers ou maures, et comme savants que les *hakems* empiriques et charlatans que partout l'on rencontre. Toute la médecine des hakems est formée d'un mélange hétérogène de sentences traditionnelles, de conseils transmis par les voyageurs, les pèlerins de la Mecque, les émigrants de Tunis ou du Maroc, par les prescriptions magiques de prétendus sorciers, ou encore par les sourates du Koran ou des commentateurs du Saint-Livre.

Les Arabes ont la plus grande répulsion pour les opérations où il s'agit de répandre le sang et surtout de retrancher un membre. Ils admettent difficilement la saignée, l'ouverture des abcès, des tumeurs, presque jamais l'amputation. La cautérisation s'opère à l'aide d'un couteau ordinaire chauffé à blanc. Du reste les opérations à l'aide du feu sont fort en honneur chez les Arabes et les Kabyles, comme chez la majeure partie des peuples primitifs. Les Scythes, au dire d'Hippocrate, se tonifiaient le corps à l'aide du feu ; les Egyptiens de nos jours s'en servent encore absolument comme les habitants d'autrefois de la vallée du Nil et de l'Arabie, s'il faut en croire Prosper Alpin. Et le proverbe arabe dit : « *Le feu ôte le poison des nerfs !* » aussi en fait-on grand usage.

Les amulettes des tolbas ont, paraît-il, encore plus de pouvoirs que tous les remèdes et que toutes les opérations possibles ; nous en disons quelques mots au chapitre des amulettes, renvoyant, pour de plus amples renseignements sur la médecine arabe, aux ouvrages du capitaine Villot, de MM. Hanoteau et Letourneux et de MM. Bertherand.

XIII

Médecine empirique.

D'après Bou-Sina (Avicenne), pour guérir l'hydropisie, on prend douze sauterelles, on leur enlève la tête et les jambes, on les assaisonne avec un peu d'as sec ; on les fait bouillir et on en boit la décoction. Cette décoction, employée en frictions, guérit les rétentions d'urine.

Lorsqu'un individu est atteint du *homra*, bouton rouge qui ne guérit jamais, s'il porte sur lui une sauterelle de l'espèce de celles qui ont un long cou, il peut en être soulagé.

Enfin dans son livre *le Grand Désert*, M. le général Daumas mentionne que l'usage de la chair des sauterelles est favorable contre une maladie appelée « *ed-djoudane* (?) »[1].

XIV

Coutumes diverses.

Les Arabes ont coutume d'encourager les chameaux en leur chantant des chansons ou en jouant des airs de galoubet. Il est certain que ces chants relèvent l'ardeur abattue de ces animaux et les aident beaucoup à fournir les longues étapes qu'on en exige.

Cet usage remonte à la plus haute antiquité.

« Le plus ancien chant populaire connu, dit M. J.-J. Ampère[2] est un couplet adressé par un laboureur égyptien à ses bœufs. Ecrit en hiéroglyphes il y a environ trois

---

(1) Ce mot ne se trouvant pas dans les dictionnaires français-arabes, nous pensons qu'il s'agit du mot *djiâne* — affamé — ou d'un synonyme : *bel djouâ* — avec la faim. — Ce serait donc la maladie de la faim.

Les renseignements qui précèdent au sujet de la guérison de certaines maladies par l'emploi des sauterelles sont extraits du livre intitulé *Haïat el Haïouan*, par Cheikh Kimal ed-Din Ben Moussa Doumairi.

(2) *Instructions du Comité de la langue, de l'histoire et des arts de la France.*

mille ans, il a été traduit par M. Champollion[1] de la manière suivante :

> Battez pour vous,
> Battez pour vous,
> O Bœufs !
> Battez pour vous,
> Battez pour vous,
> Des boisseaux pour vos maîtres.

Dans le Centre et le Midi[2] on *briole,* c'est-à-dire on chante pour faire marcher les bœufs. M. Fauriel assure que certains chants analogues furent introduits de Grèce en France par les Phocéens fondateurs de *Massilia* (Marseille). Et Avicenne, au X⁰ siècle, recommandait au laboureur de chanter le plus souvent possible pendant le travail pour délasser ses animaux.

*
* *

Beaucoup d'Algériens vont chaque année en pèlerinage à la Mecque, où l'Emir, entouré de tous les chefs, donne le signal du départ en élevant son drapeau vert.

Alors les pèlerins, la foule et les marabouts chantent alternativement :

LA FOULE

> O pèlerins, dans la chambre de Dieu,
> Avez-vous vu le prophète de Dieu ?

LES PÈLERINS

> Nous l'avons vu, nous l'avons vu !
> Et nous l'avons laissé dans la chambre de Dieu :
> Il fait ses ablutions, il prie,
> Il lit les livres de Dieu.

LES MARABOUTS

> Notre Seigneur Abraham est le chéri de Dieu,
> Notre Seigneur Moïse est le parleur de Dieu,
> Notre Seigneur Aïssa[2] est l'âme de Dieu,
> Mais notre Seigneur Mohammed est le prophète de Dieu.

---

(1) *Lettres écrites d'Egypte et de Nubie en 1828 et 1829,* par Champollion le jeune ; p. 196.

(2) Laisnel de la Salle. *Croy. et Lég. du Centre,* t. II, p. 140 ; Dupin aîné, *Le Morvand,* p. 18.

(3) C'est le nom que les Arabes donnent à Jésus-Christ. — Général Daumas : *Le grand Désert.*

LES PÈLERINS

Oui, nous avons laissé nos biens
Et nous avons laissé nos enfants
Pour aller voir le Prophète de Dieu.

LES MARABOUTS

Que votre pèlerinage soit heureux !
Ce que vous avez gagné est sans pareil :
Vous avez fait une ghazia sur vos péchés.

*
* *

La femme arabe, vu l'état d'infériorité marquée dans lequel elle se trouve, n'est point admise à manger avec les hôtes, et pas même avec son époux. Il en est de même en beaucoup d'endroits, dans le Berry principalement.

La femme ne peut que servir à table[1]. De même chez les Hindous où le code conjugal dit : « *Une femme ne peut se permettre de manger avec son mari ; elle doit être honorée de manger les restes.* » Chez les Hébreux d'autrefois et même en Italie et en Espagne, la coutume était analogue. Aux îles Marquises, les femmes non-seulement ne prennent point part au repas du mari, mais même ne peuvent se servir du feu dont on s'est servi pour la cuisson de ses aliments[2].

*
* *

L'éructation qui, en beaucoup d'endroits, est regardée comme une grossièreté, est permise chez les Arabes[3]. Voici ce qu'en dit un voyageur qui a observé le fait en Algérie, M. Alex. Bellemare :

« Vous avez bien dîné chez un Arabe, vous êtes satisfait de la manière dont il a exercé l'hospitalité envers vous, vous voudriez lui adresser un remerciement ; priez Dieu que votre estomac trop chargé ait besoin de dégager

---

(1) Laisnel de la Salle, *Croyances et Légendes du Centre de la France*, tome II, p. 98.
(2) H. de M..., *Le Catholicisme aux îles Marquises.*
(3) Le Général Daumas, *Mœurs et Coutumes de l'Algérie.*

un trop plein d'air. Oh ! ne le retenez pas, vous ne sauriez faire à votre hôte un compliment plus flatteur.

« Mon hôte a bien dîné, se dit l'Arabe, il est content de moi : *El hamdou Lillah* (Louange à Dieu), ou bien : *sahha* (que Dieu te donne la santé) ; telle sera sa réponse au compliment que vous lui aurez adressé, et, je vous le jure, plus ce compliment sera bruyant, mieux il sera reçu.

« Et voilà cependant ce que sont les mœurs des peuples ! ce qui, chez l'un, est une grossièreté inexcusable, chez l'autre, au contraire, chez un peuple placé à moins de deux cents lieues de nos côtes, est non seulement admis, mais va même jusqu'à être considéré comme une politesse. »

Les Espagnols et les Italiens ont également cette habitude. Dans leurs colonies d'autrefois, les Espagnols l'ont importée avec eux et l'ont propagée. M. Louis d'Aysac[1] dit que pendant le service divin au Chili « c'est parfois un véritable concert auquel tout le monde prend part, les prêtres qui disent la messe, les clercs qui la servent, les fidèles qui l'entendent, et même le trompette de la garde civique, qui profite des points d'orgue pour mêler ces bruits insolites à ses pieuses fanfares. »

En France, dans nombre de provinces, l'Auvergne, le Berry[2], l'éructation fait plaisir à l'hôte qui vous reçoit dans sa maison.

*
* *

Il est une liberté bien encore plus grande que se permettent les Arabes et dont nous passerons le nom sous silence. Cette incongruité est aussi bien admise que l'éructation.

« Quand arrive ce qui chez nous serait un grave accident, ce qui, chez eux, n'est qu'un indice de prospérité, l'auteur dit avec sang-froid :

« *L'hamdoullah* (je remercie Dieu).

« Sous-entendez : Qui m'a donné assez de bien pour remplir mon ventre.

---

(1) Louis d'Aysac, *Voyage au Chili.*
(2) Laisnel de la Salle, *Croy. et Lég. du centre de la France*, t. II, p. 99 et suiv.

— *Allah iaatik-sahha* (Que Dieu te donne la santé!) lui est-il répondu sur le même ton calme[1]. »

On voit bien qu'en toutes ces choses tout est affaire d'usages et d'idées ; ce qui tant nous scandaliserait étant de bon usage et de savoir vivre au Sahara aussi bien que chez certains de nos paysans[2]. Du reste, dans la civilisation hellénique et chez les Romains, on tolérait et même on acceptait cette grossière coutume. Il est vrai que certaines sectes de philosophes, telles que celle des péripatéticiens la reprochaient aux stoïciens qui l'admettaient. Au dire de Diogène Laërce[3] cette inconvenance échappa un jour dans la chaleur de la discussion au philosophe Métroclès qui professait la doctrine de Zénon. Le malheureux s'enfuit aussitôt tout confus et s'enferma dans sa maison refusant d'en sortir. Son ami, le stoïcien Cratès, alla le trouver et, dit Montaigne[4] : « Adjoutant à ses consolations et raisons l'exemple de sa liberté, se mettant à p.... à l'envy avecques luy, il lui osta ce scrupule, et, de plus, le retira à sa secte stoïque, plus franche, de la secte péripatétique plus civile, laquelle jusques lors il avoit suivy. »

Suétone raconte qu'un jour à la table de l'empereur Claude, un des convives habituels de l'empereur, manqua mourir pour s'être refusé ce soulagement. Claude, tout désolé, voulut rendre un édit pour permettre à ses commensaux d'exhaler, fût-ce même en son auguste présence, toute espèce de gaz « *flatum crepitumque ventris.* »

Au dire du même historien, le pourceau couronné Vitellius était impoli au même chef. Il aimait fort dans ses voyages à causer avec les gens du commun, rire avec les muletiers qu'il trouvait dans les auberges ou aux relais. Le matin, il leur demandait s'ils avaient déjeûné, et pour leur faire voir que pour sa part il avait fort bien mangé, il rotait devant eux.

---

(1) Général Daumas, *Mœurs et coutumes de l'Algérie*, p. 12.
(2) Laisnel de la Salle, *op. cit.* t. II, p. 101.
(3) Diogène Laërce, VI, 94.
(4) Montaigne, *Essais*, liv. II, chap. XII.

LIVRE VIII

LA MUSIQUE POPULAIRE ARABE

ET LA POÉSIE ORALE

> ¿Que música es eso, que vago sonido,
> Que canticos vienen mi sueño á turbar?
> (.......)

I

La Musique arabe.

Un musicien éminent qui habita longtemps l'Algérie et qui fit de la musique arabe une étude très approfondie, M. Salvador Daniel, a publié dans la *Revue Africaine*, en 1862, un excellent travail qui n'est pas sans analogie avec l'ouvrage plus récent de M. Bourgault-Ducoudray sur la musique grecque. Voici donc, d'après cette étude et d'après quelques autres notes qu'on a bien voulu nous fournir, ce qui constitue la musique populaire de l'Algérie et ce qui la différencie de la musique des autres peuples.

⁎
⁎ ⁎

Tout d'abord, à l'audition d'un air ou d'une chanson arabe accompagnée d'instruments, on ne reconnaît la plupart du temps qu'une horrible cacophonie, qu'un affreux charivari dénué de mesure et de mélodie. Pourtant par l'habitude, ou plutôt par une sorte d'éducation de l'oreille, il vient un jour où l'on distingue quelque chose qui ressemble à un air. On perçoit des séries de tons et de demi-tons auxquels il est impossible d'assigner un point de départ, une tonique. Dans les tambours qui forment l'accompagnement, si l'on entend une sorte de rhythme, ce rhythme ne paraît avoir aucun rapport avec celui de l'air que l'on joue.

Si tels sont les sentiments que vous éprouvez, il n'en est pas de même des Arabes. Bien des fois, ils mêlent leur voix à la mélodie qu'ils trouvent agréable, et la danse à laquelle ils se livrent vous montre que forcément il y a là une mesure que nous ne distinguons pas.

C'est que là, en effet, pour juger de la musique des Arabes, il faut la comprendre, de même que pour estimer à leur valeur les beautés d'une langue, il faut la posséder et la parler.

Or, la musique des Arabes est une musique à part, reposant sur des lois toutes différentes de celles qui régissent notre système musical ; il faut donc s'habituer à leurs gammes ou plutôt à leurs modes, en laissant de côté nos idées de tonalité.

Les séries des demi-tons étant identiques dans nos deux modes, majeur et mineur, qui diffèrent entre eux par la position et le nombre des demi-tons, nous n'avons à proprement parler que deux gammes. Les Arabes, eux, ont quatorze modes ou gammes, pour lesquels cette position des demi-tons varie de manière à former quatorze tonalités différentes.

Tous les musiciens jouent à l'unisson ; toute l'harmonie consiste dans celle de tambours de différentes grosseurs que l'on pourrait appeler *harmonie rhythmique*.

Les Arabes n'écrivant pas leur musique, il est arrivé qu'ils ont oublié presque complètement toute théorie, et qu'ils ne jouent plus que d'instinct, absolument comme nos ménétriers de campagne qui, bien souvent, ne connaissent pas une note de musique.

*
* *

Les instruments les plus usités des Arabes sont la *Kouitra* et le *Gosbah* ou *Djaouak*. La kouitra, ou guitare de Tunis, rappelle et de forme et de nom la *Kithara* des Grecs ; le gosbah est l'instrument populaire par excellence ; dans les mains d'un Arabe, il rappelle le joueur de flûte antique, tant par la forme de l'instrument dont l'orifice sert d'embouchure, que par la position et le costume de celui qui en joue.

Ces indices permettent de supposer que si les Arabes connaissaient déjà la musique à cette époque reculée où l'Egypte était le berceau des sciences et des arts, leur système musical dut se développer au contact des Romains et que ce dernier peuple dut leur apporter la musique grecque qui résumait alors toutes les connaissances acquises.

Puis vint la décadence ; la civilisation et son corollaire la culture intellectuelle disparurent ; en Occident elle trouva un dernier refuge dans la cellule du cloître ; mais en Orient, Mahomet en défendit l'étude sous les peines les plus sévères.

Ce n'est que sous le règne d'Ali que ce calife autorisa l'étude des sciences, partant celle de la musique et de la poésie. Ses successeurs encouragèrent cette étude, et quand les Arabes se furent rendus maîtres de la Grèce, ils se soumirent, comme autrefois les Romains, à la loi des vaincus pour l'étude des sciences et des arts. Ils se mirent avec ardeur à l'étude de toutes les questions ébauchées ou traitées par les Anciens, traduisirent leurs ouvrages et en particulier ceux qui traitaient de la musique.

Si les Arabes et les Romains s'inspirèrent de la musique des Grecs dans leurs compositions mélodiques, il est permis aussi de croire que les Grecs eux-mêmes s'étaient inspirés de la musique des Egyptiens, absolument comme l'avaient fait autrefois les Hébreux. Bien que la Genèse nous dise que *Jubal fuit pater canentium citharâ et organo*, — tandis que les Grecs et les Romains citent Mercure et Apollon, — nous devons rappeler que Moïse, le législateur hébreu, avait été élevé en Egypte, là même où Pythagore avait étudié. Les rapports qui durent nécessairement s'établir entre les Juifs et les Egyptiens à l'époque de la longue captivité des premiers durent amener entre les deux peuples cette sorte d'assimilation qu'on remarque entre les Grecs et les Romains, les Juifs et les Chrétiens, les Arabes et les Espagnols, etc.

A l'époque de Platon, Timothée de Milet, célèbre musicien juif, fut d'abord sifflé, puis applaudi avec enthousiasme ; à Rome, les musiciens les plus recherchés étaient toujours les musiciens juifs ; c'est encore à ce peuple qu'on emprunta plus tard les notes rabbiniques qu'on retrouve dans les anciens recueils de plain-chant ; enfin en Espagne, pendant la domination arabe, on cite souvent les Juifs parmi les musiciens les plus habiles. Tout cela est corroboré par la réputation musicale dont jouissent encore les Juifs d'Afrique, réputation bien méritée du reste.

* * *

Pour celui qui écoute un musicien arabe, la première impression sera toujours défavorable. Et cependant on citera tel chanteur comme ayant beaucoup plus de mérite que tel autre ; les Arabes accourent en foule pour entendre dans une fête un habile musicien, fût-il même israélite ; vous irez sur le bruit de sa renommée, dans l'espoir d'entendre une musique agréable, et votre goût européen ne fera aucune différence entre le chant de l'artiste indigène et celui d'un Mozabite du bain maure. Peut-être même ce dernier aura-t-il, non pas précisément le don de vous plaire, mais au moins le talent de vous être moins désagréable.

Cette différence de sensation vient d'abord de ce que le principal mérite du chanteur consiste dans les variantes improvisées dont il orne sa mélodie ; et ensuite qu'il sera accompagné par des instruments à percussion produisant à eux seuls une harmonie *rhythmique* dans laquelle les combinaisons étranges, les *divisions discordantes* semblent amenées à dessein en opposition avec la mélodie.

C'est la partie intéressante et difficile à saisir qui a fait dire aux Européens que les Arabes n'avaient pas le sentiment de la mesure. Et pourtant c'est là le point essentiel de leur musique. Le chanteur se passe volontiers de guitare ou de violon, mais il exige l'instrument à percussion frappant la mesure.

Si un Européen dédaigne cet accompagnement en sourdine, il lui sera possible de distinguer une phrase mélodique souvent tendre ou plaintive comme accent, parfaitement rhythmée en elle-même, et susceptible d'être écrite avec notre gamme et accompagnée par notre harmonie, surtout si le chanteur a choisi une de ces mélodies populaires dont l'étendue ne dépasse pas quatre ou cinq notes. Mais il faudra tenir compte des variantes, la beauté de l'exécution consistant dans les enjolivements improvisés par chaque musicien sur un thème donné.

Ce genre d'improvisation est connu sous le nom de *glose*.

Au dire d'Aristide Quintilien, la glose aurait été introduite en Grèce par le chanteur juif Timothée de Milet. Cette innovation, repoussée d'abord, fut ensuite reçue avec enthousiasme.

C'était la *glose* qui formait le principal point de la discussion qui s'éleva entre les chantres Francs et les chantres Italiens mandés par Charlemagne. Les chantres Italiens corrigèrent les antiphonaires et enseignèrent aux Francs le chant Romain. « Mais quant aux sons tremblants, battus, coupés dans le chant, les Francs ne purent jamais bien les rendre, faisant plutôt des chevrotements que des roulements, à cause de la rudesse naturelle et barbare de leur gosier[1]. »

Ces tremblements, ces battus, ces coupés qui faisaient l'ornement de la musique au temps des Carolingiens, étaient également l'attribut de la musique des Arabes qui l'ont conservé jusqu'à nos jours.

---

(1) ..... excepto quod tremulos vel vinnulas, sive collisibiles vel secabiles voces in cantu non poterant perfecte exprimere Franci, naturali voce barbaricâ frangentes in guttere voces quàm potius exprimentes.

« Avant l'Islamisme, la musique n'était guère qu'une psalmodie peu ambitieuse, que variait et brodait la chanteuse ou le chanteur, selon son goût, son émotion, ou selon l'effet que l'on voulait produire. Ces variations ou plutôt ces caprices, ces fioritures se prolongeaient à l'infini, sur une syllabe, sur un mot, sur un hémistiche, de telle façon qu'en chantant une cantilène de deux ou trois vers seulement, on en avait parfois pour des heures. C'est encore aujourd'hui la même méthode, la même manière : quel voyageur, quel touriste, en Egypte, n'a pas entendu chanter pendant une demi-heure et plus, sans s'arrêter, avec les deux seuls mots : *Ya leyly*, ô ma nuit ![1]... »

L'harmonie pour les Arabes n'existe que dans l'accompagnement rhythmique des instruments à percussion. A Tunis, ce sera le rôle de la grosse caisse et des deux tambours qui complètent le corps de musique militaire ; partout ailleurs, les instruments à cordes ou à vent joueront à l'unisson, tandis que le *Tar*, le *Bendaïr* ou tout autre instrument à percussion, propre au pays, frappera l'accompagnement rhythmique, la seule harmonie qu'ils apprécient.

*
* *

Lorsque l'accompagnement est formé par la *kouitra*, le chant revient en forme de ritournelle après chaque couplet avec les enjolivements que comporte le genre de cet instrument, c'est-à-dire les notes répétées comme sur la mandoline, et une profusion de *tremolos* en sourdine exécutés comme notes d'agrément par la pression des doigts de la main gauche. Mais, si à la *kouitra* se joint un *rebab* ou un violon (*kemendjah*) monté de quatre cordes accordées au diapason de l'alto et nécessitant un nombre égal d'instruments à percussion, pour équilibrer les forces de l'harmonie rhythmique avec celles du chant joué à l'unisson, alors ce ne seront plus simplement des mélodies populaires que l'on entendra, mais un morceau complet nommé *Nouba*.

La *Nouba* est composée d'une introduction en récitatif suivie d'un premier motif à un mouvement modéré s'en-

---

[1] *Femmes arabes avant l'Islamisme*, chap. XXXI.

chaînant dans un second d'une allure plus animée ; puis vient un retour au premier motif quelquefois sur un rhythme différent, mais toujours plus vif que le précédent, et enfin une péroraison *allegro vivace* tombant sur une dernière note en *point d'orgue*, qui semble rappeler le récitatif de l'introduction.

L'introduction d'ordinaire a un caractère de tristesse plaintive, de douce mélancolie, parfaitement en rapport avec le genre d'interprétation que lui donnent les Arabes. Le récitatif du chanteur est précédé d'un prélude exécuté par les instruments chantants et destiné à indiquer le mode dans lequel la chanson doit être chantée.

Cette manière d'indiquer le ton d'une mélodie connue de tous, n'aurait-elle pas la même origine que ces *Nomes* de la musique grecque, auxquels il était défendu de rien toucher, parce qu'ils caractérisaient chacun des modes usités alors.

Ce prélude est désigné par les Arabes sous le nom de *Becheraf*. Ce *Becheraf* reproduit en premier lieu la gamme ascendante et descendante du ton dans lequel on doit chanter. Ensuite, il marque les transitions par lesquelles on pourra passer accidentellement dans un autre mode, soit par les mêmes tétracordes appartenant à deux modes différents, soit par l'extension donnée en haut ou en bas de l'échelle du mode principal avec les caractéristiques de la glose. Le *Becheraf* indique aussi les sons caractéristiques du mode, ceux sur lesquels on doit revenir plus souvent et ceux dont on ne doit se servir qu'avec modération.

La chanson commence alors. Le premier couplet offre un chant simple et de peu d'étendue ; la mélodie est assez facile à saisir si l'on fait abstraction de l'accent guttural du chanteur et des combinaisons rhythmiques frappées sur les instruments à percussion. Mais déjà le violon fait sa ritournelle en ajoutant à la mélodie les enjolivements qui constituent la partie essentielle de son talent, tandis que la guitare continue invariablement le thème. Le chanteur reprend le deuxième couplet, ornant ses terminaisons, ses cadences, d'une série de petites notes empiétant en haut ou en bas sur l'étendue de l'échelle donnée. Il s'anime à la longue ; aux petites notes s'adjoignent des fragments de gamme traînée, sans régularité apparente et cependant sans altération de mesure, le chant étant joué et chanté souvent ainsi, mais toujours à l'unisson par les autres musiciens, tandis que les instruments à percussion frappent uniformément le rhythme commencé sur le premier couplet de la chanson.

*
* *

La première chose qui frappe le musicien, c'est l'absence de *note sensible* et la répétition constante d'un ou deux sons *fondamentaux* sur lesquels repose l'idée mélodique.

L'absence de la note sensible prouve que le système des Arabes est tout différent du nôtre, puisque dans une mélodie nous ne pouvons supporter qu'elle soit privée de la note caractéristique du ton. Les notes caractéristiques de la mélodie arabe, au contraire, se présentent au troisième ou quatrième degré de l'échelle des sons parcourus, la finale mélodique étant toujours considérée comme fondamentale[1]. L'observation montre une gamme dont le premier son est pris indistinctement parmi les sept dont nous nous servons, mais *en conservant intacte la position des demi-tons*. Le *ré* étant pris pour point de départ, on a cette gamme :

Ré, mi, fa, sol, la, si, do, ré.

Suivant le point de départ, le mode change, mais la position des demi-tons est invariable du *mi* au *fa* et du *si* au *do*.

On voit que cette composition est imitée de celle des modes grecs et des tons du plain-chant.

« La mélodie arabe peut être formulée de la manière suivante :

---

(1) Nous entendons par ce mot la note qui sert de base, de point de départ de la gamme ; telle est la tonique dans la gamme moderne.

Une mélodie dont le point de départ, pris dans les sept degrés de la gamme, n'entraîne pas, par suite de l'absence de la sensible, de déplacement des demi-tons[1]. »

* * *

Les Arabes ont donc sept gammes ou modes différents. Cependant les musiciens indigènes affirment en posséder quatorze, bien qu'ils ne puissent en citer que douze. Ces douze modes ne sont pas également employés, de là des modes principaux, secondaires, etc., qui rappellent la classification adoptée par les réformateurs des chants de l'Eglise au moyen-âge.

Les quatre modes principaux les plus sentis correspondent aux authentiques du système grégorien, ce sont :

1° Le mode *Irâk* qui correspond à l'Hyperdorien des Grecs et au *premier ton* du plain-chant dont la base est *ré* (avec si bémol). Sérieux et grave, il convient pour chanter la guerre et la religion. C'est dans le mode Irâk que sont les chants du rite Henefi et la magnifique mélodie si connue en Afrique du *Allah ya rabbi sidi*.

2° Le mode *Mezmoun*, qui correspond au mode *Dorien* des Grecs et au *troisième ton* du plain-chant dont la base est le *mi*.

Il est triste, pathétique, efféminé et entraîne à la mollesse.

Il se rencontre presque constamment dans les chansons populaires de l'Espagne. Dans le mode Mezmoun se joue la danse *Chabati* de Constantine, danse lente et voluptueuse dont le mouvement se concentre dans les torsions de la taille.

Les chansons d'amour, comme celle qui commence par ces mots : *Madâ djeridj*, se chantent sur ce mode également.

3° Le mode *Edzeil*, correspondant au mode *Hypolydien* des Grecs et au *cinquième ton* du plain-chant dont la base est *fa*.

---

[1] Salvador Daniel, *Revue Afric.*, mars 1862, p. 114.

Ardent, fier, impétueux, terrible, il est propre à exciter aux combats. Il n'est guère affecté qu'aux instruments de musique militaire. C'est à peu près le seul employé par les Kabyles, soit pour leurs chansons, soit pour leur *danse des Zouaoua.*

4° Le mode *Djorka*, correspondant au mode *Hypophrygien* des Grecs et au *septième ton* du plain-chant ayant pour base le *sol.* Le mode Djorka est grave et sévère ; il résume les qualités des deux précédents : sévère dans les marches militaires de la musique de Tunis ; triste avec celui qui chante : *Ya leslam ha hedabi*; tendre et plaintif dans l'*Amaroua* de Tizi-Ouzou et dans la chanson des *Beni-Abbès*, tandis qu'à Constantine il accompagne la danse voluptueuse du *Chabati*, en chantant *Amokra oulidi*; il saura encore donner une grâce naïve au *Guifsaria* des Kabyles, et son influence s'étendra jusqu'au chant du *muezzin* appelant les fidèles à la prière.

A la suite de ces quatre modes, viennent les quatre suivants qui sont les quatre tons *inférieurs* ou plagaux du plain-chant :

1° Le mode *L'sain*, correspondant au mode *Hyperdorien* des Grecs, et au *deuxième ton* du plain-chant ayant pour base le *la.* Dans la *Gammara* de Tunis, il a la gravité du mode *Irâk*, ainsi que dans cette chanson plaintive : *Ami Sebbah el ahbad* et dans le chant kabyle nommé la *Chanson de Stamboul.*

2° Le mode *Saika*, correspondant au *quatrième ton* du plain-chant ayant pour base le *si.* Son emploi est fort rare.

3° Le mode *Mêia*, correspondant au mode *Lydien* des Grecs et au *sixième ton* du plain-chant ayant pour base le *do.* Il a un caractère de grandeur et de majesté qui l'a fait employer par les Kabyles pour quelques-unes de leurs chansons populaires ; *El ou mouïma ou lascar* que chantent les femmes pour encourager les guerriers au combat, et la chanson des Beni-Mansour sont dans ce mode.

4° Le mode *Rasd-edzeil*, correspondant au mode *Phry-*

gien des Grecs, et au huitième ton du plain-chant ayant pour base le *ré* avec *si* naturel. On le dit propre aux méditations sublimes et divines à cause de sa teinte lugubre.

* * *

Une flûte et un tambour résument l'orchestre populaire des Arabes.

Un roseau percé de trois trous forme la flûte ou *Gosba*.

Une peau séchée tendue sur un cercle de bois en forme de tambour de basque, et voilà le *Tarr*. Quelquefois, ce tambour est carré, comme chez les tribus du Sahara, et alors c'est le *Dof*, connu des Hébreux sous le nom de *Tof* et des Espagnols sous celui de *Aduf*.

On se sert de ces instruments pour marquer le rhythme des vieilles chansons populaires dont l'étendue n'excède pas quatre notes.

A Tunis et à Alexandrie, on emploie la harpe de soixante-quinze cordes. Les Arabes l'appellent *Kanoun* ou *Ganoun* ; c'est celle que les Hébreux nommaient *Kinnor* et les Grecs *Kynnira*. On en pince les cordes au moyen de petites baleines ou de becs de plume fixés à l'index et au médius de chaque main par des anneaux. Son étendue est de trois octaves.

Les Maures se servent de la flûte *djaouak* percée de sept trous et donnant l'octave complète.

Le *Gosba* est une autre flûte percée de cinq ou de six trous.

La *Raïta* ou *Raïca* est une espèce de musette à anche percée de sept trous et terminée en pavillon. En Espagne on la connaît sous le nom de *Gaita*. On l'emploie surtout pour les chants guerriers.

Parmi les instruments à cordes, nous citerons le violon et la guitare. Le violon ou *Kemendjah* est monté de quatre cordes acccordées par quintes comme notre violon européen. La manière de jouer et la forme de l'instrument seules diffèrent.

Un violon primitif, le *rebab (rebeb* ou *rebec)*, joue un

rôle important dans la musique arabe. Il est bombé comme la mandoline et il n'a que deux cordes accordées en quinte et mises en mouvement par un très petit archet de fer arrondi en arc.

La *kouitra* ou guitare de Tunis, était connue des Grecs sous le nom de *kithara*; elle a conservé la forme première de la lyre. La *kouitra* est montée de huit cordes accordées par deux à l'unisson, ce qui réellement ne donne que quatre sons. Les cordes sont mises en vibration par un bec de plume tenu de la main droite, tandis que les doigts de la main gauche agissent comme pour la guitare.

Les nègres algériens ont comme principal instrument de musique des *keghakeb*, castagnettes en fer dont le bruit est assez bien imité par ce mot : *keghakeb*, qui en est l'onomatopée. Le bruit strident de ces castagnettes est tempéré par le bruit sourd des tams-tams et des longs tambours qui font la partie basse.

*
* *

La musique arabe, qui nous choque toujours aux premières auditions, produit des effets presque merveilleux sur les indigènes.

« Qui n'a vu, en Algérie, ces femmes dansant jusqu'à ce qu'elles tombent épuisées ? Tout à l'heure, elles étaient tranquilles ; mais les chanteurs ont fait une modulation à laquelle elles ont d'abord prêté l'oreille, puis cette modulation revenant à chaque couplet de la chanson, on les a vues se lever l'œil hagard, la respiration haletante, remuer un bras, puis une jambe, tourner lentement d'abord, puis plus rapidement et en sautant jusqu'à ce qu'elles tombent privées de sentiment dans les bras de leurs compagnes. Demandez la cause de cette danse effrénée, on vous répondra : le *djenoun*, les *djinns*. Elles sont possédées du démon[1]. »

Il arrive souvent qu'à l'audition d'une chanson, les

---

(1) D. Salvador, *op. cit.*, p. 416.

larmes viennent à couler des yeux des auditeurs. Cela arrive toujours avec la chanson de *Salah-Bey*. La légende du musicien *Alfarabbi* montre du reste quels sont les sentiments des Arabes au sujet de la musique.

*
* *

Outre les huit modes cités plus haut, les Arabes connaissent encore les modes *Rummel-meia*, *L'sain-sebah*, *Zeidan* et *Asbein*.

C'est le mode *Asbein* — dérivé du mode Mezmoun — qui fait danser, malgré elles, les femmes possédées du démon.

C'est encore lui qui mérita la qualification de mode diabolique, affecté plus tard au mode *Edzeil*.

Voici à ce sujet la légende arabe telle que l'a donnée M. Salvador Daniel :

« Lorsque le démon fut précipité du ciel, son premier soin fut de tenter l'homme. Pour réussir plus sûrement, il se servit de la musique et enseigna les chants célestes qui étaient le privilége des élus. Mais Dieu, pour le punir, lui retira le souvenir de cette science, et il ne put ainsi enseigner aux hommes que ce seul mode dont les effets sont si extraordinaires. »

Le mode *Asbein* exerce une telle influence sur les Arabes, que l'on a vu un musicien de grand mérite, juif de naissance, Sahagou Sfoz, attaché à la personne d'un ministre du Bey de Tunis, tomber en extase lorsqu'il jouait sur sa *hemendjah* ses chansons diaboliques en mode *Asbein*.

Après cela, qu'on aille traiter de fables ce que les anciens nous ont transmis de merveilleux sur la musique — non pas d'Orphée et d'Amphion — mais de Terpandre, de Timothée de Milet, etc.[1].

---

(1) M. Tiersot, un jeune historien de la musique, tout plein d'avenir, a bien voulu revoir ce chapitre de la musique arabe et corriger les erreurs involontaires que M. Salvador Daniel avait laissées dans son travail, étant donné le peu de progrès qu'avaient fait les études musicales à l'époque où S. D. écrivait.

II

Poésie populaire.

Les Kabyles, au dire de M. Hanoteau, n'auraient pas de chansons et de poésies populaires dont on ne puisse trouver l'origine dans un passé très rapproché de nous. Les chanteurs et les montagnards du Jurjura ne rediraient que les chansons modernes ou actuelles faites sur un événement historique qui les intéresse. Nous ne le croyons pas. M. Hanoteau, comme il le dit, interrogeait les chanteurs de profession, les bardes et les trouvères des montagnes ; aussi nous comprenons son insuccès pour les choses d'autrefois. Il en est de même en France ; interrogez les paysans, ils ne connaissent rien des vieilles chansons populaires ; poussez-les dans leurs derniers retranchements, ils en trouveront et laisseront de côté les romances de cafés-concerts qu'ils vous disaient d'abord. En Afrique, tout taleb, tout lettré ne veut rien connaître du populaire, et ce qu'il répète n'est jamais qu'une production littéraire plus ou moins achevée. Du reste, quand le colonel Hanoteau s'est adressé aux enfants et aux femmes, il a recueilli de très bonnes choses populaires et anciennes, comme ou pourra s'en convaincre par les quelques chansons, prises dans son recueil, que nous donnons plus loin.

III

Ronde d'enfants.

Nous empruntons à l'intéressant ouvrage du colonel Hanoteau (*Poésies populaires de la Kabylie du Jurjura,* 1 vol. in-8°, Paris, 1867), la ronde kabyle suivante, ronde que chantent les enfants en se livrant à une sorte de danse particulière au Jurjura :

O vautour, mangeur de charognes,
Qui es venu avant mars !
Donne-moi de la fumeterre,
Je te donnerai mes rougeurs de feu.
Prends et rends-moi, prends et rends-moi,
Moustaches du père Amara?

O vautour blanc,
Qui as traversé le col des Ammal !
Fleur de chrysanthème,
Qui crois sur les versants méridionaux !
Je suis heureux de te rencontrer,
Viens, je te montrerai des ânes.

O vautour aux vilaines plumes,
Aux pieds croisés !
Tu es grand comme une cabane,
Tu ne manges que des tripailles,
Va dévorer le mulet
Jeté sur le fumier !

O clair de lune des petites ruelles !
Dis à nos amies
Qu'elles viennent jouer ici.
Si elles ne viennent pas, nous irons les trouver,
Avec des sabots de cuivre.

Montre-toi, lève-toi, ô soleil !
Nous te mettrons un vieux bonnet,
Nous te labourerons un petit champ,
Un petit champ de cailloux,
Avec une paire de souris.

O lune de là-haut,
Puissé-je te voir !
Ali ou Seliman,
La barbe de milan,
Est allé puiser de l'eau.
Sa cruche est cassée,
Il la raccommode avec un fil,
Et puise avec elle.
Il crie à Aïcha :
Donne-moi mon sabre,
Que je tue une grive,
Perchée sur le fumier,
Où elle rêve ;
Elle a mangé toutes mes olives.

IV

Chant d'amour. — Le Ramier.

Tes lèvres sont vermeilles comme le hennah,
Tes dents comme de l'ivoire poli.
Ton cou, c'est un drapeau
Qui se dresse au jour du combat.
Les seins de ta poitrine
Sont comme de l'argent mat.
Ton corps, c'est de la neige,
De la neige qui tombe en sa saison.

**
* **

Ta taille est comme les minarets d'une ville,
Les minarets de marbre blanc.
Le plus distrait la voit de loin,
La regarde avec des yeux humides.
Quand tu marches, tu ressembles
Au roseau balancé par le vent [1].
Tes yeux sont la bouche d'un fusil,
Ils assassinent comme la poudre.

**
* **

Le poète arabe Ben Abd Allah, qui était allé au Soudan, avec une caravane, pour gagner la dot de sa fiancée, composa en route, sur le thème précédent, les vers suivants devenus populaires :

O le maître des ailes bleues [2],
Je t'en prie, beau pigeon,
Vole dans l'air et va voir les Châambas ;
Informe-toi de Metlily,

---

[1] Cette comparaison est d'autant plus poétique que la démarche des femmes arabes n'est rien moins que gracieuse.
[2] Pigeon ramier.

Donne-lui nos salutations ;
Visite tous nos amis,
Donne-leur de nos nouvelles,
Aux vieux comme aux jeunes.

Dis-leur : N'oubliez pas vos frères,
Ces compagnons de bonne compagnie,
Dont les chants en vers bien tournés,
Vous tenaient les yeux éveillés.
Oiseau de race aux ailes bleues,
Reviens avec une réponse,
O mon pigeon, sent-on encore dans le Sahara
Souffler le vent de l'amour ?

Y sont-elles encore ces jeunes filles
Qui laissent flotter leurs ceintures,
Qui se gardent le secret entre elles,
Le secret dont un jeune homme a la part,
Et qui sauraient mourir
Pour leur *frère du démon ?*
Elles étaient auprès de moi,
Et Dieu m'en a séparé !

Leurs tailles sont des minarets sur une ville,
Des minarets de marbre blanc.
Le plus distrait en venant de loin
Les regarde avec des yeux humides ;
Quand elles marchent ce sont des roseaux
Balancés par le vent sur une prairie,
Et ce sont des palmiers
Quand elles sont debout, immobiles !

Voit-on encore dans le Sahara Meriem [1] aux bras polis
Comme la hampe d'un drapeau de la Mekke ?
Ses cheveux sont des écheveaux de soie,
Noirs comme les plumes de l'autruche mâle ;

---

[1] Marie. — Le nom de *Meriem* est très répandu en Algérie : beaucoup de colons le donnent à leurs filles.

Ses sourcils sont deux *noun*[1]
Qui brillent sur du papier blanc;
Ses yeux sont la bouche d'un fusil,
Ils assassinent comme la poudre.

Ses lèvres sont vermeilles comme le henna,
Ses dents de l'ivoire poli;
Son cou, c'est un drapeau
Qui se dresse au jour du combat;
Les seins de sa poitrine
Sont comme de l'argent mat.
Son corps, c'est de la neige.
De la neige qui tombe en sa saison.

V

Chanson de danse.

Enfant brun!
Agneau frisé!
Qui veut des jeunes filles,
Qu'il aille chez les Aït-Abbès!

A lala lala!
O mon chéri, mon frère,
Viens tout droit,
Là où nous t'avons dit.

O chérie, chérie,
L'honneur est vendu!
Qui veut des appas,
Qu'il aille à Taza!

O pomme greffée,
Ton amour m'a tué!

---

[1] La lettre *noun* renversée (⌒) a quelque rapport avec l'arc du sourcil.

Un vieux grisonnant
Repose sur ton bras.

O taille de roseau,
Tu t'es brisée toi-même!
Un vieux grisonnant
Repose sur ton bras.

Toi chez qui tout est mignon,
Tu m'as tué par ta gentillesse !
Cette nuit dormons ensemble,
Demain nous partirons.

Vous qui n'avez pas enfanté,
Laissez-moi ma part !
Que je dorme avec vous jusqu'au matin,
Mon cœur sera satisfait.

Femme à la taille accomplie,
Tu m'as tué, hélas !
Ma bourse est vide,
Et tu me dis toujours : Donne.

O Titem, Titem !
A la ceinture bariolée!
Pomme douce,
Greffée sur la racine !

Femme aux cils noircis,
Dis-moi sur quoi je dois compter ;
Sinon, nous resterons
Là où nous en sommes.

Maîtresse des kholkhal [1]
Entre nous c'est fini.
Viens, si tu veux me suivre
Nous passerons chez les Ifnaïen.

---

(1) Anneaux des jambes.

La beauté merveilleuse
Se trouve chez les femmes des Aït-Ouaguennoun ;
Leur peau est douce
Et leurs yeux sont noircis.

Qui veut une femme,
Qu'il vende un mulet !
Il épousera une jeune fille
Aux yeux noircis.

Pouliche de deux ans
Est un monter de roi,
Jeune tendron
Est un plat de keddid [1].

O mon cœur, calme-toi !
Ne convoite pas le bien d'autrui !
Les gens sont des chrétiens,
Ils témoigneraient contre toi.

Qui veut des tétons [2],
Qu'il marche avec les balles !
Qu'il franchisse les cols
Et crie : O jeunes filles !

La jeune fille m'a dit :
Noble enfant, ce n'est pas possible,
Mon mari est un chrétien,
La vieille me surveille.

Oiseau blanc
Qui suis les troupeaux !
Qui veut des tétons,
Qu'il aille chez Fathma Allal !

[1] Mouton séché.
[2] Ce mot peut paraître indécent dans une traduction en français ; mais il est énergique et rend parfaitement bien, en langage poétique, le sens des mœurs arabes. On sait que le costume d'intérieur des femmes laisse voir entièrement les seins, dont l'ampleur naturelle est encore augmentée par le soutien du corselet. Tout le monde, du reste, connait les peintures, les sculptures et les dessins ou photographies qui représentent des almées. — Note des auteurs, H. C. et A. C.

Oiseau qui as des ailes,
Abats-toi près d'elle sur le figuier !
Quand Yamina sortira
Tu baiseras sa petite joue.

Faucon au long cou !
Pièce de soie déployée !
Fatima m'a rendu fou ;
Elle est l'ornement de nos rues.

Taille de cep de vigne,
Pour toi j'ai quitté ma mère !
Une jeune fille m'a rendu fou,
Son nom est Yamina.

Je la trouvai à la fontaine,
Elle me donna à boire ;
Je la saisis par son petit cou,
Je l'embrassai à loisir.

Je passais dans le chemin,
Ma calotte est tombée ;
Ma raison est partie,
Elle voyage avec Tasadith.

(Col. Hanoteau. *Poés. pop. de la Kabylie du Jurjura*, p. 387 et suiv.).

VI

Le Goum [1].

القــــوم

يا فاطمة قد
الكلّ رقد ،
فجنّتنــا
هــنــا ،

O Fathma, déjà
Tout dort.
Or, notre paradis
(Est) ici.

ومن يـزور
بـدر البـدور
ينظر الحـور ،

Et celui qui visite
La pleine lune des pleines lunes
Voit la houri (du paradis).

ما ذا اذنى سمعت ،
صوت مخوّن ،
فى الظلام شعشعت
الـسّـيـون ،

Qu'est-ce que mon oreille a entendu ?
(C'est) un bruit effrayant.
Dans l'ombre ont lui
Les épées.

والله بالله
والله تالله
نفرح فى هذا الاختلال
الملهـون
هــو عيـط الابطـال
يـطـلبـوا القـتـال ،

Par Dieu ! par Dieu !
Par Dieu ! par Dieu !
Nous jouissons dans ce tumulte
Terrible.
C'est le cri des guerriers
Qui recherchent le combat.

فتنت لبّى ،
أحرقت قلبى ،
كفا افذا
صفـا ،

Tu as bouleversé mon esprit ;
Tu as brûlé mon cœur ;
Et ce tourment
(Est) un plaisir.

---

(1) Nous donnerons dans le 2ᵉ volume les paroles françaises de Th. Gautier, avec la prononciation arabe et la musique notée.

سيتر لذه ه	Cette iniquité (cette mauvaise action),
عادت عزيزه	Est devenue chère ;
بل لذيذه ،	Non, je me trompe, délicieuse.
ان فرسی شعر	Certes, mon cheval le crin
لها قب ،	A lui s'est hérissé ;
لواى انتشر	Ma bannière s'est développée
بريح تهب	Au vent qui souffle.
والله بالله	Par Dieu ! par Dieu !
والله تالله ،	Par Dieu ! par Dieu !
عند حسنك يا غزال	Auprès de ta beauté, ô gazelle !
طار القلب ،	S'est envolé le cœur.
فراق عنك محـل ،	Se séparer de toi (est) impossible ;
بطلت القتال ،	J'ai renoncé au combat.
وفي الاجل	Au terme de la vie
قلوبنا تشمل	Nos cœurs seront unis
عند النعيم	Dans les délices du Paradis
دائم ،	Eternelles.
وجمالك	Et ta beauté,
يا الملك	O ange !
فوز الفلت	C'est la félicité du ciel ;
فوز الفلت	C'est la félicité du ciel,
فاطمه ،	Fathma !

VII

Chanson de noces kabyles.

Combien vous avez marché, ô mes pieds, et combien de poussière vous avez laissée derrière vous !

Mes amis l'ont apportée (la fiancée) comme l'auraient fait les faucons de la montagne d'Agar.

Que notre salut soit sur le maître de la maison ; les amis de la mariée frappent avec le feu.

Que notre salut soit sur le hameau ; les amis de la mariée sont tous des hommes courageux.

Que notre salut soit sur la porte de l'enclos ; les amis de la mariée coiffent fièrement le kabous [1].

Allumez la lampe (garnie) avec l'huile de la jarre ; les amis de la mariée ont des vêtements argentés.

Allumez la lampe que nous voyions l'intérieur de l'habitation ; les amis de la maison brillent comme de l'or.

Madame la fiancée, fille du noble, nous avons laissé son père pleurant et poussant des cris lamentables.

O madame la fiancée, petit serpent du sentier, aux yeux noirs et aux minces sourcils,

Dis à ta belle-mère de sortir les anneaux de pied pour la fiancée qui est venue ;

Dis à ta belle-mère de sortir ce qu'elle a caché ; de sortir les agrafes pour la fiancée qui est venue ;

Dis à ta belle-mère de sortir ce qu'elle a caché, de sortir les foulards pour la fiancée qui est venue.

En passant par là, j'ai rencontré M'çaouda allant chercher de l'eau ;

Par sa taille bien prise, et avec la ceinture qui l'entoure, elle ressemble au Turc qui prélève injustement un impôt.

Les seins de M'çaouda sont comme le pommeau arrondi des pistolets.

---

(1) *Kabous*, calottes en laine blanche s'emboîtant les unes dans les autres.

O fille de Bou Zarrou, les tresses de tes cheveux sont lourdes.

O ma belle, je deviens fou dès le matin au point du jour.

Si tu voulais m'accueillir, je vendrais pour toi ce que je possède en ce monde.

Admirez ses cheveux, ne dirait-on pas le plumage d'une autruche ?

Mon cœur s'est envolé vers M'çaouda ; à cause d'elle, ma tête a blanchi.

(Cf. pour le texte kabyle, la *Revue Africaine*, n° 36. Nov. 1862.)

VIII

Chant de guerre kabyle.

Les Beni Toufout et les Soukia ont envoyé de nombreux émissaires ; ont envoyé de nombreux émissaires, et ont dit : Levez-vous contre le pays (révoltez-vous).

Frappez avec les balles, mes seigneurs, le jour de la guerre sainte est arrivé.

Les Mechat et les Soukia, de Sinat, sont venus m'attaquer ;

De Sinat, sont venus m'attaquer et m'ont réduit à la famine.

Venez, livrons en pâture aux aigles les chevaux des Beni Toufout.

Je chante le Hannachi[1] qui marche en expédition contre le Turc ;

Il est le plus brave des tribus, avec lui j'habiterais Albara.

Lorsqu'il arrive, ô mes frères, là refroidit[2] celui qui est tombé.

---

(1) Les Oulad-Hannache, fraction des Oulad-Aïdoun, dans la vallée de l'Oued-el Kébir.

(2) Un tué qui *refroidit*, c'est-à-dire qui est resté sur place, sans être mutilé, ou protégé par les siens contre les attaques de l'ennemi.

Ce jour-là, Amer était seul à Damama,
Amer était seul à Damama, il rugissait comme un lion.
Il avait son fusil blanc[1] et il ne laissait pas refroidir ceux qui étaient tombés.
Ce jour-là, à Merdjadja, la fumée de la poudre était épaisse comme un brouillard,
La fumée était épaisse comme un brouillard, les guerriers tombaient comme la feuille des arbres.
O homme! que le poltron ne sorte pas de sa maison.
Et ce jour-là, à El-K'çar, la poudre parla toute la journée.
O mes amis, ils ne voulaient point fuir; les jeunes guerriers étaient brisés de fatigue.
Les troupes de Mohamed et de Bou-Renan se confondirent dans la mêlée.
Ce jour-là, à Soumâa, ô mes frères, ils n'étaient que quatre, postés, çà et là, sur des pitons;
Abd-Allah, le lion dressé, et Mohammed, le lutteur.
Ce jour-là, à Bou-el-Aked, j'ai vu le feu; c'est là qu'il éclata.
Aucun des habitants de Beraket ne survécut, les Oulad-Soultan héritèrent de leur pays.
Les enfants de Maïza se battaient comme des vautours.
Zir'oud et les siens restèrent (morts) dans le ravin;
Les Oulad-Hannache poussèrent une charge pour laisser refroidir ceux des leurs qui étaient tombés.
Et ce jour, à Bou-Lebna, ô mes amis!
Combien le chant est agréable!
Baï, baï, baï!

(Recueilli et traduit par M. l'interprète L. Féraud, en 1862.)

---

(1) Aux montures d'argent.

IX

Lamentation funèbre kabyle.

O mon malheur ! mon malheur ! malheur à moi !
O.... l'homme des passages dangereux.
O mon malheur ! mon malheur ! malheur à moi !
Où est....? Où est votre amoureux, ô jeunes filles ?
O, la troupe qui s'éloigne, attendez ceux qui restent,
Attendez que.... vous rejoigne, il a succombé.
Le berger a juré de ne plus mener paître ses bestiaux et la vache de ne plus manger la feuille du frêne.
O.... le Bey marche sur le village.
Mon cœur est comme une brique et se lamente sur .... qui a laissé (sans l'épouser) une femme demandée en mariage.
Mon cœur se remplit comme une mauvaise marmite.
Le bon descend au tombeau, tandis que le méchant lui survit.
O mon malheur ! mon malheur ! malheur à moi !
Le jeune faucon a abandonné son aire.
Lève-toi, lève-toi, pourquoi t'es-tu laissé gagner par le sommeil ?
Prononce une parole valable pour que ces gens s'en aillent.
Lève-toi, lève-toi, pourquoi t'es-tu assoupi ?
Prononce une parole valable pour que tous ces gens se dispersent.
Lorsque.... était dans la rue, ses yeux brillaient comme une lampe ;
Sa touffe de cheveux exhalait un doux parfum.
La lune, ô soleil, s'est levée malade ce matin.
Pleurez.... Qui assistera aux lamentations ?
La lune, ô soleil, tressaille dans le ciel à cause de..., et les amis s'accompagnent dans la tombe.
Mon cœur se remplit de parfums et de bois doux.
Pleurez...., le cheikh reste seul maintenant.

Mon cœur se remplit de parfums et de gingembre.

Pleurez...., le cheikh a perdu la tête et ne sait plus que faire.

Entendez-vous la panthère se réjouir et briser les branches des arbres dans les bois ?

Pleurez.... car celui qui la chassait n'est point venu.

Le berger a juré de ne plus faire paître les bestiaux, et la vache de ne plus manger le sainfoin.

Pleurez..., le Bey vient de camper au milieu de la *nezla* (l'habitation).

O mon malheur ! mon malheur ! malheur à moi !

(Cf. le texte kabyle et la traduction qu'en a donnée M. L. Féraud en 1862 dans le n° 36 de la *Revue Africaine*.)

X

Les Lamentations funèbres chez les Sahariens.

Nous donnons, d'après M. le Général Daumas, la description de funérailles chez les Sahariens, description qui nous paraît intéresser particulièrement l'étude des lamentations funèbres.

Un triste devoir nous restait à remplir, et nous nous acheminâmes vers le douar de cheikh Salah ; le cortège était nombreux, car l'homme qu'on perdait était en renommée. On a dit du guerrier qu'il doit avoir dix qualités :

 Le courage du coq,
 Le *fouilleter* de la poule,
 Le cœur du lion,
 L'élan brusque du sanglier,
 Les ruses du renard,
 La prudence du porc-épic,
 La vélocité du loup,
 La résignation du chien,

et la complexion du naguir, petit animal du Kherazan, que les fatigues et les privations engraissent.

Cheikh Salah n'avait pas seulement tout cela, c'était

encore un ami sûr et généreux. — C'est de lui qu'on pouvait dire :

> La main toujours ouverte,
> Le sabre toujours tiré,
> Une seule parole.

Aussi tous les gens de la ville et tous ceux des douars faisaient-ils foule à son enterrement.

Au centre de sa large tente, dont les bords étaient largement relevés, le corps, enveloppé d'un linceul blanc, reposait sur un tapis. Deux cercles de femmes consternées l'entouraient ; c'étaient les neddabât (gémisseuses), les joues noircies avec du noir de fumée et les épaules drapées avec des étoffes à tentes ou des sacs en poil de chameau. En face, à quelques pas, un esclave maintenait par la bride la jument de guerre et de fantazia, la favorite du défunt ; au kerbous de la selle pendait un long fusil, un yatagan, un pistolet et de longs éperons, toutes les armes de Salah. Un peu plus loin, les cavaliers jeunes et vieux, muets par la douleur, étaient assis en cercle sur le sable, leurs haïks relevés jusqu'au-dessous des yeux, et leurs capuchons et bernous rabattus sur le front. — Etonnée sans doute et trompée par tout cet appareil, la fière jument du cheikh, comme autrefois impatiente de partir pour la chasse ou pour la ghazia, hennissait et piaffait en appelant son maître.

Les petits enfants du douar, ignorant le malheur, couraient en riant çà et là, ou jouaient, les innocents, avec les grands slouguis (lévriers) que nul commandement ne forçait au repos ; et dans les environs les troupeaux sans bergers, moutons et chameaux pêle-mêle, avaient abandonné les terrains de parcours et broutaient librement au milieu des champs réservés.

Lorsqu'elles nous virent arriver, les neddabât se prirent à se lamenter d'abord, puis à jeter des cris en se déchirant la figure avec les ongles et les débris de poterie, et à chanter enfin alternativement sur un rhythme lugubre :

PREMIER CERCLE

Où est-il ?
Son cheval est venu, lui n'est pas venu ;
Son fusil est venu, lui n'est pas venu ;
Son sabre est venu, lui n'est pas venu ;
Ses éperons sont venus, lui n'est pas venu :
Où est-il ?

DEUXIÈME CERCLE

On dit qu'il est mort dans son jour,
Frappé droit au cœur.
Il se battait pour les siens ;
On dit qu'il est mort dans son jour.

PREMIER CERCLE

Non, il n'est pas mort,
Son âme est chez Dieu ;
Nous le reverrons un jour,
Non, il n'est pas mort.

DEUXIÈME CERCLE

On dit qu'il est mort dans son jour.
C'était une mer de kouskoussou,
C'était une mer de poudre ;
Le seigneur des hommes,
Le seigneur des cavaliers,
Le défenseur des chameaux,
Le protecteur des étrangers,
On dit qu'il est mort dans son jour.

ENSEMBLE

Non, il n'est pas mort,
Son âme est chez Dieu ;
Nous le verrons un jour,
Non, il n'est pas mort.

LA FEMME DU DÉFUNT

Ma tente est vide,
Je suis refroidie ;
Où est mon lion ?
Où trouver son pareil ?
Il ne frappait qu'avec le sabre,
C'était un homme des jours noirs :
La peur est dans le goum.

LES DEUX CERCLES ENSEMBLE

Il n'est pas mort, il n'est pas mort !
Il t'a laissé ses frères,
Il t'a laissé ses enfants :
Ils seront les remparts de tes épaules.
Il n'est pas mort, il n'est pas mort !

Après ces lamentations funèbres, les adjaaïz (vieilles femmes) s'emparèrent du cadavre, le lavèrent soigneusement, lui mirent du camphre et du coton dans toutes les ouvertures naturelles, et l'enveloppèrent dans un blanc linceul arrosé avec de l'eau du puits de Zem-Zem et parfumé de benjoin.

Quatre parents du mort soulevèrent alors par les quatre coins le tapis sur lequel il était étendu et prirent le chemin du cimetière, précédés par l'imâm, les marabouts, les tolbas, et suivis par les assistants ; les premiers chantant d'une voix grave :

« Il n'y a qu'un seul Dieu ! »

Les derniers répondant ensemble :

« Et notre seigneur Mohammed est l'envoyé de Dieu ! »

La résignation avait pour un moment calmé tous les désespoirs, et pas un cri, pas un sanglot ne troubla ces prières communes, ces professions de la foi du défunt que répétait pour lui la pieuse assemblée.

Arrivés au cimetière, les porteurs déposèrent leur fardeau sacré sur le bord de la fosse, et notre saint imâm, après s'être placé à côté du mort, entouré par les marabouts, cria d'une voix forte et sonore le *salat el djenaza* (la prière de l'enterrement) :

« Louange à Dieu qui fait mourir et qui fait vivre ;

» Louange à celui qui ressuscite les morts ;

» C'est à lui que revient tout honneur, toute grandeur ; c'est à lui seul qu'appartiennent le commandement et la puissance. Il est au-dessus de tout !

» Que la prière soit aussi sur le prophète Mohammed,

sur ses parents, sur ses amis ! O mon Dieu, veillez sur eux et accordez-leur votre miséricorde comme vous l'avez accordée à Ibrahim et aux siens, car c'est à vous qu'appartiennent et la gloire et les louanges !

» O mon Dieu, Salah était votre adorateur, le fils de votre esclave ; c'est vous qui l'aviez créé, qui lui aviez accordé les biens dont il a joui ; c'est vous qui l'avez fait mourir, et c'est vous qui devez le ressusciter !

» Vous êtes le mieux instruit de ses secrets et de ses dispositions antérieures.

» Nous venons ici intercéder pour lui, ô mon Dieu ! délivrez-le des désagréments de la tombe et des feux de l'enfer ; pardonnez-lui ; accordez-lui votre miséricorde ; faites que la place qu'il doit occuper soit honorable et spacieuse ; lavez-le avec de l'eau, de la neige et de la grêle, et purifiez-le de ses péchés comme on purifie une robe blanche des impuretés qui ont pu la souiller. Donnez-lui une habitation meilleure que la sienne, des parents meilleurs que les siens et une épouse plus parfaite que la sienne. S'il était bon, rendez-le meilleur ; s'il était méchant, pardonnez-lui ses méchancetés ; ô mon Dieu, il s'est réfugié chez vous, et vous êtes le meilleur des refuges ! C'est un pauvre qui a été trouver votre munificence, et vous êtes trop riche pour le châtier et le faire souffrir.

» O mon Dieu, fortifiez la voix de Salah au moment où il vous rendra compte de ses actions, et ne lui infligez pas de peine au-dessus de ses forces ! Nous vous le demandons par l'intercession de votre Prophète, de tous vos anges et de tous vos saints.

» Amin ! »

Amin ! dirent les assistants en faisant la génuflexion.

« O mon Dieu, reprit l'imâm, pardonnez à nos morts, à nos vivants, à ceux de nous qui sont présents, à ceux de nous qui sont absents, à nos petits, à nos grands ; pardonnez à nos pères, à tous nos devanciers, ainsi qu'à tous les musulmans et musulmanes !

» Ceux que vous faites revivre, faites-les revivre dans

la foi, et que ceux d'entre nous que vous faites mourir meurent vrais croyants.

» Préparez-nous à une bonne mort ; que cette mort nous donne le repos et la faveur de vous voir !

» Amin ! »

Cette prière terminée, pendant que les tolbas disaient le salat el-mokteâat, on descendit le cadavre dans la fosse, la figure tournée du côté de la Mekke ; on l'y enchâssa avec de larges pierres, et chaque assistant se fit honneur de lui jeter un peu de terre. Les fossoyeurs nivelèrent enfin la tombe et, pour la protéger contre les hyènes et les chacals, la recouvrirent de buissons épineux.

C'était le moment du retour, et tout le monde reprenait le chemin du douar, moins quelques femmes amies ou parentes du défunt, qui, pleines de douleur, inclinées sur sa tombe, lui parlaient, le questionnaient, lui faisaient des adieux, comme s'il eût pu les entendre.

Mais les tolbas et les marabouts s'écrièrent :

« Allons, les femmes, retirez-vous avec la confiance en Dieu, et laissez le mort s'arranger tranquillement avec Azraïl[1]. Cessez vos pleurs et vos lamentations ; c'est un crime de se révolter contre l'ordre de Dieu, et la mort est un ordre de Dieu. Quoi ! nous accepterions la volonté de Dieu quand elle nous apporte la joie, et nous la refuserions quand elle nous apporte le chagrin ! Allons, vos cris sont une impiété. »

Elles comprirent ces paroles, et, les mains sur les yeux, sortirent du cimetière, mais en se retournant à chaque pas, pour crier leurs derniers adieux à celui qu'elles ne reverront qu'au jour du jugement.

Arrivés au douar, les parents de Salah nous réunirent au repas des funérailles, firent servir aux pauvres une immense diffa, et porter à la mosquée de Metlily des plats de kouskoussou, destinés aux tolbas et aux nécessiteux.

---

(1) Azraïl est l'ange de la mort. Aussitôt qu'un homme a rendu le dernier soupir Azraïl est envoyé par Dieu pour établir la balance des bonnes et des mauvaises actions du défunt.

Quelques jours de repos en famille nous avaient fait oublier nos fatigues, et nous nous disposions à conduire nos marchandises sur les marchés des Beni Mzab, quand nous apprîmes l'arrivée à Metlily des délégués des Chambet el-Mahdy, qui venaient faire la justice avec nous pour la dïa du châambi maraudeur, que Cheggueun avait tué pendant la nuit, lorsque nous nous rendions à Gueléa. — L'affaire fut portée devant notre kadi Sid el-Bachir, qui après avoir entendu les deux parties, nous donna gain de cause, et prononça ainsi son jugement :

« Cet homme est venu pendant la nuit pour voler la caravane ; — il a été tué ; — on ne vous doit point le prix du sang, car, d'après la loi du Prophète, le voleur de nuit doit mourir. »

Nos adversaires se rendirent sans murmures à cette décision, et l'affaire ainsi jugée n'a en rien altéré les bonnes relations des Chambet el-Mahdy et de leurs frères de Gueléa. »

Ces lamentations, on le remarquera, offrent les analogies les plus grandes avec les célèbres *voceri* de la Corse dont notre ami M. Frédéric Ortoli prépare une édition complète.

Les cérémonies, les rites particuliers à ces lamentations sont les mêmes dans les deux pays : les femmes se réunissent, et celle d'entre elles qui possède le plus de talent oratoire, improvise — sur la tombe mortuaire en Kabylie, sur le lit de mort en Corse — un chant plaintif, interrompu, par intervalles, de lamentations générales, où l'on exalte les qualités du défunt en exprimant les regrets que cause sa perte.

Les lamentations ou *voceri* de la Corse se divisent en deux classes bien distinctes : le *vocero* de mort naturelle et le *vocero* de mort violente. Le premier ressemble à celui dont nous venons de donner un échantillon kabyle ; la douleur, l'amertume et les regrets y tiennent toute la place. Le second est sauvage, emporté, d'une force et parfois d'une grandeur terrible. C'est un spectacle curieux que de voir ces femmes rangées autour du défunt que l'on vient de rapporter assassiné, s'arrachant les cheveux et poussant des cris de désespoir. L'improvisatrice commence sur un mode triste et plaintif, rapportant les qualités du défunt, son courage, son honnêteté, avec beaucoup d'art. Puis c'est le récit de la mort, le crime laissé impuni, la honte qui rejaillit sur la famille et les proches, la vengeance qu'il faut exercer sur le meurtrier et sa famille. La douleur et la rage secouent la poitrine de la vociferatrice et des assistants, et l'on comprend presque la *vendetta* corse ou arabe en entendant un *vocero* de mort violente.

Les lamentations funèbres en elles-mêmes ont existé chez presque tous les peuples. On en voit des scènes reproduites sur des bas-reliefs antiques. De nos jours on ne les rencontre plus guère qu'en Corse et en Algérie. Connues des Irlandais les lamentations ont cessé d'être de coutume depuis la terrible famine de 1848-49.

En Irlande, les improvisatrices étaient de vieilles femmes désignées sous le nom de *Caoiners* ou *Keeners*, du nom du chant funèbre ou *Caoine*, et elles allaient devant le corps pour chanter les vertus du décédé. Parlant de ces lamentations funèbres, Lady Morgan (*The Wild Irish Girl*) dit :

« The *Caoine*, or funeral song, was composed by the *File* of the departed, set to music by one of his *oirfidegh*, and sung over the grave by the *racasaide* or rhapsodist, who accompanied his « song of the tomb » with the mourning murmur of his harp, while the inferior order of minstrels at intervals mingled their deep-toned chorus with the strain of grief, and the sighs of lamenting relatives breathed in unison to the tuneful sorrow. Thus was the « stones of his fame, » raised over the remains of the Irish chief with a ceremony resembling that with which the death of the Trojan hero was lamented :

> *A melancholy choir attend around,*
> *With plaintive sighs and music's solemn sound.*

But the singular ceremonies of the Irish funeral, which are even still in a certain degree extant, may be traced to a remoter antiquity than Grecian origin : for the pathetic lamentation of David for the friend of his soul, and the *conclamatio* breathed over the Phœnician Dido, has no faint coincidence to the *Coione*, or funeral song of the Irish. »

En Italie, on trouvait également des lamentations funèbres au siècle dernier. Les invasions françaises les ont fait presque disparaître.

LEXIQUE DES PRINCIPAUX TERMES ARABES

EMPLOYÉS DANS CET OUVRAGE

Ada, عادة usage, coutume traditionnelle ayant force de loi.

Aïssaoua, عيساوة خوان khouan de la confrérie de Sidi-Mohammed ben Aïssa, tout à la fois jongleurs, bateleurs, charmeurs de serpents.

Aktab, افطاب les pôles (de la religion), oualis, saints personnages au nombre de vingt et choisis par Dieu pour porter à eux seuls avec le *R'out* le poids d'une grande partie des maux qui sans eux affligeraient notre pauvre humanité.

Allah, الله Dieu.

Aman, امان pardon, soumission.

Anaya, عناية protection.

Antar, عنتر fils de Cheddah, héros arabe anté-islamique dont les aventures merveilleuses, transmises par la tradition orale, ont formé un long roman des plus intéressants, véritable épopée du désert, et que des chanteurs redisent le soir dans les cafés du Caire, d'Alep ou de Damas.

Arifa, عريفة sorcière, devineresse, diseuse de bonne aventure.

Asbein, عصبين mode musical arabe.

Bab, باب porte, passage.

Baba, بابا père, papa.

Bacetta, بسيطة monnaie valant environ 2 fr. 50 c.

Bokala, بوقالة vase de terre.

Bouwab, بواب gardien des portes d'une ville.

Burnous, برنوس manteau de laine.

Cadi, قاضي juge, notaire.

Caïd, فايد,

Calife, ou *Khalife*, خليفه chef, commandeur des Croyants.

Chabati, شباطى danse voluptueuse de Constantine.

Cheikh ou *cheick*, شيخ chef de douar.

Chérif, شريب descendant en droite ligne du Prophète Mohammed.

Cheurfa ou *chourfa*, شرفة noblesse des Chérifs.

Coran, *Koran* ou *Qoran*, فرءان le livre par excellence de l'Islamisme.

Couscous ou *couscoussou*, كسكسو mets farineux en grand usage chez les Arabes d'Algérie.

Deker, دكر devise, mot d'ordre, etc. des khouan ou confréries religieuses de l'Algérie.

Derviche, درويش moine, ascète de l'Orient.

Dia, ديه prix du sang versé, compensation pécuniaire chez les Kabyles, analogue au *wergeld* des Francs.

Dis, ديس plante de la famille des graminées, *Stipa tenacissima*.

Divan, ديوان Conseil du sultan ou du dey.

Divan, ديوان Recueil des poésies d'un auteur.

Djaouak ou *Djouak*, جواف flûte à sept trous.

Djebel, جبل montagne.

Djemâa, جمعة assemblée et vendredi, jour de l'assemblée.

Djinn, *Djnoun*, *Jnounn*, *Djenoun*, جن جنون terme générique sous lequel on désigne indifféremment les esprits et les génies, bons ou mauvais : fées, lutins, démons familiers, etc...

Djarka, جاركة mode musical des Arabes.

Dof, دف tambour carré du Sahara, l'*aduf* des Espagnols.

Douar ou *douaïr*, دوار دوابر groupe de tentes.

Douro, دورو pièce d'argent espagnole, valant environ 5 fr. 50 c.

Dzeil, ذيل mode musical Arabe.

Efendi, افندى titre de qualité ; seigneur.

Euléma, علماء savants ; docteurs de la loi.

Fal, فال opération magique des Arabes de l'Algérie, dont le but est l'évocation des esprits et des génies.

Fechtal, فشتال mouflon sauvage.

Fekir ou *Fakir,* فقير sorte de moine mendiant dans les pays de l'Orient; khouan de l'ordre de Mouleï-Taïeb.

Fellah, فلاح en Afrique, paysan, fermier, homme qui cultive le sol, colon.

Ganoun ou *Kanoun,* قانون espèce de harpe à 75 cordes fort employée par les musiciens d'Alexandrie et de Tunis.

Geuspah, Gosbah ou *Gosba,* قسبة roseau et sorte de flûte.

Ghoul, Goul ou *Goule,* غول sorte de vampire dans l'imagination des Arabes.

Goum, قوم réunion de soldats, d'hommes, etc.

Gourbi, قربى hutte, cabane.

Hadda, حدة gâteau de miel.

Hadjeb, حاجب premier ministre; chambellan; grand vizir.

Hadji ou *Hadj,* حاجى حاج pélerin, celui qui a fait le pélerinage de la Mecque.

Hafiz, حافظ celui qui par cœur sait le Coran.

Haïck ou *Haïk,* حايك tunique de laine.

Hammam, حمام bains arabes, maures ou turcs.

Haouch, حوش ferme.

Harem, حرم appartement réservé des femmes musulmanes.

Henné, حناء plante dont le suc teint en rouge et dont se servent beaucoup les femmes d'Orient pour se farder les lèvres, les joues, etc. *Lausonia inermis.*

Houri, حوري vierge céleste du Paradis de Mohammed.

Houzi, حوزي complainte; cantique; refrain.

Iman, ايمان altération de امام imâm, le chef de la prière.

Islam, اسلام la foi; religion annoncée par le Prophète Mohammed.

Irâk, عراق mode musical arabe.

Jnounn, جنون les génies chez les Orientaux.

Kabyles ou *Kébaïles,* قبايل montagnards de race berbère.

Kébir, كبير grand personnage; quelque chose de grand.

Kemendjah ou *Kemendja,* كمانجة espèce de violon.

Khalifa, خليفة chef suprême d'une confrérie religieuse.

Khamsa fi Aïnek, خمسة فى عينك littér. cinq doigts dans ton œil ! sorte de formule qui, avec la main ouverte, passe chez les Arabes pour chasser le mauvais œil.

Kanoun, فانون sorte d'écrit, de charte sur laquelle les Kabyles d'autrefois inscrivaient l'*ada* ou coutume.

Kheloua, خلوة caverne ; grotte.

Khouan, خوان frères, membres d'une confrérie religieuse musulmane.

Koubba, قبة chapelle surmontée d'une coupole et élevée sur le tombeau d'un saint de l'Islam.

Kouitra ou *Kouitsra,* كويترة guitare de Tunis, analogue à la Κιθαρα des Grecs.

Leben, لبن lait aigre.

Lella, لالة titre : madame.

Lezma, لزمة tribut, redevance obligatoire.

L'saïn, الحسين mode musical arabe.

Makhzen, مخزن escortes des collecteurs de taxes.

Mahomet ou *Mohammed,* محمد le Prophète.

Marabout, مرابط saint personnage ; son tombeau.

M'chad, مشهد monument funéraire d'un musulman saint ou mort pour la foi.

Mehari, مهرى dromadaire pour la course rapide dans le désert.

Méïa, مايه mode musical arabe.

Mezmoun, مزمون mode musical.

Mo'allaqah, معلقة collection de poèmes anté-islamiques, recueillis, d'après le témoignage d'Ibn En Nahhas, au second siècle de l'hégire, par Hammad Er Raouia. Les *Mo'allaqah* comprennent sept ou neuf poèmes, les opinions diffèrent à ce sujet. Ce terme *mo'allaqah* a été longtemps interprété par « Les Suspendues » et cela d'après une légende qui voudrait que ces poésies aient eu l'honneur d'être *suspendues* aux murs de la Ka'abah. Il ressort d'une remarquable étude de M. René Basset sur la *Poésie arabe anté-islamique,* que le véritable sens est celui de « Les Colliers » titre fort commun du reste dans les œuvres de la littérature arabe.

Moghrabin ou *Maugrebin*, مغربى homme de l'Occident.

Moghreb, مغرب Occident.

Mokaddem, مقدم chef secondaire des khouan.

Mosquée, جامع temple musulman.

Mouddinn, Moueddin, Muezzin, مودّن chantre qui du haut de la mosquée appelle les musulmans à la prière.

Muphti, مجتى le plus élevé dans la hiérarchie des juges.

Narghileh ou *narguilé*, نركيله نركيله pipe turque ou arabe.

Nedab, نداب deuil.

Nezla, نزلة habitation.

Ouali, والى marabout, saint de l'Islam.

Ouilouil, ولول cri de joie des Arabes.

Oukil, وكيل chargé d'affaires; gardien.

Pacha, باشا général; gouverneur.

Raïa, رايه signe; drapeau.

Raïs, رايس capitaine de vaisseau.

Raïta ou *Raïca*, رايطه رايكه musette à anche, *gaita* espagnole.

Raoui, راوى conteur de profession.

Rebab, Rebeb ou *Rebec*, رباب sorte d'alto.

R'oul, غول esprit inférieur analogue à nos lutins.

Roumi, رومى terme générique sous lequel sont désignés les chrétiens.

R'out, غوت saint prédestiné, choisi par Dieu pour prendre à lui seul la plus grande part des maux qui chaque année viennent fondre sur l'humanité.

Sahel, ساحل région fort riche formée de coteaux entre le rivage et la plaine.

Saika, صيكه mode musical arabe.

Scheriff ou *Cherif*, شريب descendant du Prophète.

Sfendj ou *Asfinge*, سفنج espèce de beignets.

Sidi, سيدى monsieur; titre placé devant le nom des marabouts.

Sig, سبق jeu de jonchets.

Simoun, سيمون tempête de sable au Sahara.

Siroco, سيروكوا قبلى vent chaud du désert (mot italien).

Sonaja, سناجه instrument de musique.

Spahis, سبايس cavalier indigène. Spahi سپاهى

Sultan, سلطان le roi.

Sultani, سلطانى monnaie d'or.

Taleb, طالب lettré musulman ; maître d'école ; écrivain public.

Tarr ou *Tar,* طار tambour de basque.

Teboul, طبول tambourin.

Thoummina, طمينة beignets distribués à l'occasion des naissances.

Zaouïa, زاوية ; ermitage, chapelle, par extension école.

Zerma, زرمه clarinette.

BIBLIOGRAPHIE

DES PRINCIPAUX OUVRAGES CITÉS DANS LE COURS DU VOLUME

Ampère : *Instruct. du Comité de la Langue, de l'Histoire et des Arts de la France* ; Paris, 1853.

Ann. d'Hyg. publ. ; 2ᵉ série, t. XVI.

Arnaud (A.) : *Etudes* dans *Rev. Afric.*

Asbjornsen (Kr.) : Norske. *Folke Eventyr*. — Contes populaires de la Norwège. — Christiania.

Backer (L. de) : *L'Archipel indien* ; Paris.

Basset (René), prof. à la Fac. d'Alger : *Contes Arabes*, 1 vol. in-8° ; Paris, 1883.

Basset (R.) : *La Poésie arabe anté-islamique*, 1 vol. elzévir, in-8° ; Paris, 1882.

De Bellemare : *Les Khouan*, in-8° ; Alger, 1859.

De Bellemare : *Les Khouan*. Revue contemp. du 15 décembre 1858.

Bertherand (E.-L.) : *Médecine et Hygiène des Arabes* ; 1 vol. in-8° ; Paris, 1855.

Bérard (V.) : *Indicat. général de l'Algérie*, 2ᵉ éd., in-8° ; Alger, 1858.

Bérard (V.) : *Poèmes Algériens*, in-8°, Dentu ; Paris, 1853.

Braun (abbé Ch.) : *Légendes du Florival*, in-8° ; Guebwiller, 1866.

Brosselard (Ch.) : *Les Inscriptions arabes de Tlemcen*. — *Etudes sur les Khouan*, etc.

Brueyre (Loys) : *Cont. pop. de la Grande-Bretagne*, in-8° ; Paris, 1873.

Burchardt (John-Lewis) : *Arabic Proverbs*, London.

Cadoz : *Civilité musulmane* ; Alger, 1851.

Calmet (Dom.) : *Dict. de la Bible*.

Carnoy (E. Henry) : *Littérat. orale de la Picardie* ; 1 vol. in-8° ; Paris, 1883, Maisonneuve.

Carrey (Emile) : *Récits de Kabylie*, 1 vol. in-12 ; Paris, Lévy.

Carrew Haslitt : *Early popular Poetry* ; engl. edit.

Caussin de Perceval : *Histoire des Arabes*.

Champollion : *Lettres d'Egypte et de Nubie*, en 1828 et 1829.
Contes du Cheikh El-Mohdy ; trad. Marcel.
Cherbonneau : Travaux divers.
Comparetti (Dom.) : *Novelline pop. ital.*
Coran : trad. Kasimirski.
Cox : *Mythology of the Aryan Nations* ; édit. angl.
Crooker ; *Fairy Tales* (trad. par L. Brueyre).
Davasse (Dr J.) : *Les Aïssaoua* ; Paris, 1862 (Dentu).
Daumas (général) : *Le grand désert*, in-12.
Daumas (général) : *Mœurs et Cout. des Arabes de l'Algérie* ; in-8°.
Dennys (N.-B.) : *Tho Folk-Lore of China* ; Hong-Kong, 1876.
Devaux : *Kébaïles du Djurdjura* ; 1 vol. in-12.
Devoulx (A) : *Les Mosquées d'Alger* (dans la *Revue africaine*, puis en un vol., à Alger.
Doïnes ou Chants pop. roumains, d'Alexandri, trad. de M. Roques.
Dumas (Alex.) : *Le Véloce.* — Tanger, Alger, Tunis. — Paris.
Eddas et les Sagas (Les) : Trad. de Mlle du Puget ; Paris.
Edrisi : *Géographie et voyages.*
Essyouthi (l'imâm) : *Civil. musulm.* (en arabe).
Faidherbe (G^{al}) : *Etudes sur les Berbères*, etc., etc.
Féraud (Ch.) : *Etudes dans la Rev. Afric.*
Garcin de Tassy : *Le Langage des Oiseaux.*
Gonzenbach : *Sicilianische Marchen.*
Gould : *Curious Myths of the Middle Ages* ; engl. edit. — London.
Grimm (Frères) : *Kunder und Hausmærchen.* — Contes des enfants et de la maison.
Haedo (le P.) : *Topographie d'Alger en 1560*, trad. dans la *Revue africaine* par M. Berbrugger.
Hanoteau (Col.) : *Poésies populaires de la Kabylie du Jurjura* ; 1 vol. in-8° ; Paris, 1867 (impr. Imp.).
Hanoteau et Letourneux : *Kabylie et coutumes kabyles* ; 3 vol. in-8° ; Paris, 1872-1873 (imp. Nat.).
Huon de Bordeaux (publié par Guezzard et Grandmaison) ; Paris, Franck, 1860.
Keightley : *Fairy Mytholology* ; London.
Khouan (les) : *Ordres religieux*, etc. ; in-8° ; Paris, 1846.
Kimal ed-Din Ben-Moussa Doumairi (le cheikh) : *Haïat el-Haïouan.*
Laisnel de la Salle : *Croyances et Légendes du centre de la France* ; 2 vol. in-8° ; Paris, 1875 (Chaix, édit.).
Landberg (Ch.) : *Proverbes et Dictons du peuple arabe* ; in-8°.
Lorral (de) : *Contes arabes (littéraires)* ; 1 vol. in-12 ; Alger.

Legrand d'Aussy : *Fabliaux*.
Leite de Vasconcellos : *Tradicões pop. de Portug.* 1 vol., 1883; Porto.
Lemprière (D^r) : *Voyage autour du Monde*, édit. Charton.
Mac-Carthy : *Travaux divers sur l'Algérie*.
Magasin pittoresque : la collection.
Malingre (Claudius) : *Descript. des ouvrages plus excellents et magnifiques des Anciens* ; Paris, 1618.
Maspons y Labros : *Lo Rondalayre*, contes pop. catalans. — Barcelone.
Mémoires de l'Acad. imp. de Saint-Pétersbourg.
Mélusine : Revue de litt. et tradit. pop. dirigée par MM. Rolland et Gaidoz ; 1 vol. in-4° ; Paris 1878.
Mohammed ibn-Ahmed : *El-Bostan fi Dzeker el Aoulia ou el Eulama bi-Tilimsan* (Le Jardin des récits, touchant les savants et les saints personnages qui ont vécu à Tlemcen).
Morgan (lady) : *The Wild Irish Girl* ; édit. anglaise.
Narodne pripoviedke skupio uioko Varazdina Matija Valjavec krać manoo.
Nœldeke : *Beitræge zur Kenntniss der Poesie*.
Pellissier de Raynaud : *Annales algériennes*.
Perron (D^r) : *Les Femmes arabes avant l'Islamisme*, 1 vol. ; Paris, 1858.
Pitrè (Gius) : *Fiabe, novelle e racconti pop. di Sicilia e Archivio.* — Palerma.
Pharaon (Florian) : *Œuvres diverses*.
Philostrate : *Vie d'Apollonius de Tyane* ; liv. I, trad. Chassang.
Prato (Stanislao) : *Une novellina popolare Monferrina...*, et autres travaux. Como e Parigi.
Quatrefages (de) : *L'Unité de l'espèce humaine*.
Raffenel : *Voyage dans l'Afrique occidentale*.
Rev. des Deux-Mondes ; ann. 1861.
Rev. générale ; la collection.
Rev. de l'Hist. des Relig. ; Paris, E. Leroux.
Rev. libérale ; la collection.
Rev. polit. et littér. ; la collection.
Rivière (J.) : *Contes populaires de la Kabylie du Jurjura* ; 1 vol. elzévir ; Paris, 1883 ; Leroux, édit.
Revue africaine, organe de la *Société historique* d'Alger : toute l collection.
Romania, revue des langues romanes ; directeurs, MM. Gaston Paris et Paul Meyer : la collection.

Roquefort : *De la poésie française.*

Salvador (Daniel) : *La Musique arabe* dans la *Revue africaine* ; ann. 1862.

Salvador (D.) : *Vingt Mélodies pop. arabes* ; album, chez Richault, à Paris.

Sidi Khelil : *Traités divers.*

Sidi Mohammed Moul el-Gandouz : *Traité sur l'aumône.*

Spitta-Bey (Guill.) : *Contes arabes modernes* ; un vol in-8°. Paris, 1883 (Maisonneuve, édit.).

Sprengel : *Histoire de la Médecine* ; trad. Jordan.

Thorpe : *Northern mythology* ; engl. edit.

Univers pittoresque ; l'Algérie ; la Tunisie ; in-8° ; Paris ; *coll.* Didot.

Villemarqué (H. de la) : *Barzaz Breiz* ; 2 vol. in-8° ; Paris.

Villot (capit.) : *Mœurs, cout. et inst. des Arabes de l'Algérie* ; 1 vol. in-18 ; Constantine, 1875.

Wentworth Webster : *Basque Legends* ; 1 vol. in-8° ; London, Griffith.

ERRATUM

Page 194, au lieu de : *Maximes et sentences du Coran*, lire : MAXIMES ET SENTENCES DES COMMENTAIRES DU CORAN.

AVIS AUX LECTEURS

L'*Algérie traditionnelle* offre un vaste champ de recherches aux investigations des chercheurs. L'ouvrage complet comprendra pour le moins trois volumes, dans lesquels nous nous proposons d'étudier, sur le plan tracé dans ce premier ouvrage, tout ce qui concerne l'histoire et la vie légendaire et traditionnelle des Arabes.

Le seul but que nous poursuivons étant d'ouvrir de nouveaux horizons à la science du Folk-Lore et de la Mythologie comparée, sans aucun parti-pris de théories ou d'idées préconçues, nous accueillerons avec le plus grand plaisir et avec reconnaissance tous les documents complémentaires ou rectificatifs que nos lecteurs — érudits, curieux ou amateurs — voudront bien nous communiquer, et dont nous tiendrons compte dans l'indication de source.

Nous allons du reste publier, dans le deuxième volume, dont le manuscrit est déjà très avancé, de fort belles légendes et de jolis contes, que l'on vient de nous communiquer ; nous donnerons également avec les sujets similaires qui seront la continuation des différents Livres du premier volume, un chapitre spécial sur les fêtes arabes. On y trouvera enfin, comme dernier attrait, de la musique notée.

Prière d'adresser toutes communications, soit à M. Henry Carnoy, 33, rue Vavin, à Paris, soit à M. A. Certeux, membre de la *Société historique algérienne*, 167, rue Saint-Jacques, à Paris.

TABLE DES MATIÈRES

	Pages
Avant-propos	5

LIVRE I
LÉGENDES PROPREMENT DITES

A. Légendes proprement dites	17
B. Contes	18
I. — Légendes arabes sur l'époque anti-islamique	19
II. — Croyances des Anciens sur le Nord de l'Afrique	21
III. — Légende du Libérateur de l'Afrique	22
IV. — Les anges Harout et Marout	23
V. — La flûte Djaouak	29
VI. — Légende du musicien arabe Alfarabbi	30
VII. — La Légende d'Imrou'lqaïs	32
VIII. — La Mosquée de Mansoura	34
IX. — La Colombe messagère de Sidi-Ali	37
X. — Les Exploits d'Abd-Allah ben Djafar	38
XI. — Le Chien et les deux Vieilles des Draba	41
XII. — Le Targui et la Fiancée du Chaambi	42
XIII. — Makh'oula la Voyante	45
XIV. — L'habile Bourreau	46
XV. — Les Voleurs et le Mulet	49
XVI. — El Hadj Ibrahim le Chasseur	51
XVII. — Les Vaches noires de Sidi Mohamed ben Salah	52
XVIII. — Le Disciple du Taleb Baba Youssouf	54
XIX. — Le Diable et les Arabes	55

LIVRE II
LES GROTTES, LES CAVERNES ET LES RUINES

Croyances arabes sur les monuments anciens	57
I. — Le Tombeau de la Chrétienne	58
II. — Le Trésor de Hamza	61
III. — Le Trésor du Cap Matifou	62

		Pages
IV.	— La Légende des Sept-Dormants	63
V.	— La Caverne des Marabouts	66
VI.	— Le Rocher de Sidi-Aïssa	69
VII.	— Le Rocher des Sahâri	71
VIII.	— Les Fontaines miraculeuses	72
IX.	— Le Bain des Maudits	73
X.	— Croyances relatives aux Chrétiens	75

LIVRE III

LES ESPRITS ET LES GÉNIES

Les Esprits et les Génies dans les croyances populaires	77
I. — Les Génies et les Esprits des Arabes	81
II. — Le *Fal* ou Evocation des Esprits	83
III. — La Djnoun Metidja	85
IV. — La Djnoun et le Taleb	87

LIVRE IV

LES SAINTS DE L'ISLAM

A. Les Ouali ou les Saints de l'Islam	93
B. Les Marabouts	95
I. — Le grand Marabout Sidi el Hadji Ali Abd el Kader el Djilali	96
II. — Abou Abd-Allah ech-Choudi El Haloui	96
III. — Légende de Sidi Ali Zouaoui	106
IV. — L'ouali Sidi Mohamed ben Aliya	107
V. — La Légende de Sidi Aïssa ben Mohamed	111
VI. — La Légende de Sidi Ali Embarek	113
VII. — La Légende de Sidi bou Zid Ech-Chérif	115
VIII. — Si Mohamed bou Chak'our	116
IX. — Le Marabout Sidi bou Djemlin, à Bougie	117
X. — Sidi Ahmed ben Youssef, le saint de Miliana	118
XI. — Le Marabout Sidi Boumedin et le Lion	119
XII. — La Sainte Lalla-Er-Rouya	120
XIII. — Seïda-R'eriba, la Sainte de Tlemcen	121
XIV. — Origine des Oulad D'Il Es-Selougui	121
XV. — Les Marabouts défunts de Kérouan	124
XVI. — La Légende du saint Sidi Ouali Dahdah	124
XVII. — Le marabout tunisien Sidi-Fathallah	126
XVIII. — Le Vœu oublié	128
XIX. — L'âme de Sidi Mohamed M'ta Oued el Agar	129
XX. — Sidi Omar	131

LIVRE V

LES KHOUAN OU LES CONFRÉRIES RELIGIEUSES EN ALGÉRIE

Pages

Les Confréries religieuses.................................... 135
- I. — Ordre de Sidi Abd-el-Kader el-Djilani......... 138
- II. — Ordre de Mouléï-Taïeb........................ 139
- III. — Ordre de Sidi Mohammed ben Aïssa............ 139
- IV. — Ordre de Sidi Youssef-el-Hansali............. 145
- V. — Ordre de Sidi Hamed-Tsidjani.................. 146
- VI. — Ordre de Sidi Mohammed-ben-Abd-er-Rhaman. 147
- VII. — Ordre de Sidi Mohammed Ben' Ali Es-Senoûsi.. 148

LIVRE VI

CROYANCES ET SUPERSTITIONS

- I. — Le Langage des animaux, pour les Arabes...... 153
- II. — Le mauvais Œil.............................. 159
- III. — Les Amulettes.............................. 161
- IV. — Sorcellerie................................. 169
- V. — Les Devins.................................. 170
- VI. — Croyances relatives aux Morts............... 171
- VII. — Croyances populaires des Arabes au sujet du Lion. 172
- VIII. — Le Lion Sidi Djelih ben Djelad............. 176
- IX. — Quelques croyances arabes................... 177
- X. — Antiques croyances arabes................... 188
- XI. — Croyances par les songes.................... 192
- XII. — Maximes et sentences d'après les commentaires du Coran.................................... 194

LIVRE VII

COUTUMES ET USAGES

Coutumes et usages populaires 205
- I. — Naissance et élevage de l'enfant.............. 206
- II. — Naissance et circoncision chez les Oulad Abd-en-Nour.. 208
- III. — Le Mariage. — Les quatre Femmes légitimes permises par le Coran............................ 209
- IV. — Le Mariage dans les Villes.................. 210
- V. — Le Mariage chez les Kabyles.................. 212
- VI. — Cérémonies du mariage chez les Kabyles...... 215
- VII. — Les Funérailles............................ 218
- VIII. — Pratiques funéraires...................... 221
- IX. — Les Funérailles chez les Kabyles............ 226

	Pages
X. — La Vendetta des Kabyles..................	228
XI. — Le Prix du Sang.........................	229
XII. — La Médecine en Algérie.................	231
XIII. — La Médecine empirique.................	233
XIV. — Coutumes diverses.....................	233

LIVRE VIII

LA MUSIQUE POPULAIRE ARABE ET LA POÉSIE ORALE

I. — La Musique arabe.......................	239
II. — La Poésie populaire.....................	252
III. — Ronde d'enfants........................	252
IV. — Chant d'Amour. — Le Ramier............	254
V. — Chanson de danse......................	256
VI. — Le Goum...............................	260
VII. — Chanson de noces kabyles................	262
VIII. — Chant de guerre kabyle..................	263
IX. — Lamentation funèbre kabyle..............	265
X. — Les Lamentations funèbres chez les Sahariens..	266
Lexique des principaux termes arabes employés dans l'ouvrage..	275
Bibliographie des principaux ouvrages cités............	281
Erratum..	285
Avis aux Lecteurs.................................	286
Table des Matières.................................	285

Alger. — Imprimerie de l'Association ouvrière, Pierre Fontana et Cie.

Autres Ouvrages de M. E. Henry CARNOY, relatifs au Folk-Lore.

CONTES PICARDS, dans la *Mélusine* (1877), la *Romania* (1879).
GANELON ET BOURMONT, légendes picardes sur le *Cycle de Roland*, (*Romania*, 1882).
LE FOLK-LORE et la Littérature populaire (*Opinion*, mai-décembre 1883).
LITTÉRATURE ORALE DE LA PICARDIE (Légendes, Contes et Chansons, dans la collection des *Littératures populaires de toutes les Nations*; t. XIII, 1 vol. in-8° de 373 pages; Paris, 1883; Maisonneuve. — (Honoré d'une médaille d'or de la Société des Sciences de Lille, 1883).
CONTES POPULAIRES FRANÇAIS, t. VIII de la collection des *Contes et Chansons populaires*; 1 vol. in-18; Paris, 1884; Ernest Leroux.

EN PRÉPARATION :

ALGÉRIE TRADITIONNELLE, vol. II et III.
HISTOIRE DE LA LÉGENDE, 2 vol.
ESSAIS SUR LE FOLK-LORE, 1 vol.
CONTES ET LÉGENDES DE L'ARCHIPEL OTTOMAN.
LES FÊTES CHRÉTIENNES ET LEURS SIMILAIRES CHEZ TOUS LES PEUPLES, 2 vol.

Autres Ouvrages de M. A. CERTEUX, relatifs à l'Algérie.

Journal officiel de l'Algérie (Rédacteur et Directeur-gérant. — Année 1873).
GUIDE DU PLANTEUR D'EUCALYPTUS, 1 vol. in-8°, 350 pages. Jourdan, à Alger, 1877. (Ouvrage honoré des souscriptions du Gouvernement général de l'Algérie, du Ministère de l'Agriculture et du Commerce, de la Direction des Travaux publics, du Service des Forêts, des Conseils généraux d'Alger, de Constantine et d'Oran).
ANNUAIRE ADMINISTRATIF DE L'ALGÉRIE, année 1878, 1 vol.
LE NÉFLIER DU JAPON, 1 broch. Alger, 1878.
Moniteur de l'Algérie; Mobacher; Akhbar; Bulletin de la Société d'Agriculture d'Alger; Journal de l'Agriculture algérienne, etc., etc.; nombreuses études sur la *Sériciculture* (1875); l'*Alpiste* (1875); le *Sagoutier* (1869); le *Blé dur d'Algérie* (1875); la *Culture des Plantes tuberculeuses alimentaires* (1874); les *Assolements en Algérie* (1876); le *Sequoia gigantea* (1873); le *Niaouli* (1875); le *Manioc* (1868); les *Plantations d'arbres en Algérie* (1873); etc., etc.

EN PRÉPARATION :

ALGÉRIE TRADITIONNELLE, vol. II et III.
LES MONNAIES ET MÉDAILLES DE L'ANCIENNE AFRIQUE (Mauritanie et Numidie).
L'EUCALYPTUS, édition illustrée, 2 vol. (partie agricole et partie médicale).
LES PALMIERS UTILES (Sagoutier, Dattier, Cocotier); 1 vol.
LE BLÉ DUR D'ALGÉRIE; 1 vol.

Alger. — Imprimerie de l'Association ouvrière, P. Fontana et Cie.

www.ingramcontent.com/pod-product-compliance
Lightning Source LLC
Chambersburg PA
CBHW071143160426
43196CB00011B/1989